中国の犯罪体系
―沿革と課題―

孫　文　著

成 文 堂

はしがき

　本書は、筆者の博士論文である『中国の犯罪体系―その沿革と課題―』をまとめたものである。近年、中国においては、「四要件の犯罪構成理論（＝構成要件論）」を支持する学者と「段階的犯罪論体系」を支持する学者の間で「構成要件」、「違法性」、「責任」などの概念を中心に犯罪論体系に関する論争が激しく展開されている。しかし、実は両派それぞれが主張している「構成要件」、「違法性」、「責任」などの概念の中身が異なるために、論争がうまくかみ合わない。本書では、比較法の視点も取り入れつつ、中華民国時代以来の、中国の各時代の刑法総則の構成、および犯罪論体系に関する議論の考察を通じて、中国の犯罪体系をめぐる諸問題を解決するための示唆を得ることを目的とする。

　本書の公刊にあたっては、多くの方々のご助力を賜ることができた。その中でも、筆者の恩師である松宮孝明先生からは、大学院進学以降、親身な御指導を賜っただけでなく、博士論文執筆に際しても有益な助言を多数賜ることができた。そもそも研究者を育てることは簡単なことではないし、異国からきた留学生を研究者に育つことは一層難しいことである。先生の温かく、きめ細やかなご指導がなければ、研究者としての自分も、本書の刊行もなかったであろう。本書の刊行により、多大なる学恩に少しでも報いることができるのであれば、この上もない喜びである。

　立命館大学ならびに同大学院在学中には、博士課程前期課程の指導教授であり、恩師である安達光治先生や、学部ゼミ時代の指導教授であり、恩師である嘉門優先生、学部ないし大学院の授業にて指導を賜った浅田和茂先生、二宮周平先生をはじめとする諸先生方にも、有益なご助言を数多く賜ることができた。この機会を通じて改めて御礼申し上げる。また、刑法読書会、経済刑法研究会の会員の先生方、なかでも、生田勝義先生は、筆者の研究に示唆に富んだご意見を下った。先生方のご厚情に改めて感謝申し上げる。

　あわせて、この場を借りて、本書の公刊をお引き受けくださった成文堂の

阿部成一社長、編集部の篠崎雄彦氏に感謝申し上げる。また、本書の公刊にあたり、山本和輝氏（日本学術振興会特別研究員PD（関西大学））、佐竹宏章氏（立命館大学衣笠総合研究機構専門研究員）には貴重なご意見をいただいた。記して謝意を示すことにしたい。

　なお、本書の刊行にあたっては、「立命館大学大学院博士課程後期課程博士論文出版助成制度」による助成を受けた。ここに記して御礼申し上げる。

　最後に、いつも黙々として私の研究を支えてくれている妻と今年に生まれたばかりのわが愛する娘に、愛情と感謝を込めて、本書を捧げたいと思う。

2019年9月

孫　　文

目　次

はしがき

第一部　中華民国時代の犯罪体系

序　章………………………………………………………………… 3

第一章　中国の四要件説の検討
第一節　伝統的な犯罪構成要件論………………………………… 11
　　1　犯罪概念と犯罪構成（11）　2　社会侵害性について（14）
　　3　違法性の認識（18）　4　犯罪性阻却事由（19）
第二節　伝統的な共犯理論………………………………………… 24
　　1　四要件説内部における犯罪論体系の比較（24）
　　2　伝統派の共犯論（馬説を中心に）（25）

第二章　中華民国時代の立法
第一節　大清新刑律の立法経緯…………………………………… 31
第二節　中華民国時代の各法典の立法経緯……………………… 38
　　1　暫行新刑律（38）　2　1928年刑法典（39）
　　3　1935年刑法典（40）
第三節　各法典の総則の構成……………………………………… 40

第三章　中華民国時代の犯罪論体系
第一節　「暫行新刑律」時代の犯罪論体系……………………… 44
　　1　岡田朝太郎の犯罪論体系（44）
　　2　中国における犯罪論に関する研究（46）
　　3　「法律の錯誤」に関する実務の理解（47）

第二節　「1928年刑法典」時代の犯罪論体系……………………… 48
　　　1　牧野英一の犯罪論体系 (48)
　　　2　中国における犯罪論に関する研究 (50)
　第三節　「1935年刑法典」時代の犯罪論体系……………………… 55
　第四節　小　括……………………………………………………… 56

第四章　中華民国時代の犯罪体系論の検討
　第一節　ラートブルフの法体系論………………………………… 58
　　　1　5つの「体系」(58)　　2　リストとベーリングの体系の相違 (59)
　第二節　中華民国時代の各犯罪論体系の比較…………………… 61
　第三節　小　括……………………………………………………… 63

第一部のまとめ………………………………………………………… 65

第二部　中華人民共和国の犯罪体系の起源

序　章………………………………………………………………… 69

第一章　中華人民共和国「1979年刑法典」時代の犯罪体系
　第一節　「1979年刑法典」の立法経緯…………………………… 71
　第二節　「1979年刑法典」の総則規定に関する立法の論点……… 74
　　　1　犯罪の概念（1979年刑法典第10条）(74)
　　　2　刑事責任能力（第15条、第16条）(77)
　　　3　犯罪の予備（第19条）、犯罪の未遂（第20条）(80)
　　　4　共　犯 (81)
　第三節　「1979年刑法典」時代の犯罪論…………………………… 89
　　　1　1979年刑法典の施行までの刑法学研究 (89)
　　　2　1979刑法典時代の刑法学研究 (91)

第二章　ソビエトの犯罪体系およびその中国への輸入
　第一節　概　観……………………………………………………… 98

第二節　ピオントコフスキー（А.А. Пионтковский）の犯罪構成要件論
　　　　　　　　　　　　　　　　　　　　　　　　　　　　　　　　　　99
　　　　1　犯罪の概説　(99)　　2　犯罪の客体　(102)
　　　　3　犯罪構成の客観的要件における犯罪行為の社会侵害性と違法性　(103)
　　　　4　共犯　(104)
　　第三節　トライニン（А.Н. Трайнин）の犯罪構成要件論・・・・・・・・・・109
　　　　1　トライニンの理論概観　(109)
　　　　2　犯罪構成要件と社会侵害性の関係　(112)　　3　共犯論　(113)
　　第四節　小　括・・・116
　　　　1　ピオントコフスキーの見解の特徴　(116)
　　　　2　トライニンの見解の特徴　(117)
　　　　3　ソビエト刑法学における犯罪体系の起源　(117)

第三章　帝政末期のロシアの犯罪体系
　　第一節　概　観・・・118
　　第二節　スパソヴィチ（В. Спасович）の犯罪構成要件論・・・・・・119
　　　　1　犯罪の対象と客体　(120)　　2　犯罪主体　(121)
　　　　3　犯罪の外部的側面─行為と結果　(121)
　　　　4　犯罪の内部的側面─意思と認識　(122)
　　　　5　共犯およびその責任　(123)
　　第三節　キスチャコフスキー（Кистяковский А.Ф.）の犯罪構成要件論
　　　　　　　　　　　　　　　　　　　　　　　　　　　　　　　　　　123
　　第四節　タガンツェフ（Таганцев Н.С.）の犯罪構成要件論・・・・・・・・124
　　　　1　タガンツェフの理論概観　(124)　　2　犯罪主体　(124)
　　　　3　犯罪の客体　(125)　　4　犯罪行為　(126)
　　　　5　共犯問題　(129)
　　第五節　ベルナーの犯罪体系との比較・・・・・・・・・・・・・・・・・・・・・・・・・129
　　　　1　ベルナーの「構成要件」概念　(129)　　2　犯罪の「客体」について　(130)
　　　　3　犯罪の「手段」について　(131)　　4　「行為」について　(131)
　　第六節　小　括・・・132

第二部までのまとめ……………………………………………134

第三部　現代中国の犯罪体系の行方

序　章……………………………………………………………137

第一章　中華人民共和国「1997年刑法典」時代の犯罪論体系
　第一節　「1997年刑法典」の立法経緯 ………………………138
　　1　改正の概要 (138)　2　改正方法の変化 (140)
　第二節　「1997年刑法典」の総則規定に関する立法の論点と犯罪
　　　　　体系……………………………………………………142
　　1　罪刑法定原則 (142)　2　故意と過失に関する規定 (148)
　　3　精神障害者の扱い (151)
　　4　主犯処罰原則について重大な改正を行ったこと (156)
　　5　共犯ないし共犯と身分 (158)
　第三節　現代中国の犯罪論（概観）
　　　　　――四要件の犯罪構成要件論に対する絶え間ない挑戦――………162

第二章　現代中国の犯罪体系論
　第一節　張明楷の犯罪論（移植論）……………………………166
　　1　「不法-責任」説 (166)　2　共犯論 (170)
　　3　張明楷の犯罪体系の特徴 (180)
　第二節　黎宏の犯罪論（維持論）………………………………181
　　1　「修正四要件」説 (181)　2　共犯論 (184)
　　3　黎説の検討 (188)
　第三節　陳興良の犯罪論（移植論と再構築論の併用）…………189
　　1　『規範刑法学』による「罪体-罪責-罪量」の犯罪論体系（再構築論）(189)
　　2　『刑法学』による「三段階」移植論 (193)　3　共犯論 (194)
　　4　陳興良の犯罪論の評価 (195)
　第四節　周光権の犯罪論（改良論）……………………………196

1　犯罪論の概要 （196）　　2　共犯論 （198）
　　3　周光権の犯罪論の評価 （200）
第五節　小　括………………………………………………………201

第三章　結　論
　　1　刑法学において体系的な犯罪論が何のためにあるのかを明らかにすること　（204）
　　2　四要件と三段階の会話の可能性を確保すること　（205）
　　3　「問題的思考」と「体系的思考」の有機的結合　（206）

第一部

中華民国時代の犯罪体系

序　章

　　日本と中国の間には千年以上の法律に関する交流の歴史があった。それ故に、古代の日本法は中国からの深い影響を受けていた。特に、「大化の改新の後、中国の法制に学んで大宝律（大宝元年〔七〇一年〕）、養老律（養老二年〔七一八年〕）が制定された。これらには、各則的な諸種の規定のほか、たとえば、責任能力、錯誤、共犯などに関する総則的規定も設けられており、その体裁において甚だ完備したものであった。……それは、ほぼ唐律の規定を踏襲したものであった」[1]。その後、19世紀半ばまでの千百年の間に、中国の法律は絶えず日本に影響を与えていた。19世紀後半以降、日本は西洋からの影響を受けはじめたが、その初期にも漢文訳の洋書により、中国を通して西洋の法律制度を学んでいた。例えば、「仏国律例」も1882年に漢文訳という形式で日本に伝来した[2]。

　　しかし、明治維新以降、日中間の法律文化の交流において「地位」は逆転した。日本の学者は漢字と仮名を使って西洋の法律文献を直接翻訳し、それに基づいて西洋の法律制度を参考にしながら日本の近代的な法律制度を確立した。この時代において、日本の学者は漢字を使っていろいろな法律の概念と用語を創設し、これらの概念と用語、さらに法律制度そのものもまた有識者によって日本から中国に輸入された。何勤華の考証によると、「法学」という漢字の語彙を用いて近現代の西洋の法律学に関する学問を表現することは、日本に源を発する[3]。また、中国の法律の近代[4]化改革の「総指揮者」沈

---

[1] 大塚仁『刑法概説（総論）〔第4版〕』（2008年）31頁。
[2] 王健『沟通両個世界的法律意義』（2001年）237頁（陳興良『刑法的知識転型［方法論］』（2012年）33頁から引用した）。
[3] 周少元『中国近代刑法的肇端―《大清新刑律》』（2012年）5頁。
[4] 本書においては、中国のアヘン戦争の勃発（1840年）から中華人民共和国の成立（1949年）までの時代を近代という。この論文は中国法を研究の基礎資料にしているので、このような分け方に従う。

家本も、「今日の法律用語及び最新の学説は、たいてい東国を通して西洋で創設された理論を翻訳したものである」と指摘した[5]。この東国とは日本のことである。そして、この時代において日本の法律用語ではおおよそ漢字が使われているので、それらは日本から翻訳したというより、むしろ直接に日本の用語をそのまま使ったものと言えよう。

　中国の法制度の近代化の端緒として、1901年1月29日に西安に亡命していた慈禧太后は、光緒皇帝の名義で「法令変張」の上諭を公布した。その成果として、1911年に日本の学者岡田朝太郎の協力の下で、中国最初の近代的な刑法典「大清新刑律」[6]が公布された。それ故に、中国の刑法学の近代化は、最初の時点からすでに日本刑法学の焼印が押されていた。この「大清新刑律」は、この段階では施行されることはなく、「辛亥革命」により清朝が滅亡し、その後に国民党を中心に建国した中華民国政府は、「大清新刑律」を修正した後に「暫行新刑律」として施行していた。この時代には、中国の刑法学の研究はスタートしたばかりであり、外国（主に日本）の研究成果の翻訳、紹介をすることで発展していった。犯罪論に関しては、日本を経由してドイツの理論を輸入していた。それ以来、1928年と1935年に中華民国政府はそれぞれ新しい刑法典を公布したが、中国の犯罪論に関する研究は、やはり独・日の理論による「被植民地化」を避けられず、「主体」、「客体」、「行為」、「責任」、「違法」などの「犯罪成立要素」を中心とした研究が展開されていた。

　しかし、1949年に中国共産党が政権を取って中華人民共和国を成立させ、中華民国時代の「六法全書」（すなわち当時の全現行法）を廃止したのをはじめ、国民党時代の「旧法司」に対する全面的な粛清を始めた。それ以降、中国刑法学の研究における全面的なソビエト化が始まった。立法においては、旧ソ連の刑法を参考にしながら、様々な立法の準備をしていたが、1966年から「文化大革命」という政治的動乱の時代に入り、1978年までの約30年の長い間、中国において「刑法」は実質的に存在しなかった。

　研究においては、1950年にソビエト司法部全ソビエト法学研究所によっ

5　『沈寄籍先生遺書・寄籍文存　第4巻』（陳・前掲（注2）34頁から引用した）。
6　正式的な名称は「欽定大清刑律」である。旧「大清刑律」と区別するために、一般的に「大清新刑律」という。

て編撰された『ソビエト刑法総論』が中国語に翻訳、出版された。この教科書は中国で出版された最初の、「犯罪の客体」、「犯罪の客観的側面」、「犯罪の主体」、「犯罪の主観的側面」という「四要件の犯罪構成要件論」を採用したものであり、中国の犯罪論研究に深い影響を与えていた。しかし、1957年から中国は反右派階級闘争の時代に入り、ニヒリズム思想が盛んになり、刑法学の研究は「文化大革命」が終わるまで停滞した。

　1979年に中華人民共和国初の刑法典が施行されたが、政治と現実の二つの理由から、中国の刑法学研究者は長い間中華民国時代の刑法学を無視し[7]、「文化大革命」前のソビエト刑法学に対する研究に基づいて、「四要件の犯罪構成要件論」を中心に犯罪論の研究を再出発させた。そのため、今までも「四要件の犯罪構成要件論」は、中国において通説的な地位を占めている。しかし、「四要件の犯罪構成要件論」が中国で通説になって以降、学界からそれに対する反論と挑戦は止むことがない。

　もっとも、1980年代の論争は、「四要件」の論者内部でのものであった。ここで特に説明する必要があるのは、А・Н・トライニンの『犯罪構成要件の一般理論』（1957年）は1958年に中国語に翻訳されて出版されたが、1957年から中国はすでに反右派階級闘争の時代に入っていたので、その時点では、А・Н・トライニンの学説は中国の刑法学研究にあまり影響を与えることはなかったことである。ゆえに、最初の中国の「四要件の犯罪構成要件論」の内容としてもたらされたのは、前述した『ソビエト刑法総論』の「犯罪構成」の章の執筆者―А・А・ピオントコフスキーの学説である。中国の刑法学者が改めてА・Н・トライニンの犯罪構成論を研究し、当時の通説に対して挑戦をしたのは、80年代に入ってからである。

　そして、中国の市場経済改革により、諸外国との法学交流が深く広くなり、その結果、1980年代の半ばから日本の刑法学が再び徐々に中国の刑法学に影響を与えはじめた。1986年に福田平・大塚仁の『日本刑法総論講義』が中国語に翻訳された。この教科書は、中国の市場経済改革が始まって初め

　7　ゆえに、中国清華大学の周光権は、中国の刑法学理論は「無史化」している、すなわち理論の発展史を踏まえない点で歴史がない理論となっていると指摘した（周光権『法治視野中的刑法客観主義』（2002年）1～3頁）。

て出版された、外国刑法学を紹介する体系書である。また、これは中国で初めて「犯罪論体系」という用語を用いて、「構成要件」、「違法性」、「責任」の相互関係を論理的に述べた体系書でもある。それ以来、独・日の「三段階の犯罪論体系」[8]は徐々に中国の刑法学界で有力になり、今日ではもはや「四要件の犯罪構成」と互角といえる状況となっている。特に、2009 年に、日本での留学経験がある張明楷が中国司法試験の刑法問題の出題者になってからは、司法試験は三段階の犯罪論体系に基づくようになったのに対し、大学院進学試験は四要件の犯罪構成を前提とするようになり、中国の大学の法学教育は「天下分裂」の局面を呈するに至った。「司法試験」の問題が「三段階の犯罪論体系」を採用したことは、あたかも「犯罪論体系」に関する論争の「大決戦」の進軍らっぱを吹き鳴らしたかのように、2010 年に 468 篇、2011 年 492 篇、2012 年に 392 篇、2013 年 431 篇と、「犯罪論体系」に関する論文の数は爆発的に増加した[9]。

ところで、シューネマンは刑法体系を構築する必要性を論じる際、以下のような 3 つのポイントを挙げる。すなわち、(1) 個別的な学術認識は、互いにある論理的関係の中に組み入れられてから、はじめてそれらが論理上に相容れるかどうかが分かる。(2) 日常の言語それ自身はすでにある言語秩序と言語体系を作り出している。法律体系の構造それ自身も日常の言語によって作り出された言語秩序と言語体系を利用している。体系がない法学研究は考えられない。(3) 日常用語の言語秩序には確かに一定の規則と体系が存在するが、多様性がある。法学に関する体系化は概念の抽象性と精確性の程度を上げ、社会の紛争に直面する場合に、解決方法をよりうまく明示でき、ひいては関連する論争と解決方法の秩序及び脈絡を確保できる、と[10]。実は中国

---

8 日本とドイツにおいても、刑法学者が全員同じ「三段階」に基づいて犯罪論を展開しているわけではない。ゆえに、筆者は日本とドイツの犯罪論体系を「段階的犯罪論体系」というべきであると考えているが、「三段階」という用語は中国においてすでに定着したので、本論文は「三段階」という用語に従う。

9 これは、「中国知網 (CNKI)」という中国で最も権威のあるデータベースで 2014 年 11 月 28 日に「犯罪論体系」というキーワードで検索した結果である。

10 B. Schünemann, Einführung in das strafrechtliche Systemdenken, in：B. Schünemann (Hrsg.), Grundfragen des modernen Strafrechtssystems, 1984, S. 2, 3, 5, 6 (許玉秀『当代刑法思潮』(2005 年) 57 頁から引用した)。

の刑法学者たちも、シューネマンの言う以上のような研究の言語秩序と言語体系の側面から、「犯罪論体系」に関する論争の必要性と重要性を理解してきた。中国のある学者が指摘するように、「近年以来、刑法学界における犯罪論体系の変革に関する大論争の背後にあるのは、『精英言語』と『大衆言語』の対立であ」り、いわゆるドイツ犯罪論体系の「精英言語」パターンと中国犯罪論体系の「大衆言語」パターンの対立である[11]。つまり、現在の中国における犯罪論体系に関する論争の背景にあるのは、刑法研究の「発言権」の対立であり、刑法学研究全体に影響を及ぼす研究方法・モデルの対立である。中国の一部の学者による、21世紀に入ってからの「犯罪論体系」に関する論争が、「大決戦」の様相を呈するに至った真の理由はこれであると考えられる。

　ところで、中国最初の近代化した刑法典「大清新刑律」が公布された1911年からすでに百年を超えた。この百年の間に、中国の刑法学は「独・日─ソビエト─独・日」という螺旋状の道を進んできた[12]。そして今や、ソビエトの「四要件の犯罪構成要件論」に進むか、独・日の「三段階の犯罪論体系」に進むか、という分岐点に立っている。筆者はここで進むべき道を選択するために、これまで進んできた道をいま一度振り返るべきだと考えている。なぜなら、中国では伝統派刑法学者（つまり「四要件の犯罪構成」を支持する学者）と独日派刑法学者（つまり「三段階の犯罪論体系」を支持する学者）の間で「構成要件」、「違法性」、「責任」などの概念を中心に犯罪論体系に関する論争が激しく展開されているが、実は両派それぞれが主張している「構成要件」、「違法性」、「責任」などの概念の中身が異なるために、論争がうまくかみ合わないことが少なくない。この問題を解決するためには、中国でこれらの概念および犯罪論体系が誕生した中華民国時代に戻り、これらの概念を再確認する必要があると考えられる。

　さらに、中国における犯罪論体系に関する論争はあまり具体的問題解決と

11　車浩「従"大衆"到"精英"─論我国犯罪論体系話語模式的転型」浙江社会科学2008年第5期51～57頁。
12　車浩「未竟的循環─"犯罪論体系"在近代中国的歴史展開」政法論壇（中国政法大学学報）第24巻第3期63～75頁。

関連することがないので、意味の薄い「空中戦」になりやすい。ゆえに、中国の一部の伝統派学者は、独日派学者がただ刑法学研究の「発言権」を奪うために無意味な論争を起こしたと考え、「今日、我が国の刑法学界においては、ドイツ、日本、イタリア、フランス、イギリス、アメリカで留学した、または留学している学者が多数であり、翻訳された外国刑法学の著作も徐々に増えてきた。学者たちはいつも自分自身の特殊な経験または好き嫌いにより、中国において他国の犯罪構成要件論を採用すべきである、または他国の犯罪構成要件論をモデルとして自分の犯罪構成要件論を作り出すべきだと主張する」[13]と指摘し、さらに「お尻が頭を指揮する」論争であるなどといった人身攻撃すら行われた[14]。

たしかに、具体的問題解決と関連しない体系的な論争にはあまり意味がないが、犯罪論体系に関する思考と論争それ自体は決して具体的問題の解決に役立たない、無意味な「発言権」を奪うためのものではない。中国で「犯罪論体系」を論じる学者は、決して自分の留学経験または好き嫌いに基づいて研究の「発言権」を奪うために論争しているわけではない。周知のように、中国における初の「三段階の犯罪論体系」に基づく刑法教科書を出版した陳興良は「北高南馬」[15]の高明暄（けん）の弟子であり、全く留学した経験がない。また、「四要件の犯罪構成」を支持し、「三段階の犯罪論体系」に反論する学者の中には日本の同志社大学の大谷實の許に留学し、博士号を取得した黎宏がいる。これらの学者は、決して自分の師の教えあるいは留学経験などの個人感情に基づいて、研究を展開しているとは言えないであろう。

体系を論じる意義として、ロクシンによれば、犯罪論体系に沿った体系的思考は問題解決の側面において少なくとも以下の４つのメリットが存在するとされる。(1)体系的事案検討の形式は、事案検討を容易化させ、構成要件、違法性、責任の３つの段階に従って犯罪を検討することは、思考経済に役立ち、決定的な観点が看過されたり、誤った判断がなされたりすることを避け

13　欧錦雄「新中国犯罪構成要件論的発展和展望」（付立慶「重構我国犯罪論体系的宣言与自省」中外法学　Vol22　No1（2010）から引用した）。
14　付立慶「重構我国犯罪論体系的宣言与自省」中外法学　Vol22　No1（2010）。
15　中国の伝統派刑法学者の泰斗「高明暄」と「馬克昌」を併称して「北高南馬」という。

ることができる。(2) 体系の秩序づけにより、不均衡で、欠陥のある、多くの条文を生み出すことを避け、斉一的かつ合理的に法を適用することができる。(3) 学生または裁判官にとっては、法適用が体系的思考によって単純化され、方針を決定する作業の負担が軽減される。(4) 法的素材を体系化することにより、個々の法規範の内在的関連性に対する洞察が提示され、創造的な法の発展的形成も可能になる[16]。(1) は体系的思考の意義として最も重要であり、「四要件の犯罪構成要件論」への批判として決定的に妥当する点であると考えられる。例えば、「四要件の犯罪構成要件論」において、「犯罪性阻却行為」(すなわち、正当防衛や緊急避難などの違法性を阻却する行為) は「四要件の犯罪構成」の外で論じられていることになるが、四要件による犯罪の構成と犯罪の阻却の相互関係は、四要件論からは明らかにされないままなのである。現実社会において「犯罪性阻却行為」に関する事件は稀とはいえ、司法実務家が実際にこの種の事案を処理する際に、犯罪性の阻却をどのように取り扱うべきか明らかでないままでは、四要件論に依拠する場合、困難に直面することが予想される。

これに関連して、日本やドイツでは、犯罪論体系は、「共犯」または「錯誤」などの具体的な問題を巡って論じられることが多い。このことから、「共犯」と「錯誤」(またはその裏面にある「故意」) は犯罪論の試金石と言われている。本書でも、こうした具体的問題を踏まえつつ犯罪体系について論じていくが、特に、各国の刑法典の条文において、「錯誤」と「故意」は「共犯」よりも共通する点が多いと思われることから、とりわけ故意と違法性の意識を中心に検討することとしたい。

中国の刑法においても、故意と錯誤に関する規定は、総則に設けられている。また、刑法総則では、犯罪と刑罰の関係、犯罪不成立の事由、未遂、共犯といった体系的問題が規定されていることから、第一部では、中華民国時代の刑法典のうち、総則の規定を中心に取り上げることとする。これによ

---

16 C. Roxin, Strafrecht Allgemeiner Teil Band Ⅰ：Grundlagen. Der Aufbau der Verbrechenslehre, 4. Auflage, §7, 39ff. ロクシンはその後体系的思考の4つのデメリットも述べたが、それは彼自身の目的理性の段階的体系を主張するために、他の犯罪論体系を批判しているだけで、段階的体系そのものを諦めたわけではない。

り、立法者の犯罪と刑罰の体系に関する思想を一定程度考察することができよう。

　以上を踏まえて、第一部においては、比較法の視点も取り入れつつ、中華民国時代の刑法総則の構成、および犯罪概念並びに故意の本質に関する議論を考察しながら、中国の犯罪論体系における「近代化」の過程を跡付ける。これにより、現在、学界において激しく議論されている体系の問題について、解決への道筋に向けた端緒を見出したい。なお、中華民国時代は、けっして社会的に安定した時期とはいえず、このことは学問研究にも影を落としている。すなわち、辛亥革命の直後、あるいは日中戦争以後は、刑法学の研究は必ずしも活発になされているとはいえない状況であった。これに対し、1928 年から 1935 年までの時期は、社会が比較的安定していたこともあり、一定の豊富な研究成果が残されている。このことは、日本はおろか、中国においてもあまり注目されていないことであることから、第一部では、この時期の研究を中心に検討を進めることとする。

第一章　中国の四要件説の検討

　前述したとおり、1949年に中華人民共和国が成立して以降、中国共産党政府により、国民党時代の法律に対して全面的な粛清がなされた。その後、中国の刑法学における全面的なソビエト化が始まり、今日では旧ソ連から輸入された「四要件の犯罪構成要件論」が通説の地位に至っている。考察の前提として、本章では、通説である「四要件説」の内容について概観した上で、誤想防衛の問題を中心に、「四要件説」の問題点を明らかにしたいと考えている。もっとも、「四要件説」論者の内部でも、「犯罪構成（＝構成要件）」をめぐって争いがあることから、第一節では、中国で最も代表的な「四要件説」の論者とされる、いわゆる「北高南馬」[17]の見解を検討する。さらに、第二節では、伝統的な共犯理論を検討する。

第一節　伝統的な犯罪構成要件論

1　犯罪概念と犯罪構成

　犯罪概念について、中国の現行刑法典第13条には、「国家の主権、領土の保全および安全に危害を及ぼし、国家を分裂させ、人民民主独裁の政権を転覆し、社会主義制度を覆し、社会秩序および経済秩序を破壊し、国有財産又は勤労大衆による集団所有の財産を侵害し、国民の私有財産を侵害し、国民の身体の権利、民主的権利その他の権利を侵害し、又はその他の社会に危害を及ぼすすべての行為が、法律に基づいて刑を受けなければならないときは、いずれも犯罪である。ただし、情状が著しく軽く、危害が大きくないときは、犯罪としない。」というように犯罪を実質的に定義している。これにより、伝統派[18]は「（1）犯罪とは社会を侵害する行為である。即ち、一定程

17　伝統派学者の代表者高銘暄と馬克昌のことをいう。

度の社会侵害性を有する。……(2) 犯罪とは刑法に違反する行為である。即ち、刑事違法性を有する。……行為の社会侵害性は刑事違法性の前提となり、刑事違法性は社会侵害性の刑法上の現れである。行為は社会侵害性を有するだけでなく、それに加えて刑法に違反し、刑事違法性を有する場合に限り、犯罪が認められる。(3) 犯罪とは、刑罰を受けるべき行為である。」というように犯罪の実質的特徴を説明していた[19]。つまり、通説によると、犯罪の本質的特徴は行為の重い社会侵害性であり[20]、犯罪の形式的法律的特徴は行為の刑事違法性である[21]。つまり、伝統派によれば、社会主義的刑法学は形式と本質を統一した犯罪概念を取っているとされる[22]。

そして、伝統派によれば、犯罪構成とは「我が国の刑法の規定に基づく、ある具体的な行為の社会侵害性およびその程度を決定する、その行為が犯罪を構成するために必要とされるあらゆる客観的および主観的要件の有機的統一である。」[23]犯罪構成は犯罪成立の唯一の根拠であり、行為者が刑事責任を負う唯一の根拠である。犯罪構成と犯罪概念の本質は同じであり、それは社会侵害性である[24]。しかし、社会侵害性は犯罪構成の要件ではなく、犯罪構成とは「犯罪の客体」、「犯罪の客観的側面」、「犯罪の主体」、「犯罪の主観的側面」という「四要件」の総和 (合計) である。この四つの要件は、互いに「一つが存在すれば、すべて存在する。一つが存在しないと、すべて存在しない」という「有機的統一」の関係にある[25]。「有機的統一」という用語は、「同時存在」を意味する[26]。すなわち、四つの要件はお互いがお互いの前提となるという関係にあり、犯罪の成立には必ず四つの要件の同時存在を要求し、お互いに確定的な、検討される前後関係あるいは順番は存在しないのである。このような「統一論」は実在の立場からではなく、当為の立場から四要

---

18 犯罪論において、ソビエト刑法学の「四要件の犯罪構成要件論」を採用する中国刑法学者のことをいう。
19 高銘暄・馬克昌 (主編)『刑法学 (第5版)』(2011年) 31頁。
20 馬克昌 (主編)『犯罪通論 (第3版 修訂版)』(2006年) 19頁。
21 馬・前掲 (注20) 65頁。
22 馬克昌 (主編)『刑法』(2009年) 28頁。
23 高/馬・前掲 (注19) 49頁。
24 馬・前掲 (注20) 67頁。
25 馬・前掲 (注22) 39頁。
26 陳・前掲 (注2) 259頁。

件の相互関係を説明している。そして、正当防衛や緊急避難などの「犯罪阻却事由」は四要件の外で検討される。

このように、犯罪構成は一連の主観的、客観的要件の有機的統一である[27]。伝統派の四要件の犯罪構成要件論は、違法と有責という二つの概念を中心として構築されたものではなく、客観と主観という二つの概念を中心として構築されたものである。この理論において、客体と客観的側面はさらに「客観」という概念に、主体と主観的側面はさらに「主観」という概念に引き上げられる。そして、犯罪構成にこのような「主観」と「客観」の同時存在を要求する「主観・客観の統一」の原則は、この犯罪構成要件論の重要な特徴とされる。このような犯罪構成要件論において、違法とは行為が完全に犯罪構成に該当することであり、客観的な違法概念は存在しない[28]。そして、「刑事責任とは、刑事法によって規定されている義務の不履行またはこのような義務に違反する行為（犯罪）に対して行為者が負うべき、刑事法上の結果（刑事法律処分）である。」[29]この刑事責任に対する定義から分かるように、犯罪構成における刑事責任と独・日の犯罪論体系における「非難可能性」を内容とする「責任」とは全く別ものである。ゆえに、この理論において、非難可能性という意味での責任概念は存在せず、犯罪構成に該当することは、行為者が責任を負うべきことと等しいのである。ゆえに、この理論においては、違法と責任が区別されていないと言わざるを得ない[30]。

各要件の具体的な内容は、次のようなものである。犯罪の客体とは、刑法により保護され、犯罪により侵害される、社会主義の社会関係である。犯罪の客観的側面とは、犯罪活動の客観的、外面的な現れである。これには、侵害行為、侵害結果、侵害行為と侵害結果の間の因果関係が含まれる。一部の犯罪においては、特定の時間または場所、あるいは特定の方法が要求される。犯罪の主体とは、法定の刑事責任年齢に達しており、刑事責任能力を有する、侵害行為を行う自然人である。一部の犯罪では、特定の主体であるこ

---

27 高/馬・前掲（注19）49頁。
28 張明楷『犯罪構成体系与構成要件要素』（2010）25〜26頁。
29 馬・前掲（注20）78頁。
30 張・前掲（注28）28頁。

図 1 伝統的体系における犯罪構成要件

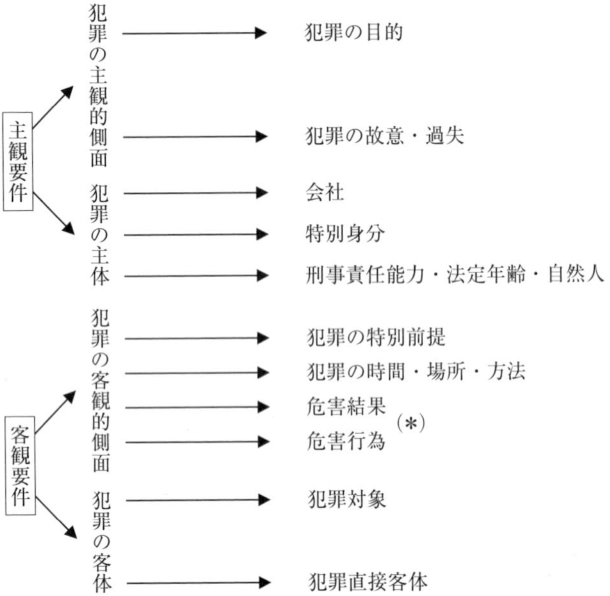

```
                        ┌──────────→ 犯罪の目的
             犯罪の主観的側面
             │          └──────────→ 犯罪の故意・過失
  主観要件 ──┤
             │                       ┌→ 会社
             犯罪の主体 ─────────────┼→ 特別身分
                                     └→ 刑事責任能力・法定年齢・自然人

             ┌──────────→ 犯罪の特別前提
             │──────────→ 犯罪の時間・場所・方法
  客観要件   犯罪の客観的側面
  ──────────┤──────────→ 危害結果
             │──────────→ 危害行為    (＊)
             │
             犯罪の客体 ┌→ 犯罪対象
                       └→ 犯罪直接客体
```

＊危害行為と危害結果との間の因果関係は，犯罪の客観的側面に位置づけられる。

出典：馬克昌（主編）『犯罪通論（第 3 版修訂版）』(2006 年) 89 頁。

とを要するが、それは、特定の職務に就いており、ないしは特定の身分を有することである。少数の犯罪においてではあるが、法律の特別規定に基づき、企業、機関、団体も犯罪の主体となりうる。最後に、犯罪の主観的側面とは、行為者には罪過（故意と過失）が存在することである。ここで、一部の罪の犯罪構成では、特定の犯罪の目的または動機が要求される[31]。以上をまとめると、図 1 のようになる。

2 社会侵害性について

中国の伝統派の刑法学と独・日の刑法学とのもう一つの本質的な相違点は、中国の犯罪論において重要な意義を持つ社会侵害性の理論である。伝統派が

---

31 髙/馬・前掲（注 19）50 頁。

主張している社会侵害性の犯罪論における意義は、具体的には以下のものである。第1に、社会侵害性は犯罪構成の礎石である。犯罪構成要件の総和に該当することは、重大な社会侵害性を有することを証明している。もし行為が重大な社会侵害性を有しないならば、犯罪は成立しない。第2に、犯罪性阻却行為の成否を決めるキーポイントである。正当防衛や緊急避難などが犯罪とされていないのは、これらの行為が全く社会侵害性を有しないからである。これに対して、過剰防衛や過剰避難などが犯罪とされているのは、これらの行為が重大な社会侵害性を有するからである[32]。

前述した通り、伝統派によれば、社会侵害性は犯罪および犯罪構成の本質であるが、犯罪構成の要件ではない。そして、あらゆる犯罪は主観と客観の統一であるので、犯罪の本質である社会侵害性も当然に主観と客観の統一である。故に、「社会侵害性およびその程度は、客観的に引き起こされた損害のみから説明するのではなく、行為者の主体的要件および主観的要件も含まれる。」[33]また、犯罪構成は犯罪の形式的な特徴であり、刑事違法性の判断基準であるが、犯罪の本質である社会侵害性の判断基準は別のものである。社会的侵害性およびその程度に関する判断基準については、伝統派は以下のような7つの要素を挙げている[34]。

(1) 行為によって侵害されたのは、どのような社会関係か？ これは行為の社会侵害性の程度を決定する最重要の要素である。もし、侵害された社会関係が重要でないなら、例えば、友情関係、恋愛関係、婚約関係などの侵害の場合は、行為の社会侵害性は大きくないので、犯罪とならない。これに対し、侵害された社会関係が特に重要である場合、例えば、国家主権、人民民主独裁制度、社会主義制度などが侵害された場合には、行為の社会侵害性は重大であり、犯罪として処理しなければならない。行為によって侵害された社会関係が比較的中程度である場合、例えば、人の健康権、社会主義経済秩序、社会公共秩序

---

32 馬・前掲（注22）23頁。
33 馬・前掲（注20）21頁。
34 馬・前掲（注20）22～23頁。

などが侵害された場合には、行為の社会侵害性が重大な程度に達するかどうかは、その他の要素と併せて考える必要がある。
(2) 行為の性質、方法、手段またはその他の関連する情状。
(3) 行為が侵害結果を引き起こしたこと、侵害結果の大きさまたは深刻な侵害結果を引き起こす可能性。
(4) 行為者自身の情況。
(5) 行為者の主観的側面の情況。
(6) 情状は深刻、凶悪であるか。
(7) 行為がなされたときの社会情勢。ここでいう社会情勢とは、社会の政治、経済、治安および階級闘争の総合情況のことであり、行為の社会侵害性に影響を与える。同じ行為であっても、社会情勢によって社会侵害性の程度は大きく異なることがある。例えば、堕胎行為は、中華人民共和国が成立した初期では重大な社会侵害性があり、犯罪とされていたが、1980年代末以来、人口の急速な増加および医療環境の改善により、もはや堕胎行為は社会侵害性を有しない。ゆえに、現行刑法典では堕胎行為は犯罪ではない。

上に挙げた社会侵害性およびその程度の判断基準は、一見して分かるように、比較的定型化されている犯罪構成と異なり、まったく安定性、明確性のないものと言わざるを得ない。

1979年に公布された中国の旧刑法典の第10条には、「あらゆる国家の主権、領土の保全に危害を及ぼし、プロレタリア独裁の制度に危害を及ぼし、社会主義的革命と社会主義の建設を破壊し、社会秩序を破壊し、全国民が所有する財産または労働大衆の団体が所有する財産を侵害し、公民の私的な合法的な財産を侵害し、公民の人身的権利、民主的権利およびその他の権利を侵害し、またはその他の社会を侵害する行為が法律に基づいて刑罰を受けなければならないときは、いずれも犯罪である。但し、情状が著しく軽く、危害が大きくないときは、犯罪としない」というように、犯罪を形式と実質の二つの側面から定義していた。すなわち、犯罪の本質は「社会を侵害する」という社会侵害性であり、その形式は「法律に基づいて刑罰を受けなければ

ならない」という「刑事違法性」である。犯罪は本質的特徴と形式的特徴の統一であり、すなわち、犯罪は社会侵害性と刑事違法性の統一である。先に説明したように、統一とは同時存在の意味であり、当為の側面から説明しているにすぎない。

しかしながら、刑事違法性の判断基準は犯罪構成であるのに対して、社会侵害性の判断基準は別のものである。それでは、刑事違法性と社会侵害性は実在の側面において、両者は本当に矛盾がなく、「統一」できるであろうか。また、矛盾が生じた場合に、どちらが最終的な、決定的な判断基準となるのであろうか。

1979年旧刑法典の第79条には「本法典の各則に明文の規定がない犯罪は本法典の各則にある一番類似した条文を参照して断罪量刑できる。但し、最高人民法院に報告して許可を得なければならない」として、類推許可を規定していた。ここでの類推判断の基準は、社会侵害性の有無である。すなわち、刑法典の各則に明文の規定がない（刑事違法性がない）場合に、社会侵害性があれば、類推して犯罪を認めることができるということである。この意味で、社会侵害性は刑法の各則の条文を超えた、「超法規的な」存在であり、犯罪の本質的な特徴である。

1997年に公布された中国の現行刑法典では、確かに旧刑法の第79条の類推許可の規定を削除したが、前述した犯罪の概念を規定する現行刑法典の第13条は依然として実質と形式の統一の定義を採用している。そして、中国現行刑法典の第3条には「法律が明文で犯罪行為と規定するときは、法律により罪を認定し、処罰する。法律が明文で犯罪行為と規定していないときは、罪を認定し、処罰してはならない」と、罪刑法定主義の原則を規定しているが、この条文の前半で規定される「積極的罪刑法定主義」（ある行為が法律上の明文の犯罪の行為に該当するときは、罪と認定し処罰するという原則）と「社会侵害性」という実質的な犯罪概念は、封建時代の罪刑専断主義に対抗するために生まれてきた、「法律なければ刑罰なし」という消極的罪刑法定主義の徹底を阻害している。この後の犯罪性阻却のところでまた論じるが、特に、社会侵害性をキーポイントとする、四要件の犯罪構成の外で検討される犯罪性阻却事由の成否を判断する場合に、積極的罪刑法定主義と実質的な犯罪概念

の影響は顕著である。

3　違法性の認識

　中国の現行刑法典第14条1項には、「自己の行為が社会に危害を及ぼす結果を生じさせることを知りながら、その結果の発生を希望し、又は放任したことにより犯罪を構成したときは、故意による犯罪とする」と、故意犯を規定している。そして、中国の現行刑法典には、法律の不知に関する条文がない。旧刑法典の起草段階において、第22回草案では、「法律を知らずに犯罪を実行したときは、刑事責任を免除しない。但し、情状により、刑を軽くするまたは刑罰を軽減することができる」という条文が入っていた。しかし、実務において犯人が法律を知っているかどうかを判断することが難しいことを考慮し、また、この規定は犯人が責任を逃れる言い訳になりやすいと考えられたため、第33回草案では、この条文を削除した。これに関し、伝統派によると、「我が国の刑法における故意または過失の規定からみれば、違法性は罪過の構成要素ではないので、行為者が法律を知らないこと、または現行立法で彼の実行した行為が犯罪となることを規定していないと誤解したことは、犯罪の成立に影響がない。処罰する際に、法院は刑法第63条2項[35]の規定と行為の実際の情況に基づき、酌量して寛大に扱うことができる」[36]とされる。

　伝統派の犯罪構成要件論において、故意・過失は「主観的側面」の中で検討される。伝統派は、「犯罪故意とは、行為者が自己の行為から社会を侵害する結果を引き起こすことを明らかに認識し、かつ、その結果の発生を希望または認容する主観的心理態度である」[37]と定義している。故意の認識内容に関して、「第一に、行為そのものに対する認識、すなわち、刑法によって規定されている社会を侵害する行為の内容およびその性質に対する認識である……第二に、行為の結果に対する認識、即ち行為から引き起こされたまた

---

[35] 第63条2項：犯罪者が、この法律に規定するその刑を減軽する情状を有しなくても、事件の特別の状況に基づいて、最高人民法院の許可を得て、法定刑の下限以下の刑を科することができる。
[36] 馬・前掲（注20）374頁。
[37] 高/馬・前掲（注19）106頁。

は引き起こされそうな、社会を侵害する結果の内容およびその性質に対する認識である……第三に、侵害行為および侵害結果と関連するその他の犯罪構成要件の要素的事実に対する認識である」と説明した上で、刑事違法性に対する認識は故意の成立要件ではないと明確に主張しながら[38]、例外的に社会情勢の変化が原因で、行為の社会侵害性に対する認識が欠ける場合に、故意を阻却することができると説明している[39]。しかし、「四要件の犯罪構成」において、違法性の認識不要説は体系的矛盾を孕む。上述した故意の内容には侵害行為の内容および性質の認識まで要求している。「客観的側面」に属する「侵害行為とは法律上、社会を侵害する身体の動静である」[40]。そして、行為の社会侵害性は刑事違法性の前提となり、刑事違法性は社会侵害性の刑法上の現れである。ゆえに、「法律上社会を侵害する」という行為の性質は、刑事違法性にほかならない。そして、伝統派が、比較的定型的な判断基準が存在する刑事違法性の認識を故意の成立要件から排除した上で、内容と判断基準がより不明確である社会侵害性の認識を故意の特別の成立要件とするのは、裁判官の恣意的判断を放任するに等しく、いっそう犯罪者が責任を逃れる言い訳になりやすいのではなかろうか。

4 犯罪性阻却事由

犯罪性阻却事由とは、行為者の行為が客観的に一定の損害結果を引き起こし、犯罪の一部の客観的な構成要件に該当するようにみえるが、実際には犯罪の社会侵害性がなく、犯罪構成に該当せず、法律に基づいて犯罪とはならない客観的情況である[41]。それゆえ、伝統派の内部では、犯罪性阻却事由は正当行為または社会侵害性阻却事由と呼ばれることもある。具体的には、中国の現行刑法典第20条1項には正当防衛を、2項には過剰防衛を、3項には無制限防衛を規定している[42]。また、第21条[43]には緊急避難が規定されている。

---

38 高/馬・前掲（注19）107頁、馬・前掲（注20）374頁。
39 馬・前掲（注20）374頁。
40 高/馬・前掲（注19）64頁。
41 馬・前掲（注22）114頁。

前述したように、伝統派の犯罪構成要件論によれば、犯罪構成は犯罪成立の唯一の根拠であり、行為者が刑事責任を負う唯一の根拠である。そして、犯罪構成の要件は「客体」、「客観的側面」、「主体」、「主観的側面」の４つであり、犯罪性阻却事由は犯罪構成の要件ではなく、犯罪構成の外で検討される。しかし、積極的罪刑法定主義の下では、犯罪成立の「唯一」の根拠である犯罪構成の外に、さらに犯罪の成立を否定できる犯罪性阻却事由を認めるとき、そこにすでに矛盾を孕んでいるといえるであろう。

これに関し、犯罪構成と犯罪性阻却事由の関係について、伝統派は以下のように説明している。すなわち、我が国において、犯罪を認定する場合に、西洋国家のように犯罪論体系を３段階に分けて、１つの段階に符合してから次の段階に進んで、すなわち、正面から構成要件に該当すると判断した後に、次の違法性の段階において、振り返って違法性阻却事由により犯罪を否定することはない。犯罪と非犯罪の境界線を引くための２つの道が存在する。一つの道は、正面から行為が犯罪構成要件に該当するかどうかを判断するものである。もう一つの道は、やはり正面から犯罪性阻却事由が存在するかどうかを判断するものである。この２つの道の関係は、１つの問題を解決するために２つの側面から考えているものにすぎず、結果的には同じ結論を導くのである。それゆえ、前者からある結論を出すことができるのであれば、この結論は肯定、否定のいずれであっても、後者からも必ず同じ結論を

42　第20条１項：現に行われている不法な侵害から、国家及び公共の利益または本人若しくは他人の身体、財産その他の権利を守るために、不法な侵害を制止する行為を行って、不法侵害者に損害を生じさせたときは、正当防衛であり、刑事責任を負わない。
　　２項：防衛行為が著しく必要な限度を超えて重大な損害を生じさせたときは、刑事責任を負わなければならない。ただし、その刑を減軽し、又は免除しなければならない。
　　３項：現に行われている暴行、殺人、強盗、強姦、身代金目的略取その他の身体の安全に著しい危害を及ぼす暴力犯罪に対して、防衛行為を行うことによって不法侵害者に死傷の結果を生じさせたときは、過剰防衛とはならず、刑事責任を負わない。
43　第21条１項：現に発生している危険から国家及び公共の利益または本人若しくは他人の身体、財産その他の権利を守るため、やむを得ずにした緊急避難の行為が損害を生じさせたときは、刑事責任を負わない。
　　２項：避難行為が必要な限度を超えて、不当な損害を生じさせたときは、刑事責任を負わなければならない。ただし、その刑を減軽し、又は免除しなければならない。
　　３項：第１項における本人ための避難に関する規定は、職務上または業務上特定の義務を負う者には、適用しない。

出すことができる。両者の結論は完全に一致しているので、一つの道から結論を出した以上、もう一つの道はから再び判断する必要はまったくないのである、と[44]。

しかし、このような当為[45]の視点から説明した犯罪構成と犯罪性阻却事由の関係は決して論理的ではなく、犯罪構成と犯罪性阻却事由の実在的な関係は依然として不明確であり、実際の問題解決には役立たないのである。例えば、犯罪性阻却事由は犯罪構成の外のものであるので、「誤想防衛」を検討するとき、行為者が正当防衛状況にあるか否かという点は、故意の認識内容または範囲から離れるはずである。しかるに、伝統派は、これを直ちに「事実の錯誤である」とした上で、「誤想防衛の場合には、主に行為者に行為の性質に対する認識の錯誤が起こっている」とし、その場合には故意が存在しないので、過失犯または無罪となると説明している。しかし、「行為の性質」という言葉の内実は不明確であるため、司法実務において混乱を引き起こしている。

具体例として、以下のような3つの「誤想防衛」の裁判例が参考となる（いずれも、ウェッブサイト上の新聞記事からの引用である。中国では、判例の公開が十分になされていないため、このような参照方法をとった）。

(1) 被告人が、隣人の家の窓口前にいる牛乳配達員の深夜の配達行為を窃盗行為と誤解し、自転車で現場から去ろうとする配達員の顔面を竿掛けで殴り、重傷を負わせた事件について、検察官は故意傷害罪で起訴した。第一審の無錫市北塘区人民法院は、被告人が主観的推測に基づいて、実際上は存在しない不法侵害を誤認し、防衛の目的で他人に重傷を負わせたことは予見すべきであるにもかかわらず、これを予見しなかった、油断による過失であり、過失傷害罪が成立すると判断し、1年の有期懲役を言い渡した。その後、検察官から上訴があったのに対し、第二審の無錫市中級人民法院は、被告人が誤った認識に基

---

44 馬・前掲（注22）115頁。
45 なすべきこと、あるべきことの意味である。あること（存在）、あらざるをえないこと（必然）に対する概念である。

づいて、実際上は存在しない不法侵害を存在すると誤認し、臆断した不法侵害に対して防衛を行い、他人に重傷を負わせたが、その行為は刑法理論における誤想防衛であり、事実に対する認識の錯誤であると判断し、原審を支持した[46]。

(2) 運転している被告人Aは、Bがカバンを持っているCを追いかけている様子を見て、Cの前まで車を走らせ、「強盗犯」のCを止めようと考えたが、結果的にCに自車を衝突させ同人を死亡させた。実際には、Cは精神障害者Bの侵害から逃げているだけであった。裁判において、弁護人は誤想防衛による過失致死罪を主張したが、結果的に、広州市中級人民法院は2013年12月19日の判決において、検察官の意見を支持し、故意傷害罪を認めた。もっとも、被告人の自首の情状および被告人が「被害者を違法犯罪者と誤認したこと」を考慮し、3年の有期懲役を下した上で、4年の執行猶予を付けた[47]。

(3) 被告人である女性Aは、男性Bの強姦から自分を守るために、Bをナイフで刺した。その後、Bは倒れたが、Aは、まだ呼吸をしているBが再び自分を侵害することを恐れて、倒れているBの頭部をナイフで刺し、即死させた。その後の死体検案により、Bは最初の刺し傷ですでに行動能力を失っていたことが分かった。2012年9月10日に広州市中級人民法院は、Aが最初にBを刺した行為は刑法20条3項の無制限防衛であり、刑事責任を負う必要がないと判断し、2回目に刺した行為に関しては、すでに行動能力を失ったBによる、実際には存在しない侵害から自己を守るための「誤想防衛」であることを認めた上で、故意殺人罪が成立すると判断し、4年の有期懲役を言い渡した[48]。

---

46 「誤想防衛過失致人重傷案」（誤想防衛過失致傷事件）
http://china.findlaw.cn/bianhu/xingshianli/32367.html（2015年1月17日）。
47 「好心幇倒忙、他有罪嗎？」（ありがた迷惑は有罪であるか？）
http://www.ycwb.com/epaper/ycwb/html/2013-05/28/content_166110.htm?div=-1（2015年1月17日）。
48 「90後少女捅死性侵大叔一審獲4年（図）」（平成生まれの少女が痴漢おじさんを刺し殺す、一審で4年）http://www.chinanews.com/fz/2012/09-10/4172919.shtml（2015年1月17日）。

(1) は典型的な誤想防衛の事例であり、第二審の無錫市中級人民法院の判断は基本的に妥当である。もっとも、被害者が自転車で現場から去ろうとしていた点については、窃盗との関係でも正当防衛状況はすでに終了しているともいえ、被告人はこのことを認識しながら暴行に出たというのであれば、そもそも正当防衛状況の誤想そのものが疑問となるようにも思われる。(2) も典型的な誤想防衛の事例であり、人民法院は「被害者を違法犯罪者と誤認したこと」も認定しながら誤想防衛を否定したことは、量刑において4年の執行猶予で考慮してはいるものの、理論的にみれば、やはり不合理というべきである。そして、(3) については、たとえ誤想防衛を認めるとしても、ナイフで頭部を刺す行為については、明らかに殺人の直接的故意があると言わざるをえず、過剰防衛の場合に行為者が過剰の行為およびその結果に対して、主観的に直接的故意があってはならないと主張する伝統派の刑法学者からは問題とされるべきであろう[49]。また、(2) と (3) は同じく広州中級人民法院により出された裁判例であるにもかかわらず、「行為の性質」に関して全く異なる判断をしていることも疑問に思われる。上述の3つの裁判例から、中国の司法実務における誤想防衛の判断における混乱した状況をうかがうことができる。

　また、緊急避難については、刑事違法性ではなく、社会侵害性を基準としている。すなわち、緊急避難は社会侵害性がまったくない場合にのみ認められるのであり、それは、社会に対して有益な行為でなければならず、避難行為によって侵害された利益が、これにより守られた利益より小さい場合しか認められない。ゆえに、他人の生命を犠牲にして自己の法益を守ることは絶対に認められない[50]。さらに、超法規的違法性阻却事由を肯定するという途も、中国刑法典第3条の「法律が明文で犯罪行為と規定するときは、法律により罪を認定し、処罰する」という積極的罪刑法定主義の規定から封じられている。それゆえ、結論として、自己の生命を守るために他人の生命を侵害するという「カルネアデスの板」のような事例について、行為者を不可罰とする方向での解決の途は、完全に閉ざされていると言わざるを得ない。

49　高/馬・前掲（注19）135頁。
50　馬・前掲（注20）802頁。

第二節　伝統的な共犯理論

1　四要件説内部における犯罪論体系の比較

次の表1から分かるように、犯罪論における四要件説内部の体系的な相違点は2つある。

表1　四要件説内部における犯罪論体系の比較

ピオントコフスキー『ソ連刑法総論』1950年	トライニン『犯罪構成の一般理論』1958年	高銘暄『刑法学』1982年	馬克昌『犯罪通論』1991年	ベリアエフ・カワチフ『ソビエト刑法総論』1987年	イノカモワーハイガ『ロシア連邦刑法（総論）』2010年
第四編：犯罪論 **第14章　犯罪概説** 第15章　犯罪の客体 第16章　犯罪構成の客観的要件 第17章　犯罪の主体 第18章　犯罪構成の主観的要件 **第19章　社会侵害性を阻却する行為** 第20章　犯罪発展の段階 **第21章　共犯**	第四章　犯罪の概念と犯罪構成 **第八章　犯罪構成要件の分類** 客体、客観的側面、主体、主観的側面 第十一章　犯罪構成と総則の問題 四　犯罪構成と共犯 五　犯罪構成と予備、未遂など **第十二章　犯罪構成と刑事責任を阻却する根拠**	第八章　犯罪構成 第九章　犯罪の客体 第十章　犯罪の客観的側面 第十一章　犯罪の主体 第十二章　犯罪の主観的側面 **第十三章　社会侵害性を阻却する行為** 第十四章　故意犯罪の段階 第十五章　共犯	第一編　犯罪構成 第二章　犯罪構成要件論の概述 第三章　犯罪の客体 第四章　犯罪の客観的側面 第五章　犯罪の主体 第六章　犯罪の主観的側面 第二編　犯罪の形態 第七章　故意犯罪の段階分けの犯罪形態 **第八章　共犯** 第九章　一罪と数罪 **第三編　犯罪性を阻却する行為**	第六章　犯罪構成 第七章　犯罪の客体 第八章　犯罪の主体 第九章　犯罪の客観的側面 第十章　犯罪の主観的側面 **第十一章　行為の社会侵害性と違法性を阻却する状況** 第十二章　犯罪を実行する段階 第十三章　共犯	第四章　犯罪構成 第五章　犯罪の客体 第六章　犯罪の客観的側面 第七章　犯罪の主観的側面 第八章　犯罪の主体 第九章　犯罪を実行する段階 第十章　共犯 第十一章　多行為犯罪（罪数） **第十二章　行為の犯罪性を阻却する状況**

1、4つの要件の順番が異なる。

2、犯罪構成、共犯、犯罪性阻却事由の位置づけが異なる。

犯罪論体系の視点から見れば、2の相違は根本的である。社会侵害性を犯罪構成の中にするかどうかのピオントコフスキーとトライニンの論争の焦点

はここにあると思われる。つまり、ピオントコフスキーは、犯罪処罰の成立要件、犯罪の阻却事由、犯罪処罰の拡大事由（未遂、共犯）という体系を主張するのに対して、トライニンは、犯罪の成立要件（犯罪構成＋未遂＋共犯）、犯罪の排除要件（犯罪性阻却事由）を主張する。高と馬の間もこのような対立がありそうでありながら、しかし、体系の論争は四要件と三段階に注目するあまりに、この四要件内部の対立を見逃してしまったように思われる。

2　伝統派の共犯論（馬説を中心に[51]）
（1）条　文
ここでは、馬説に代表される伝統派の共犯論に関する条文解釈を概観する。まず、中国刑法の共犯に関する条文は、以下のようなものである。

「第25条【共同犯罪の概念】①共同犯罪とは、2人以上共同して故意による犯罪を犯すことをいう。

②2人以上共同して過失による犯罪を犯したときは、共同犯罪として処断しない。刑事責任を負うべき者は、それらが犯した罪に応じてそれぞれ処罰する。

第26条【主犯】①犯罪集団を結成し、若しくは指導して犯罪活動を行った者、又は共同犯罪において主要な役割を果たした者は、主犯である。

②3人以上共同して罪を犯すために結成した比較的固定的な犯罪組織は、犯罪集団である。

③犯罪集団を結成し又は指導する首謀者に対しては、その犯罪集団が犯したすべての犯行に応じて処罰する。

④第3項に規定する以外の主犯に対しては、その者が参加し、組織し又は指揮したすべての犯行に応じて処罰しなければならない。

第27条【従犯】①共同犯罪において副次的または補助的な役割を果たした者は、従犯である。

②従犯に対しては、その刑を軽くし、減軽し又は免除しなければならない。

第28条【被脅迫犯】脅迫されて犯罪に参加した者は、その犯罪の情状に応

51　馬・前掲（注20）502〜607頁。

じて、その刑を減軽し、又は免除しなければならない。

　第29条【教唆犯】①人を教唆して罪を犯させた者は、共同犯罪において果たした役割に応じて処罰しなければならない。18歳未満の者を教唆して罪を犯させた者は、その刑を重くしなければならない。

　②被教唆者が教唆された罪を犯さなかったときには、教唆犯に対して、その刑を軽くし、又は減軽することができる。[52]」

(2) 条文の共犯の構造と共犯の分業・作用の二分法

　条文から分かるように、中国刑法における法定の共犯には、主犯、従犯、被脅迫犯（または脅従犯、強要犯）、教唆犯しか含まれない。日本、ドイツのような、正犯、幇助（補助と幇助やはり違うと思う）という概念は条文にないが、中国伝統派の通説的見解は、共犯における混合的分類法である。即ち、まず、共犯を分業分類によって、組織犯、実行犯（共同正犯含む正犯）、教唆犯、幇助犯に分ける。次に、共犯を作用（役割）分類によって、主犯と従犯、被脅迫犯に分ける。「共犯行為の社会侵害性を認定するとき、一般に、先ず分業から、実行犯もしくは幇助犯に属するのか、それとも教唆犯もしくは組織犯であるのかを見て、その後で、共犯の中で果たした役割の大きさ、すなわち、主犯であるか、それとも従犯または強要犯であるのかを更に分析し、[53]」定罪と量刑をする。

　混合的分類法ではなく、一元的分類法による分業分類説と作用分類法説も存在する。分業分類説に対しては、中国の刑法典に正犯、実行犯、幇助犯の概念がないのでこのような主張は法律から離れていると指摘される。作用分類説の問題点は、教唆犯をうまく説明できないところである。これに対して、作用分類説は、混合的分類説と分業分類説に対して「教唆犯は自己の独立した品格をもたず、その刑事責任は主犯ではなく従犯であるので、自己の独立した地位をもたず、したがって、教唆犯はわが国の刑法の中で共犯の種類ではない」と反論する[54]。今現在、独日派の勃興（ぼっこう）とともに、分業分類説が有力になってきた。そもそも、独日派ではあまり混合的分類や、作

52　甲斐克則・劉建利（編訳）『中華人民共和国刑法』（2011年）79～80頁。
53　林亜剛「共同犯罪の若干の問題を論ず―共犯を中心にして」西原春夫（主編）『共犯理論と組織犯罪―二十一世紀第二回（通算第八回）日中刑事法学術討論会報告書―』（2003年）15頁。

用分類という主張はなく、いきなり正犯、幇助犯、教唆犯から論じるものが多い。これは、四要件説論者の主張を無視しているような感じがするので、あまり学問において取るべき態度ではないように思われる。四要件説論者にも理解を得て、論争に参加してもらうためには、作用分類に関しても十分に検討するべきである。また、分業分類を主張する論者の中には、立法の経緯から分析して、1979年刑法典が誕生するまでの各草案には、時に正犯・共犯の区別が用いられ、時に主犯・従犯の区別が用いられていることから見れば、立案者たちは主犯・従犯の区別と正犯・共犯の区別の相違をそれほど意識しておらず、主犯・従犯を正犯・共犯と解釈しても特に問題ないと主張する者もいる[55]。

（3）組織犯、実行犯、幇助犯、教唆犯[56]

①組織犯

ⅰ客観的要件：犯罪の組織的行為の実行、即ち犯罪の団体において組織、指導、画策、指揮作用を発揮する行為である。

ⅱ主観的要件：組織犯罪の故意、即ち行為者は、自己の行為が犯罪の団体を組織、指導するまたは集団犯罪において指揮、画策する行為であるということを明知（認識）し、且つ犯罪集団の成立または組織的犯罪による社会的危害結果の発生を望むこと。

組織犯は直接に犯罪の実行に参加しなくても成立し、主犯として処罰される。

②実行犯

ⅰ客観的要件：自己による犯罪の実行、即ち刑法各則に規定されているある犯罪の客観的要件を行う行為である。

---

[54] 興味深いことに、これは張明楷が日本に留学する前に1986年に書いた「教唆は共犯における独立種類ではない」（『教唆犯不是共犯人中的独立種類』法学研究1986年第3期）という論文での主張である。今の張氏は完全に分業分類説に改説し、今度は逆に被脅迫犯を"無視"しているようである。例えば、彼の教科書（『刑法学』2016年）には、共犯の章は379〜453頁にわたり詳しく書かれているのに、被脅迫犯はわずか半ページ3段落しかない。また、主犯、従犯、被脅迫犯と彼が主張する正犯、共犯の対応関係もはっきりせず、法典から離れた、実務に使えないような解釈をしているように思う。

[55] 陳家林「正犯体系与正犯概念研究」中国刑事法雑誌2005年第1期28頁。

[56] 馬・前掲（注20）542頁以下。

事例：A男とB女は愛人関係で、共謀してB女の夫のC男を殺す場合に、AはCの首を絞めるとき、BはCの足を押さえる（共同正犯であり、幇助ではない）。

共同正犯は実行犯であり、教唆犯、幇助犯は実行犯ではない（幇助は実行犯で主犯でもありうるという反論はある[57]）。間接正犯[58]は単独実行犯であり、以下のような場合に成立する。

　　a 是非弁別能力ない者の利用
　　b 他人の非行為的な行動の利用
　　c 犯罪構成要件的故意を持たない他人の利用（無過失と過失のいずれも場合にも成立）
　　d 故意ある道具
　　　故意ある目的なき他人を利用する場合に、目的犯の間接正犯は成立する。
　　　故意ある身分なき他人を利用する場合に、身分犯の間接正犯は成立する。
　　e 他人の社会侵害性阻却行為の利用：間接正犯成立
ii 主観的要件：犯罪を実行する故意
　実行犯は共犯における具体的な作用によって、それぞれ主犯、従犯、被脅迫犯として処罰する。

　③**幇助犯**
i 客観的要件：犯罪の実行を幇助する行為、即ち他人が犯罪を実行する前にまたは途中に、他人の犯罪の実行または完成を容易にさせる行為である。
事例：A男がB女を強姦するとき、C女はB女の足を押さえる。
ii 主観的要件：他人の犯罪実行を幇助する故意だけで、実行者と意思疎通を要求しない（片面的幇助は認められるが、片面的教唆は否定される[59]）。
　幇助犯と実行犯の区別に関して、外国の主観説、客観説、目的的行為支配

57　林・前掲（注53）24頁。
58　引用から見れば、大谷實『刑法講義総論［第4版］』（成文堂、1994年）を参考しているようである。
59　馬・前掲（注20）516頁。

説を検討しているか、いずれも賛成できるものでなく、犯罪が客観的要件と主観的要件の統一であり、どちらの一側面しかないものではないことを根拠として、以下のような結論を出す。即ち、犯罪を実行する意思で、直接に犯罪構成の客観的要件を実行した者は実行犯であるのに対して、他人の犯罪を幇助する意思で、犯罪の客観的要件以外の行為を実行した者は幇助犯である[60]。

幇助犯は従犯であり、主犯ではない[61]。

④教唆犯
ⅰ 教唆犯の性質：教唆犯の従属性説と教唆犯の独立性説、教唆犯の二元性説を検討した上で、二元性説を認めながら、独立性に重点を置くと主張する。理由については、刑法典29条2項（教唆の未遂の処罰）参照。
ⅱ 教唆の客観的要件：他人に対して犯罪を唆す行為、または教唆行為によって被教唆者が教唆された犯罪を実行することである。

教唆というのは、犯罪の意図がない人に犯罪の意図を起こさせることである。犯罪の意図を持ち、犯罪の決意を持たない優柔不断の人に決意させることも教唆である。

ⅲ 教唆の主観的要件：他人に犯罪をさせる唆しの故意。被教唆者はすでに犯罪の決意を持っているのに教唆者はそれを知らずに教唆した場合にも、教唆犯は成立する（しかし29条2項の教唆の未遂に該当し、減軽する[62]）。教唆者が被教唆者に刑事責任能力がないことを知りながら教唆した場合には、間接正犯が成立する。教唆者が、責任能力を持たない被教唆者を責任能力があると誤認した場合には、教唆犯が成立する。我が国刑法典によって、主観的側面から見れば、他人に犯罪を実行することを唆す故意があれば十分であり、被教唆者が教唆によって犯罪の故意を生じたかどうかというのは重要ではない。

---

60 正犯と狭義の共犯の区別基準を、教唆犯を除外した幇助犯と実行犯の区別として狭く理解していると思われる。また正犯の概念についてここでは特に論じていない。しかし、伝統派には統一（拡張ではなく）的正犯概念を主張する学者（劉明祥「論我国刑法不采取共犯従属性説及利弊」中国法学2015年第2期）が多い。さらに高橋則夫の規範説を根拠に統一的正犯概念を主張する学者（李世陽「規範論視角下共犯理論的新構築」法学2017年第11期）もいる。
61 馬・前掲（注20）571頁。
62 馬・前掲（注20）564頁。

教唆犯はその作用によって主犯と従犯のいずれかになる。

(4) 主犯、従犯、被脅迫犯

主犯は2種類ある。一つは、犯罪集団を組織し、指導して犯罪行為を行う首謀者、つまり、組織犯である。もう一つは、共犯において主要な役割を果たした犯罪者である。

従犯も2種類ある。一、共犯において二次的役割を果たす犯罪者と、二、共犯に補助的作用を果たす犯罪者である。

従犯の責任は主犯に照らしての任意的減軽である。(必要的減軽、同等処罰、任意的減軽の争いはある。)

被脅迫犯は脅迫されて犯罪に参加したものであり、その責任は任意的減軽である。もともと1979年刑法典は、被脅迫犯は従犯に照らして減軽すると規定したが、その後被脅迫犯は従犯より責任が重いことがありうるという理由で、「従犯に照らして」という表現を削除した。馬克昌は、被脅迫犯を主犯、従犯以外の第三種類の作用分類による共犯として説明しているが、被脅迫犯と主犯、従犯の関係については明確に述べていない。

(5) 身分犯と共犯

非身分者が身分者に対して真正身分犯を共同実行、幇助、教唆した場合には、身分実行者が実行した犯罪構成要件の行為によって処罰する。非身分者はその犯罪の主犯にもなりうる[63]。

身分者は非身分者を共同実行、幇助、教唆した場合には、場面によって分ける。強姦の場合(自然的身分)には、女子は生理的に強姦できないから、彼女を唆した男子は教唆犯、従犯、間接正犯になりえない。贈収賄罪の場合(法定的身分)には、身分者は非身分者の共犯者になりうる。

家族間窃盗は、家族身分を持つ者だけには適用され、その身分の作用は非身分者に連帯しない[64]。

そのほか、共謀共同正犯肯定[65]、承継的共犯、共犯の中止、錯誤についても論じている。

---

63 馬・前掲(注20) 583頁。
64 馬・前掲(注20) 593頁。
65 馬・前掲(注20) 529頁。

第二章　中華民国時代の立法

　前述したように、中華人民共和国が成立した後、共産党は中華民国時代の全現行法を廃止し、中華民国時代の法学に対して全面的な粛清を行った。その後、中国の刑法学はソビエト刑法学をモデルとして再出発したが、中国の特有の政治的な雰囲気の下で、中国の刑法学研究者は、いわゆる「無史化研究」に基づき、自国の刑法学の歴史的研究の側面に関しては、長い間中華民国時代の刑法学を無視し、中華人民共和国が建国した後の刑法学史に限って研究を展開してきた[66]。

　しかし、中国刑法学の近代化の出発点は清朝の末期であり、それから国民党が共産党に敗戦するまでの約40年の間に、刑法に関する立法及び学術研究において、当時の世界各国と比べ遜色ないほどの成果を遂げた。このような史実を無視する研究方法は、社会科学としての刑法学の科学性を動揺させるだけではなく、現実においても、何十年も前の中華民国時代にすでに一定の解決をみた問題を再び蒸し返して研究しているようにみえるなど、刑法学研究のいろいろな側面において「歴史的後退」を引き起こしている。このような問題を解決するために、まず、中華民国時代の刑法学を、政治的な立場から回避するのではなく、学術研究の立場から正視する必要があると考えられる。ゆえに、この章においては、まず立法の側面から中華民国時代の刑法学を検討することとする。

第一節　大清新刑律の立法経緯

　1842年にアヘン戦争に敗れた清朝政府は、西洋の列強に強いられ、相次

---

[66] 近年、陳興良、周光権などの有力な中国刑法学者は、このような「無史化研究」の研究方法に対して反省し、徐々に中華民国時代の刑法学に関する研究を展開しはじめたが、それに関する論文の数及び質から見れば、まだ中国刑法学界の主流に影響を与えていないと言えよう。

いで貿易港を解放した。それにより、清朝末期の中国は徐々に「半植民地半封建」的国家になったが、海外からの商人、宣教師たちは一気に自国の歴史、地理、政治、法律などの様々な側面に関する著作を中国語に翻訳し、中国に設けられた自国の租界で「教会新報」、「万国公報」、「上海新報」、「申報」などの新聞紙を創社し、西洋の時事、議会選挙、総選挙などの海外諸国の政治・法律に関する最新の状況を報道し、「自由」、「平等」などの資本主義の「啓蒙思想」を中国に持ち込んで、租界外の「封建社会」にも強いインパクトを与えた。

19世紀の70、80年代に入ってから、清朝政府は「師夷制夷」[67]の発想により、外国に留学生や外交使節を派遣し、西洋の政治・法律制度をさらに具体的に深く理解することを望んだ。海外から戻った人々は著作を出版し、中国の人々に彼らが西洋で身に付けた「天賦人権」、「社会契約論」、「三権分立」などの法治理論を紹介し、逆にそれが「封建制度」に基づく清朝政府の破滅を促したとも言えよう。このような清朝晩期の強いられたオープンドアにより、西洋の文化と政治・法律制度は中国において徐々に広まった。それにより、中国の「維新派」は政治改良の希望を見出し、法治主義を当時の中国を救う唯一の方法として主張してきた。「維新変法」、「君主立憲」の運動はわずか103日で失敗してしまったが、中国の国民に対して法治主義という未来の発展方向をはっきり示していた。

末期の清朝統治者も時代の流れを意識し、日本の明治維新の成功に鑑み、その時代の世界的な法律改革の波に乗るためにも、「西洋侵略者」の領事裁判権に対抗するためにも、すでに触れたように、1901年1月29日に西安に亡命していた慈禧太后は、光緒皇帝の名義で「法令変張」の上諭を発布した後、1902年2月に清朝政府は近代中国上高名な法学者沈家本と伍廷芳を法律修訂大臣に任命し、法律改革をはじめた。沈家本は法律修訂を指揮する時、外国から4人の専門家を招き、法律修訂に協力させた。その4人はすべ

---

67 当時の中国には自国中心の「天朝上国」の思想があり、他国を「夷」と蔑称し、外国に学ぶことに抵抗感があった。清朝末期の思想家魏源は当時の中国の「半植民地」の現実に鑑み、「制夷」という「国の独立」を果たすために「師夷」という西洋技術を学ぶことが必要であると主張した(「魏源全集」第4冊「海国図志」)。

て日本人であり、そのうち、岡田朝太郎は刑法と法院編制法の起草を、松岡義正は民法と訴訟法の起草を、志田鉀太郎は商法の起草を、小河滋次郎は監獄法の起草を担当する。

沈家本は新刑律を修訂する主旨を、「各国の共通する良い規範を折衷し、世の中の最新の学説を取り、我が国の歴代の礼教民情を無視しない」とまとめていた。この立法主旨に従い、立法者たちは新刑律を修訂する5つの変革ポイントを確立した。すなわち、1．刑名を変更する。つまり、近代的な「罰金」、「拘留」、「徒刑」、「死刑」の刑名を用いて、古代の「笞」、「杖」、「徒」、「流」、「死」の刑名に替えた。2．死刑を減らす。3．死刑の執行方法を一つにする。すなわち、特定の場所で秘密に絞首して執行する。4．比附を削除する。すなわち、近代刑法の罪刑法定主義を採用し、中国固有の比附援引（いわゆる類推）をさせないようにする。5．懲治教育制度を創設する。すなわち、未成年犯罪者を監獄に拘束するのではなく、懲治場を作り、懲治処分を科す。

なお、以上の5つのポイントにおいて注意すべきは、立法者の中にも伝統的な礼教のために例外を許すべきかどうかについて争いがあったことである。例えば、沈家本は伝統的な礼教を考え、死刑を絞首して執行するのを原則とし、謀反や尊属殺人などの凶悪犯罪の場合には斬首して執行するべきであると主張し、死刑の執行方法の統一を強く主張した岡田朝太郎と論争した[68]。これは、この後の草案を起草するときに添削が繰り返された「附則」と「暫行章程」の起源であると考えられる。

このような立法主旨と変革ポイントに従い、「大清新刑律」については、公布されるまでに、1906年の予備案から1911年の第6案まで全部で7つの草案が作られた。この法典を作った外国専門家の岡田朝太郎は、立法の過程について以下のように詳しく述べていた。

　　最初ノ草案ハ清国委員ノミノ手ニ依リテ光緒三十二年（明治三十九年）ノ春脱稿セシカ[69]。同年ノ秋ヨリ、外国委員ノ加ハル有リテ、全ク之ヲ廃棄セリ。仮ニ名ケテ予備案ト曰ヒ、以下用フル所ノ第一案第二案等ノ序次ノ内ニ入レス。而シテ序次ノ内ニ

68　陳新宇「『欽定大清刑律』新研究」法学研究 2011 年第 2 期 193〜208 頁。

入ルヘキ草案ノ由来左ノ如シ。
　　第一案　光緒三十三年（明治四十年）八月脱稿、法律館ヨリ草案トシテ上奏シ並ニ之ヲ公布シタルモノ。
　　第二案　第一案ニ対シ中央及ヒ地方官庁ヨリ附シ来レル簽註ヲ取捨シ、第一案ヲ増損シテ宣統元年（明治四十二年）ノ十二月上奏シタルモノ[70]。
　　第三案　第二案ヲ以テ基礎ト為シ、宣統二年（明治四十三年）憲制編査館ニ於テ修正ヲ加ヘタルモノ[71]。
　　第四案　宣統二年ノ暮、第一次ノ資政院会議ニ附シタル第三案ニ対シ該院ノ法典股員ニ由リテ修正ヲ加ヘタルモノ[72]。
　　第五案　資政院ニ於テ三読会ヲ通過シタル総則ト議了セサリシ為メ存続シタル第四案ノ分則トニ依リテ成ルモノ[73]。
　　第六案　第五案ニ対シ宣統二年十二月二十五日（明治四十四年一月二十五日）ノ上諭ヲ以テ、軍機大臣ノ修正案ヲ裁可シタルモノ[74]。
　　斯ノ如ク、第一案ニ対シ四回ノ増損ヲ経テ成リタル第六案、即チ現存ノモノニ係レリ、惟前記[75]。

　当時の末期の清朝政府は、治外法権を撤廃したり、司法改革によって自身の統治を維持したりするために、新しい刑律の発布を待ちわびていたにもかかわらず、「大清新刑律」の制定は７つの草案を経て４年もかかってしまった。これは、法案を制定する際に、伝統的礼教の擁護者（以下「礼教派」という）と西洋の啓蒙思想の擁護者（以下「革新派」という）の間に激しい「礼教の争い」があったことを物語っている。中国の学者は、「『大清刑律』[76]は中国法の律史においてはじめての、独立した意義ある現代的刑法典であり[77]、それと同

69　岡田は1906年の予備案が清朝の委員によって起草されたと述べているが、当時の法案の起草に参加したもう一人の委員章宗祥の記述によると、予備案は日本の岩谷孫蔵博士によって起草されたものである。
70　岡田朝太郎「清国改正刑律草案（総則）」法学協会雑誌第29巻第3号、32頁。括弧と句読点は筆者が加えたものである。なお、この案では主に第一案に礼教を擁護する条文を「附則」として五カ条加えたという変化があった。
71　岡田・前掲（注70）32頁。この案では「附則」を「暫行章程」に変名した。
72　岡田・前掲（注70）32頁。この案では「暫行章程」を削除した。
73　岡田・前掲（注70）32頁。この案で一番重要な変化は「無夫姦」を処罰の対象として分則に条文を置いた。
74　岡田・前掲（注70）32頁。この案では第四案で削除された「暫行章程」が復活し、「無夫姦罪」を削除した。
75　岡田・前掲（注70）32頁。
76　「大清新刑律」のことを指す。

時に清朝末期の各々の新法律の制定においてかかった時間が一番長い、争いが一番激しい法律でもある[78]」と指摘した。ここでの礼教派と革新派との争いは、主に以下の2点をめぐるものであった。

　第一に、礼教人倫に関する論争である。岡田朝太郎によって起草された第一案は、清朝政府に提出されるや、「礼教派」から強い反発を受けた。清朝末期の名臣張之洞をはじめとする礼教派は、新刑律草案に対し、殊更に外国の法制度を模倣し、用語についても外国のものを用い、内容的にも、古来の礼教に反するものであると批判した。具体的には、家族主義を捨て去るような立法の指導思想は中国社会を解体させること、実行可能性が低いこと、尊属に対する罪の処罰の幅が広すぎること、無夫姦（未婚の女子が他人と性的な関係を持つこと）の女子を処罰しないのは中国の国情、礼儀に反することなどが主張されたのである。

　このような批判を踏まえ、第二案から挿入された附則では、以下の各条に礼教派の主張が取り入れられた。すなわち、第2条では、単行刑法により親族庇護、親族姦通、墳墓発掘などを処罰するとされ、第3条では、皇室侵害、内乱、外患、尊属侵害に対して斬首を適用するとされ、第4条では、強盗罪に対しては単行刑法により加重処罰するとされ、第5条では、中国人の場合には尊属に対して正当防衛権がないとされた。第3案においては、「附則」に第4条として、「無夫姦罪」を加えるなどの修正をした上で、「附則」を「暫行章程」という名称に変えた。第4案では、「暫行章程」を削除したが、それは法典股員会の決定のみによるものであり、資政院の表決を経ておらず法定的効力がない。それゆえ、「尊属に対する正当防衛権」及び「無夫姦罪」をめぐる論争は依然として続いていた。第5案には、「無夫姦罪」を刑法典の正式の条文として加えた。第6案では、再び「無夫姦罪」を削除したが、「無夫姦罪」以外の「暫行章程」は復活した[79]。

　前述したとおり、1911年に第六案は「欽定大清刑律」として公布されたが、

77　古代中国の法典は現代のように部門ごとに制定されていたのではなく、いくつかの関連する法律を一つの法典にまとめるのが一般的であった。それゆえ、大清新刑律において、刑事実体法を他の法律とわけて、単独の法典として制定したこと自体に意義がある。

78　高漢成「『大清新刑律』立法宗旨的歴史錯位」環球法律評論2006年第4期497頁。

79　草案に関して、詳しくは、陳・前掲（注68）を参照。

同年辛亥革命が勃発したため、「大清新刑律」は実施されることがなく、清朝政府は滅びた。その後、中華民国政府は「大清新刑律」を修正した上で、「暫行新刑律」として援用した。そこでの修正のうち重要なものとして、「暫行章程」を削除したことがある（暫行新刑律の成立の経緯については、次の第二節の(1)で詳述する）。

　第二は、罪刑法定主義に関する論争である。大清新刑律の一つの変革ポイントは旧刑律の「比附援引」、すなわち類推制度を削除し、刑法典によって罪刑法定主義を確立することである。罪刑法定主義に対して、礼教派は主に以下のような指摘をしていた。すなわち、律に書いていないものがすべて罪にならないのであれば、律は悪を禁じることができず、民情万変であるから、防ぐにも防ぎようがない。もし、律に正条がなき者はいかなる行為でも罪にならないとしようとするならば、それは刑律草案の387箇条の条文で世の中のすべての情況を含み、漏れがないようにしてはじめて考えることができる、と[80]。

　このような指摘に対して、沈家本は、「人々の情況は変化万千であり、数百条の法文を用いて人々のすべての情況に対応できるとは、立法者として確かに断言する自信がない。しかし、比附がなければ罪を免れる人が多いと心配する必要もないようである。唐から今までの律を考察したところで、相違するところはあるものの、罪状はほぼ同じである。……律の文章は千数百年の間に俗習に応じて徐々に変化してきたが、罪状の変化が律の文章を超えるのを見たことはない。律は千百年の経験からまとめられたものであり、一人か二人の私見から生まれたものではない。……罪を免れる人は極めて稀である。……法の執行を困らせるように法を犯す人は悪人の中でも最上位のものであり、このような人は普段から制圧すべきである。そうでなければ、たとえ千百箇条の条文があるとしても、そのような者は機会を見て立ち回り、比附だけで彼を死に至らしめることができるわけがないであろう」[81]と反論した。

---

[80]　「修律大臣伍廷芳等覆奏御史劉彭年奏等上刑訊有無窒碍請再加詳慎析」（周・前掲（注3）（2012年）123頁から引用した）。
[81]　沈家本「明律目箋—断罪無正条」（周・前掲（注3）123頁から引用した）。

以上のような、礼教派と革新派の激しい論争を経て、罪刑法定主義は大清新刑律第10条として、「法律に正条なき者はいかなる行為といえども罪にならない」と規定されるに至った[82]。

　清新刑律以前の「諸法合体」の時代においては、法典の構造からみても、また具体的な条文からみても、明らかに近代的な法典の基準を満たしていない。そのような法典の下では、近代的な刑法理論の成果である犯罪論体系を生み出すことは不可能であったと思われる。それゆえ、大清新刑律の定立に結実した清朝末期の法典修訂の取り組みは、本書のテーマである犯罪論体系にとって重要な意義を有する。すなわち、この法典修訂は数千年の「諸法合体」の中華法系を解体し、ヨーロッパ大陸法を基礎的モデルとする近代的法律体系の先駆けとなったのである。この時代から、中国の刑法も、法典構造や立法の技術に関して、ドイツや日本などの大陸法に学び始めた。これまでの刑、民を分けない古い慣例を打ち破り、日本やドイツの方式に従って刑法典を総則と各則とに分けたうえで、総則に概括した綱領を規定し、各則に具体的な要件を規定した。これにより、中国の刑法典は一気に当時の近代各国の刑法典に追いつくことができ、刑法体系の変換を完結することができ

---

[82] 歴史はいつも人を驚かせるほどの類似性がある。1979年に中華人民共和国初の刑法典が公布されてから、1997年中華人民共和国の現行刑法典が公布されるまで、中国の刑法研究において、罪刑法定主義に関する激しい論争が続いていた。それは1979年刑法典第79条に「本法典の各則に明文の規定がない犯罪は本法典の各則にある一番類似した条文を参照して断罪量刑できる。但し、最高人民法院に報告して許可を得なければならない」という類推許可の条文を規定していたことに原因がある。当時の罪刑法定主義を否定する学者も「罪刑法定主義の原則は実務において困難がある。罪刑法定主義の原則は立法機関に予めすべての犯罪と刑罰に関する規定を刑法典に規定することを要求している。これは実事求是の路線に悖反する。罪刑法定を実現すれば、成文法に規定されていない犯罪に対して刑事責任を追及することができず、これは司法実務の手と足を束縛し、犯罪が人民の利益を危害することを放任することにほかならない」と主張した（趙秉志編『刑法学総論研究評述（1978-2008）』（2009年）123～124頁）。このような主張は、清朝末期の礼教派の主張と極めて類似している。清朝末期のような、罪刑法定主義に関する、長い論争を克服した結果、1997年に公布された中国の現行刑法典では、ようやく類推許可の規定を削除し、第3条に「法律が明文で犯罪行為と規定するときは、法律により罪を認定し、処罰する。法律が明文で犯罪行為と規定していないときは、罪を認定し、処罰してはならない」というように罪刑法定主義を確立した。しかし、この条文を見れば分かるように、必罰主義につながる「積極的罪刑法定主義」の文言は、「法律なければ刑罰なし」という「消極的罪刑法定主義」の文言の前に来ている。これは国家の刑罰権を制限し、国民の自由を保障するために生まれた「罪刑法定主義」の原則と背反しており、一定の歴史的な後退であると言わざるをえない。このような歴史的な後退を起こした原因は現在の中国における「無史化研究」、つまり、民国時代からの刑法学術史を無視する研究方法と深刻な関係があると考えられる。

た[83]。そして、この「大清新刑律」により築かれた大陸法的な法典構成の方式は、そのまま「暫行新刑律」に引き継がれ、さらに、1928年「中華民国刑法」および1935年「中華民国刑法」(すなわち台湾の現行刑法)でも用いられた。

第二節　中華民国時代の各法典の立法経緯

1　暫行新刑律

「大清新刑律」は1911年1月25日に清朝政府により公布され、1912年1月1日から施行する予定であった。しかし、1911年10月10日に辛亥革命が勃発し、清朝政府は転覆され、1912年1月1日に成立した「中華民国南京臨時政府」は全面的に「旧時代の悪法」を廃止することを宣告した。臨時大統領に就任した孫文は「中華民国を建設する初期には、まず法律を重視すべきである[84]」と発言し、南京臨時政府を指導し、3ヶ月以内に一連の新法を公布した。しかし、公布された新法は、概してアヘンや人身売買などを禁止する単行法であった。刑法などの各部門の基本法典に関しては、短期間で起草して制定することは不可能であったことから、1912年3月中旬、清朝末期の法律起草に参加していた、当時の南京臨時政府司法総長である伍廷芳の進言により、南京臨時政府は清朝の旧律を修正して施行することを検討し始めた。1912年4月3日に、南京臨時参議院は、新しい法律が公布されるまで、清朝末期の「商律」、「新刑律」、「刑事民事訴訟法草案」などを修正した上で施行する法案である「新法律未頒布前暫適用旧有法律案」を可決したが、4月8日に南京臨時政府が解散し、北京へ遷都したので、この法案は、南京臨時政府法政局の正式な署名のないまま廃案になった。

1912年3月10日に、袁世凱は、孫文に代わって北京で中華民国政府の大統領に就任し、当日、新しい法律が公布されるまで、清朝末期の各法律を修正した上で施行し続けるという大統領令である「宣告暫行援用前清法律及暫行新刑律」を発布した。1912年4月29日に臨時参議院が北京で再開され、沈家本により作られた「修正新刑律与国体抵触各条清単」という、大清新刑

83　車・前掲（注12）66頁。
84　周・前掲（注3）218頁。

律のうち、当時の民主主義の国体に抵触する条文を除くためのリストを踏まえて「暫行新刑律」を可決した。4月30日に『中華民国暫行新刑律』が公布され、当日施行された。

暫行新刑律は、大清新刑律のうち、概ね以下の点を修正した。すなわち、①封建統治者、皇室などに関する条文を削除し、②「暫行章程」を削除し、さらに、③民主主義に抵触する封建的用語、例えば、「帝国」を「中華民国」に、「臣民」を「人民」に修正した[85]。

2　1928年刑法典

封建制度を復活し、皇帝になることを目論んでいた袁世凱の統治の下で、1914年4月に袁の個人的権力を強化する「刑法第一次修正案」が、法律編査会により作成された。この草案は、暫行新刑律の以下の点を修正したものである。すなわち、①総則に親族に対する犯罪を加重処罰するという「親族加重」の章を増設し、②「補充条例」に無夫姦罪という封建礼教を重視する条文を増設し、③各則に大統領を害する罪の章を増設した。その後、袁世凱の統治は打倒されたので、この草案も施行されないまま、廃案になった。

「暫行新刑律」は、やはり「暫行」すなわち「臨時」的なものであったことから、様々な側面において徐々に時代に合わなくなった。そのため、1918年7月に修訂法律館が設立され、法制局局長王寵恵が主任を担当し、「刑法第二次修正案」を作成した。その後、1919年、この修正案の一部の用語を修正し「改定刑法第二次修正案」を作り上げた。しかし、当時の中国は軍閥混戦の時代であり、全国で統一して新法を施行することは不可能であったので、この案も施行されなかった。

1927年4月に中華民国政府は、再び南京へ遷都した後、「改定刑法第二次修正案」を詳しく検討し、若干の修正を加えた上で、「中華民国刑法」という名称とした。この「中華民国刑法」は1928年3月10日に公布され、9月1日に施行された。これは、中国の歴史上はじめて、「刑法」という名称の使われた刑法典である。

85　具体的内容修正内容については、周・前掲（注3）223頁を参照。

3　1935年刑法典

　1928年刑法が施行された後、中華民国政府は、この法典が当時の国情に合わないことや、この法典がその後すぐに可決された民法典と重複ないしは矛盾するところがあることに気づいた。そのため、立法院は1930年12月に刑法起草委員会を設立し、刑法修正の作業に着手した。委員会は、1934年10月に新刑法典の草案を完成し、立法院に提出した。この草案は、審議のうえ可決された。1935年1月1日に、中華民国政府は新しい「中華民国刑法」を公布し、同年の7月1日に施行した。その後、国民党は共産党に敗れ、台湾に逃れたが、この法典は台湾の現行刑法典として今日まで使われている。

第三節　各法典の総則の構成

　第三章では、中華民国時代の主要な論者の犯罪論体系について検討するが、その前提的事項として、ここまで取り上げてきた近代中国の主な刑法典と、比較の対象としての日本の旧刑法および現行刑法の総則の概要を、次の表2にまとめてある。

　ここで問題となるのが、中国最初の近代的な刑法典であり、その後の刑法典編纂作業にも大きな影響を与えた大清新刑律の総則の構成が、どこから影響を受けたのかということである。刑法総則の内容は、大きく分けて、刑法の適用範囲に関する「法例」（現行日本刑法典では「通則」とされているが、1995年の刑法現代用語化改正の前は「法例」であった。）と、犯罪の成立ないしは不成立および刑罰に関する事項である。このうち、法例に関しては総則の冒頭に置かれるのが通例であることから、犯罪と刑罰に関する事項の規定の順序が、刑法典間の影響関係について考察する際の指標になると思われる。

　この問題につき、台湾の学者である許玉秀は、大清新刑律は日本旧刑法から生まれ変わったものであると主張するのに対して[86]、中国大陸の学者周少元は岡田朝太郎が1907年の日本現行刑法を手本にしたと主張する[87]。実は、

86　許玉秀『当代刑法思潮』（2005年）196頁。
87　周・前掲（注3）4頁。

表 2　各刑法典総則の比較

日本旧刑法	日本現行刑法	大清新刑律 (暫行新刑律)	1928年刑法典	1935年刑法典
第一編　總則	第1編　総則	第一章　法例	第一章　法例	第一章　法例
第一章　法例	第1章　通則	第二章　不為罪	第二章　文例	第二章　刑事責任
第二章　刑例	第2章　刑	第三章　未遂罪	第三章　時例	第三章　未遂犯
第一節　刑名	第3章　期間計算	第四章　累犯罪	第四章　刑事責任	第四章　共犯
第二節　主刑處分	第4章　刑の執行	第五章　倶発罪	及び刑の減免	第五章　刑
第三節　附加刑處	猶予	第六章　共犯罪	第五章　未遂罪	第六章　累犯
分	第5章　仮釈放	第七章　刑名	第六章　共犯	第七章　数罪併罰
第四節　徴償處分	第6章　刑の時効	第八章　宥減	第七章　刑名	第八章　刑の酌科
第五節　刑期計算	及び刑の消滅	第九章　自首	第八章　累犯	及び加減
第六節　假出獄	第7章　犯罪の不	第十章　酌減	第九章　併合論罪	第九章　緩刑
第七節　期滿免除	成立及び刑の減	第十一章　加減例	第十章　刑の酌科	第十章　仮釈
第八節　復權	免	第十二章　緩刑	第十一章　加減例	第十一章　時効
第三章　加減例	第8章　未遂罪	第十三章　仮釈	第十二章　緩刑	第十二章　保安処
第四章　不論罪及	第9章　併合罪	第十四章　恩赦	第十三章　仮釈	分
ヒ減輕	第10章　累犯	第十五章　時効	第十四章　時効	
第一節　不論罪及	第11章　共犯	第十六章　時例		
ヒ宥恕減輕	第12章　酌量減軽	第十七章　文例		
第二節　自首減輕	第13章　加重減軽			
第三節　酌量減輕	の方法			
第五章　再犯加重				
第六章　加減順序				
第七章　數罪倶發				
第八章　數人共犯				
第一節　正犯				
第二節　從犯				
第九章　未遂犯罪				
第十章　親屬例				

　岡田が第一案を作る前に、日本の旧刑法を手本にして予備案が作られたことがある。また、日本の現行刑法典が公布されるのは1907年で、大清新刑律が公布されるのは1911年であり、時間的にみれば、岡田が日本の現行刑法典を手本としたと考えられないわけではない。しかし、総則規定の配置を比較すれば分かるように、日本の旧刑法と現行刑法はいずれも、刑罰に関する規定を総則の前半に、犯罪の成立・不成立に関する規定を総則の後半に置いているのに対して、大清新刑律及び1928年刑法典、1935年刑法典には犯罪の成立・不成立に関する規定を総則の前半に、刑罰に関する規定を総則の後

半に置いている。これは法典構造の重大な相違点である。1928年刑法典と1935年刑法典は明らかに大清新刑律の影響を受けてこのような構造を採用したが、それでは、大清新刑律はなぜこのような構造を採用したのであろうか。

この点について、中国大陸の学者陳興良は、以下のように中国古代の唐律の影響であると説明する[88]。『新唐書刑法志』によれば、「唐の律の書は、……十二篇からなっている。一は名例、二は衛禁、三は職制、四は戸婚、五は厩庫、六は擅興、七は賊盗、八は闘訴、九は詐偽、十は雑律、十一は捕亡、十二は断獄である。律において用いる刑に五つある。一には笞。……二には杖。……三には徒。……四には流。……五に死刑。[89]」

このような唐律の内容から分かるように、確かに唐律においては民法と刑法の区別がまだ存在せず、また刑法総則のような法典構造も存在しなかったものの、窃盗や詐欺などの犯罪の成立に関する規定が刑罰に関する規定の前に置かれていた。また、岡田も「清国改正刑律草案」という論文において、草案を起草するときに唐律を参考にしたことに言及した後で、「罪ハ因ニシテ刑ハ果ナリ何ソ刑ヲ先ニ罪ヲ後ニ規定スルノ理有ランヤ一二南米ノ小国ヲ除ク外其他東西各国ノ法典カ斯ル単簡明瞭ナル法理ヲ無視シ刑ヲ先ニ罪ヲ後ニシタルハ偶マ一ノ悪先例アルニ際シ国民ノ軽忽ナル模倣性ヲ暴露シタルニ外ナラス清国ノ草案カ此流弊渦中ニ投セラレサリシハ幸ナリ」[90]と述べている。大清新刑律が、他国の刑法典のように刑を先に罪を後に規定するという、因果の法則を無視するという弊害を免れていると言うならば、それは他国の影響というよりも、むしろ中国にもともとあった「中華法系」の影響である可能性が高い。そして、刑法に関して中華法系の基礎をなしてきたのは唐律である。それゆえ、岡田は、大清新刑律を起草する際、条文の内容に関しては日本現行刑法を、総則の構造に関しては唐律を参考にしたと推測される。

---

88 陳・前掲（注2）34頁。
89 内田智雄編『訳注続中国歴代刑法志』249〜250頁。
90 岡田・前掲（注70）34頁。

第三章　中華民国時代の犯罪論体系

　前述したとおり、今日の中国においては、伝統派と独日派の間で犯罪論体系に関する論争が激しくなっている。しかし、中国の「無史化研究」の影響で、両派においては、学術史の視点から論争されている「構成要件」、「違法」、「責任」の意味の歴史的な変化に関し、特に、中華民国時代の研究成果を踏まえた検討があまり詳しくなされていないこともあり、両派それぞれが主張している「構成要件」、「違法」、「責任」などの概念の中身が異なることに気づいていない者も少なくない。このような原因により、両派の論争がかみ合わないことがあるだけでなく、一部の中国の刑法学者は、先行研究を十分に顧みないため、すでに何十年も前の中華民国時代[91]に一定の解決をみた問題を再び蒸し返すようなことをしている。このような「無史化研究」の弊害を克服するために、筆者は中国において初めて近代的な刑法学の理論を受容するに至った中華民国時代に立ち戻り、学術史の視点から、これらの概念を再確認する必要があると考える。

　具体的な内容に入る前に、ここで研究の対象、範囲、及び方法について説明しておく。この章においては、第二章でみた刑法典に合わせて、中華民国時代を「暫行新刑律」時代、「1928年刑法典」時代、「1935年刑法典」時代という3つの時代に分けた上で、各時代の代表的な犯罪論体系を研究の対象とする。なお、「暫行新刑律」と「大清新刑律」との間には、第二章で述べたような緊密な関係があるので、「暫行新刑律」の時代に清朝末期の「大清新刑律」に関する研究も含める。また、中華民国時代の中国大陸は、決して社会的に安定していたとはいえず、このことは学問研究にも影を落としている。1931

---

[91] 中華民国は、周知のとおり、1912年に成立して以来、現在も台湾で存在している。ゆえに、正確には、中華民国時代は今日も続いているというべきであるが、本書は、基本的に中国大陸の刑法学を研究対象とするので、中華民国が成立してから国民党が中国大陸から逃れるまで、すなわち1912年から1949年までを中華民国時代と呼ぶ。

年の「満州事変」から、特に1937年に全面的な「日中戦争」が勃発して以降、中国のほぼ全土で戦争が起こっていた。戦争から避難するために移動を重ねていた中国の大学は少なくなく、安定的に学術研究をすることはほぼ不可能であった。そのため、1935年に中華民国政府は新しい刑法典を施行したが、この「1935年刑法典」時代に刑法学研究に関する新しい展開または成果はあまりなかった。それゆえ、ここでは「暫行新刑律」時代と「1928年刑法典」時代、とりわけ後者の時代を中心に検討することとする。

研究方法に関しては、故意と違法性の錯誤という具体的問題と関連づけながら、犯罪論体系について検討する。その際、時代の流れという経糸と、日本ないしはドイツからの影響という緯糸を軸に考察を展開することとする。

第一節 「暫行新刑律」時代の犯罪論体系

1 岡田朝太郎の犯罪論体系

岡田朝太郎は、清朝末期の法律修訂に協力するために、1906年に中国に渡ってから、1915年日本に帰る約10年の間に、立法において中国刑事法の近代化に貢献しただけではなく、法学の教育および研究においても大きな貢献をした。例えば、彼は、中国にいる間に、清朝政府により成立された「京師法律学堂」およびその他の学校で、長年、教職を務めていた。そのため、当時、彼の授業で取ったノートに基づいて、刑法学専門書を出版した中国の刑法学者は何人もいた。そして、岡田は「暫行新刑律」の前身にあたる「大清新刑律」の起草者でもあるので、「暫行新刑律」時代の中国の犯罪論に関する研究について検討する前提として、岡田の犯罪論に関する思想を検討する必要があると考えられる。

岡田の『刑法講義案総則』によると、犯罪要素の概念について、一般的要素と特別要素を区別したうえで、犯罪全体の成立要素として「(1) 人類其主体トナリ法益其客体トナルヲ要シ (2) 刑罰法令アリヲ要シ (3) 刑罰法令ニ列挙シタル行為アリヲ要シ (4) 其行為ハ責任アルモノタルヲ要シ (5) 且ツ不法ノモノタルヲ要ス」と述べていた[92]。

そして、責任においては「動作＝挙動＝身体の動静」、「挙動＋意思＝行為」

とした上で[93]、「身体ノ動作ヲ目シテ責任アル行為ナリト為スニハ (1) 責任能力アル者ノ動作タルヲ要シ (2) 故意又ハ過失ニ出ツル動作タルヲ要ス」と述べた[94]。「犯罪ノ故意トハ犯罪ノ事実ヲ知リ、犯罪行為ニ志スヲ謂フ」と定義した上で[95]、「犯罪ノ事実トハ犯罪構成ノ物的条件（即チ罪ト成ルヘキ事実……）及ヒ刑罰加重ノ物的条件（即チ罪本重カルヘキ事実……）ヲ謂フ」と説明し[96]、「事実ノ錯誤ニ異ナリ、法律ノ錯誤（不知）ハ犯意ヲ阻却セサルヲ原則トス。刑罰法令ノ不知ハ犯意ノ存否ニ関係ナシ……刑罰法令以外ノ諸法令ノ錯誤ハ（一般ニ？）犯罪ヲ阻却ス Frank s, 91 刑法ノ関係ニテハ事実ノ不知トナルヲ以テナリ」と述べていた[97]。

違法においては、「犯罪ノ成立スルニハ身体ノ動作アリヲ要シ其動作ハ責任アルモノタルヲ要ス。而レトモ、有責ノ行為必スシモ不法ノ行為タルニ在ラス犯罪ハ有責行為タル上ニ不法行為タルヲ要スルナリ……不法ト称スルハ権利ノ行使ニアラサルコト及ヒ法ノ放任スル行為ニアラサルコトノ二点ヲ概括シタルナリ」と述べた[98]。

誤想防衛に関して「暴行人ナリト誤信シテ、被侵害者ヲ殺傷シタルトキハ如何権利トナルヘキ行為ト誤信シテ之ヲ実行シタル……犯罪事実ノ認識ヲ欠ク……モノニシテ罪ヲ犯ス故意ナキ場合ノ一ツナリ Dolus Putatis」と述べた[99]。

責任については、「狂者、幼者、瘖唖者、故意又ハ過失ヲ缺ク者ノ行為ハ責任ノ要素ヲ具ヘサルヲ以テ罪トナラス。而レトモ行為自体ハ法ノ保護スル所ニアラス、亦其放任スル所ニアラス、之ニ対シテ防衛権利アリ」と述べた[100]。

以上のような、岡田の違法に関する論述から分かるように、彼はすでに主

92　岡田朝太郎『刑法講義案（総則）』第7版（明治36年）第4頁、句読点は筆者が加えたものである。
93　岡田・前掲（注92）11頁。
94　岡田・前掲（注92）21〜22頁。
95　岡田・前掲（注92）28頁。
96　岡田・前掲（注92）28頁。
97　岡田・前掲（注92）36〜37頁。
98　岡田・前掲（注92）38頁。
99　岡田・前掲（注92）43頁。
100　岡田・前掲（注92）44頁。

観的違法論の立場から、違法と責任の関係を論じていた。しかし、彼は主観的違法論を主張しながら、責任無能力者などに対して防衛権を認めるのは矛盾を孕むものといえる。そして、岡田は1897年から1900年までドイツとフランスに留学しており、特にドイツではリストの指導を受けていた。しかし、当時のリストの教科書には、すでに客観的違法論と「所為」、「違法」、「責任」の犯罪論体系を主張していたにもかかわらず[101]、岡田の教科書にはその影響が見えないようである。

2 中国における犯罪論に関する研究

先に触れたように、当時の中国における犯罪論に関する研究は、概ね日本の成果の紹介、翻訳を中心に展開していた。例えば、熊元翰が岡田の講義で取ったノートに基づいて出版した『刑法総則』では、岡田と全く同じ犯罪論が採られており、一般的成立要素と特別成立要素を区別した上で、一般的成立要素に(1)「主体および客体」、(2)「法律に正条あり」、(3)「動作」、(4)「責任」、(5)「不法」というような五つの要素が含まれていた[102]。「法律の錯誤」に関しても、岡田と同じように、「刑罰法令に対する錯誤」と「刑罰法令以外の法令に対する錯誤」というように区別していた。「刑罰法令以外の法令に対する錯誤は、刑法上の事実の錯誤に相当し、故意を阻却するがゆえに、犯罪は成立しない」と主張した[103]。さらに、違法と責任の関係については、彼は違法論において、「有責な動作は、必ずしも違法な行為ではない。犯罪の成立には、有責な動作である上で、さらに違法な行為である必要がある」とも説明していた[104]。「動作の不法は第五番目の普通要素である。……例えば、殺人罪の成立はこの五つの要素を備えなければならない。即ち、第一、主体（自然人）および客体（生命）、第二、法律に正条あり（299条）[105]、第

---

101 フォン・リスト（原著）吾孫子勝・乾政彦（共訳）岡田朝太郎（校閲）『法律厳書独逸刑法論』（明治36年）を参照。
102 熊元翰『刑法総則』（1914年）第10頁。また、瞿宗鐸『刑法総論』（1906年）第9〜10頁、王家襄『刑法講論』（1911年）第27頁にも同じ犯罪論がとられていた。
103 熊・前掲（注102）79〜80頁。
104 熊・前掲（注102）97頁。
105 「暫行新刑律」第299条：人を殺した者は、死刑または無期懲役若しくは一等の有期懲役に処する。

三、動作（斬る）、第四、責任（故意）、第五、不法である。官吏が死刑を執行する場合や軍人が敵兵を射殺する場合には主体、客体、正条、動作、責任において299条と違わないが、不法ではないから、犯罪ではない」というように、各要件の検討順序を明確にしていた[106]。ただし、この時代において、「違法性の意識」と「誤想防衛」について論じた中国の学者はみられないようである。

今日の中国の刑法学者劉慶飛は、熊元翰の犯罪論体系を「主体、客体、構成要件該当性、行為、責任、違法性」の体系というようにまとめる[107]。おそらく、劉は「法律に正条あり」という要素を「構成要件該当性」として理解するのであろう。確かに、ベーリングが（特別）構成要件の理論を発表したのは1906年であるが、「暫行新刑律」時代の中国には、ベーリングの理論の影響はまだ及んでいないと思われる。そして、ベーリングが主張した（特別）構成要件該当性には、すでに主体や行為などに関する検討が含まれており、単なる「法律に正条あり」というものではない。ゆえに、劉の理解は誤っていると言わざるをえない。

3　「法律の錯誤」に関する実務の理解

当時の中国の実務界においては、「法律の錯誤」に対してすでに「刑罰法令に対する錯誤」と「刑罰法令以外の法令に対する錯誤」という区別が存在しており、さらに「違法性の意識」にも言及している。例えば、当時の大理院は、「暫行新刑律」の第13条[108]に関して、「法令の不知とは、刑罰法令に対する錯誤である。詳しく言えば、ある行為を処罰する法令が存在するのに、この行為が法令上犯罪にならないと誤解するのである。または現行の法令がまだ施行されていない、若しくはまだ公布されていない法令がすでに有効であると誤解するのである。ゆえに、このような犯罪行為には、違法の認識を欠くので、この条文（筆者注：第13条）に該当する。（四年上字111号）」[109]と理解

106　熊・前掲（注102）98頁。
107　劉慶飛「近代中国刑法中的"故意過失"学説研究」西南政法大学博士論文2006年20頁。
108　第13条：法令の不知は非故意にならず。但し、情状により刑を一等または二等軽減する。
109　郭衛編『刑法理由判解彙編』（1930年）第28条。

している。

　「官吏Aは、すでに死刑判決を受けた犯罪者Bの脱獄を防止するために、自分が死刑を執行するものと誤信して、正当な手続きを経ず、Bを殺した」という「刑罰法令に対する錯誤」に関して、大理院は殺人罪が成立すると判断した（五年統字401号）[110]。これに対し、「Cは、民法上の離縁の要件を誤解し、Aが自分の妻Bを離縁したと思い、Bと結婚した」というような「刑罰法令以外の法令に対する錯誤」に関して、大理院は「刑律の錯誤の法理を適用し、犯罪は成立しない。（八年統字1046号）」と解釈していた。

第二節　「1928年刑法典」時代の犯罪論体系

　この時代は、中国の近代においては珍しく、他国との戦争が少ない平和な時代と言える。ゆえに、この平和のおかけで、学術研究も繁栄をみせた。この時代においても、日本の刑法学は引き続き中国の刑法学に対して強い影響を与えていた。例えば、この時代の代表的な刑法学者の一人である王覲は牧野英一の弟子である。もう一人の代表的な刑法学者陳瑾昆は東京帝国大学に留学した経験がある。もっとも、参照の対象となった日本の刑法学者に関しては、岡田朝太郎の時代から牧野英一の時代に移ったといえよう。そして、一部の学者は直接にドイツの犯罪論に関する学説を取り入れるようになっていた。これに対し、岡田時代の犯罪論の影響もまだ残っていたものの、ともあれ、この時代の議論を把握するための前提として、牧野英一の犯罪論に関する思想について検討しておく必要がある。

1　牧野英一の犯罪論体系

　牧野英一の『日本刑法』によると、「犯罪トハ、刑罰法令ニ列挙セラルル行為ニシテ、犯意若クハ過失ヲ伴フ責任能力者ノ違法行為ナリ」と定義した上で[111]、犯罪の成立要件には「犯罪の客観的要件」、「犯罪の主観的要件」が、そして「犯罪の客観的要件」には「行為の危険性（実質犯の既遂、因果関係、未遂

110　鄭静渠・郭羹尭『中華民国新刑法判解彙編』（1936年）第3冊277頁。
111　牧野英一『日本刑法』（1919年）62頁。

など)」と「行為の違法性」が[112]、「犯罪の主観的要件」には「責任能力」と「犯意または過失（責任条件）」が含まれていた[113]。それ以外に、犯罪論では、また「犯罪ノ主体、客体、行為」を検討する必要があるとされていた[114]。

そして、「犯意ハ犯罪事実ノ認識ナリ。換言スレハ、行為ノ反社会性即チ危険性及ヒ違法性ヲ認識シテ而モ其ノ行為ヲ敢テスルノ決意ナリ」というように故意を定義した上で[115]、「刑罰法令ノ不知……ハ犯意ノ成立ニ影響ヲ及ホスコトナシ」としつつ、「刑罰法令以外ノ法令ノ錯誤……ハ犯意ノ成立ヲ阻却ス」とする[116]。

違法性の意識に関しては、「犯意ハ違法ノ認識ヲ含ム。但、違法ナル事実ヲ違法ナラスト認識シタリトイフコトニ二個ノ意義アリ。第一ハ、違法性ノ内容タル可キ事実ヲ誤解シタル場合ヲ意味シ、第二ハ、其ノ内容タル事実ニ誤解ナキモノ、其ノ事実カ違法トセラルルコトニ付テ誤解アル場合ヲ意味ス。蓋、違法ノ内容タル事実ハ刑法上ノ事実問題ナルモ、其ノ一定ノ内容カ違法性ヲ有スルヤ否ヤハ一ノ法律問題ナリ。故ニ第一ノ場合ハ事実ノ錯誤ニ属スルモ（例ヘハ、甲カ乙ヲ侵害シツツアルヲ、乙カ甲ヲ侵害シツツアリト誤認シ、其ノ甲ノ為メニ乙ニ対シテ防衛行為ヲ為シタリトイフカ如シ）、第二ノ場合ハ法律ノ錯誤ナリ（例ヘハ、親権者カ其ノ子ニ対スル懲戒権ノ作用トシテ、之ヲ傷害スルモ亦可ナリト信シ、傷害行為ヲ為シタリトイフカ如シ）」と述べ、侵害状況に関する誤認の場合を事実の錯誤と解する[117]。

違法論においては、「行為ノ違法性ハ、法益ノ侵害カ社会ノ常規ヲ逸脱スルコトヲ云フ」と定義した上で[118]、正当防衛において「客観的ニ不正ナルコトヲ以テ足ル」、「責任無能力者ノ行為ニ、刑法ノ適用ヲ受ケサル者ノ行為ニ対シテモ亦正当防衛アリ」と述べていた[119]。

牧野の犯罪論と岡田の犯罪論との最も明確な形式上の相違点は、岡田が各

112　牧野・前掲（注111）71～72頁。
113　牧野・前掲（注111）72～73頁。
114　牧野・前掲（注111）目次2頁。
115　牧野・前掲（注111）101頁。
116　牧野・前掲（注111）114～115頁。
117　牧野・前掲（注111）115～116頁。
118　牧野・前掲（注111）172～173頁。
119　牧野・前掲（注111）188頁。

犯罪の成立要素を直ちに列挙するのに対して、牧野が犯罪の成立要件を分類した上で、「犯罪の客観的要件」と「犯罪の主観的要件」という上位概念の下に整理していることである。これは、犯罪論の体系がより精密になった現れである。そして、彼は「犯罪ノ意義」の章において、「犯罪の客観的要件」、「犯罪の主観的要件」の順番で論述しており[120]、正当防衛において客観的な不法と責任無能力者に対する防衛権を認めている。この点から、彼は明らかに客観的違法論者に位置づけることができる。しかし、彼の教科書では、「犯罪の主体、客体、行為」、「犯罪の主観的要件」、「犯罪の客観的要件」という順番で記述がなされている。彼が実質的に主張した「違法」「責任」の順で論じる客観的違法論の体系と、主観的要件を客観的要件に先行させる彼の教科書の記述の順序には、形式的な面でみる限り矛盾があるように思われる。

2　中国における犯罪論に関する研究

1928年刑法典が公布された後、中国の刑法学は束の間の繁栄の時期を迎えていた。この時代においても、日本の刑法学は中国の刑法学に対して依然として強い影響を与えていたが、ドイツの刑法学を直接に取り扱う中国の学者も現れてきた。ゆえに、この時代の犯罪論に関する研究も、百花斉放の情況になっていた。以下では、当時の代表的刑法学者である王覲、陳瑾昆および郗朝俊の犯罪論を中心に検討する。

（1）「客体的要件」と「主観的要件」の犯罪論

牧野英一の弟子の王覲は『中華刑法論』において、「犯罪とは、犯罪責任能力者によって故意または過失で行われた刑罰法令に列挙された違法な行為である」と定義した上で[121]、「犯罪の要件」を「一般的要件」と「特別的要件」に区別し、「一般的要件」には「犯罪の客観的要件」と「犯罪の主観的要件」が存するとする。さらに、「犯罪の客観的要件」には「行為の危険性」と「行為の違法性」が、「犯罪の主観的要件」には「責任能力」と「責任条件（故意・過失）」が含まれるとする[122]。それ以外に、犯罪論には、また犯罪の主体、客

120　牧野・前掲（注111）71〜73頁。
121　王覲（原著）姚建龍（校閲）『中華刑法論』（1929年第5版、2005年再版）75〜76頁。

体、行為を検討する必要があるとする。

このうち、責任において「故意とは、犯罪事実の認識である。すなわち、行為の反社会性（危険性及び違法性）を認識しながら、敢えて実行した決意である」と定義した上で[123]、故意の認識範囲としては「法規の違反を認識する必要はない」が、「違法性阻却事由が存在しないのに、それが存在すると誤信した場合に、故意は存在しない」と述べていた[124]。さらに、「刑罰法令の錯誤」は故意を阻却しないが、「刑罰法令以外の法令の錯誤」は犯罪事実の不認識であり、罪にはならないと説明していた[125]。

違法においては、「違法とは、行為が法律の命令または禁令に違反することであ」り、「実質的に言えば……法規の範囲を超えて他人の法益を侵害したときに、反社会性があ」り、違法である[126]。そして「36条（正当防衛）にある不法は客観的不法を指している。客観的不法によれば、責任無能力者の行為、故意・過失がない行為……などは正当防衛権の原因になる」と述べていた[127]。

以上のような王覲の犯罪論を見れば分かるように、王覲は完全に牧野英一の犯罪論を「移植した」といえる。王覲の教科書は、記述順序からして牧野英一と同じなのである。しかし、そのことにより、牧野英一の犯罪論の問題点も一緒に継承した。また、おそらく彼は牧野英一の研究方法も一緒に継承したので、完全に日本の学説を取り上げているにもかかわらず、注釈の中にはドイツの文献の引用が大量にあった。そのため、あまり詳しくないが、一応ベーリングの犯罪構成要件の理論にも以下のように言及していた。「犯罪とは、犯罪構成要件に該当する、刑法の規定に相当する、違法かつ有責な、処罰条件をも満たしている行為である（Beling, Die Lehe vom Verbrechen 1906 S. 7）」[128]。「犯罪は、(1) 行為、(2) 構成事実に該当すること、(3) 違法、(4) 有

---

122 王・前掲（注121）80〜83頁。
123 王・前掲（注121）119頁。
124 王・前掲（注121）123頁。
125 王・前掲（注121）138〜141頁。
126 王・前掲（注121）208頁。
127 王・前掲（注121）215頁。「1928年刑法典」第36条：現に存在する不法の侵害に対して、自己または他人の権利を防衛するために行われた行為は、処罰しない。但し、防衛行為が過剰であったときには、刑罰を軽減または免除することができる。

責、(5) 刑罰規定に相当すること (6) 処罰条件を満たしていること、から成り立つ（Beling, Die Lehe vom Verbrechen, §2. Grundzüge S. 10.)」[129]。王覲が注釈の中で紹介したベーリングの理論から分かるように、当時の中国には、まだ（特別）構成要件と構成要件該当性の概念が存在しなかった。

また、江鎮三も、「主観的要件」と「客観的要件」からなる体系を採用した[130]。責任に関し、彼は『刑法新論』において「故意とは行為の危険性及び違法性を認識しながら、敢えて行為を為す意である……故意とは認識及び決意によって成り立つものである。すなわち、犯人が犯罪構成要件の事実を明知し、かつそれを意識的に発生させる」ことと定義した上で、「故意の成立には違法性の認識は不必要である」と主張した[131]。しかしながら、「故意とは違法性を認識しながら行為をなす意思」としつつ、故意の成立に違法性の意識は必要ないというのは矛盾している。彼はおそらく、この明らかな矛盾を避けるためか、後に出された『刑法総論』では「故意とは行為の危険性及び違法性を認識しながら、敢えて行為を為す決意である」という文言を削除した。

（2）「行為」、「責任」、「違法」の犯罪論

東京帝国大学に留学していた陳瑾崑は、「犯罪とは刑法によって規定されている、刑罰で制裁すべき有責且つ違法な行為である」と定義した上で、犯罪の構成要件ないしは犯罪の要素には、(1) 法律の明文、(2) 犯罪主体、(3) 犯罪客体、(4) 犯罪行為、(5) 責任条件（即ち故意・過失）、(6) 責任能力、(7) 違法行為が含まれているとする。そもそも、犯罪の要件ないしは要素には、「一般的」要件ないしは要素と、「特別的」要件ないしは要素の区別があり、上に挙げた7つの要件ないしは要素はすべて「一般的」要件または要素である。このうち、「要件」と呼ばれるものは、「犯罪行為」、「責任条件」、「責任能力」、「違法行為」の4つのみを指している。さらに、「責任条件」と「責任能力」はまとめて「責任」に位置づけられる。ゆえに、彼の考え方によると、

128　王・前掲（注121）76頁。
129　王・前掲（注121）80頁。
130　江鎮三『刑法新論』（1928年）108～109頁、江鎮三『刑法総論』（1933年）64～65頁。
131　江・前掲（注130）133～135頁。

犯罪の要件は「犯罪行為」、「責任」、「違法」ということになる[132]。

このうち、責任に関しては、「責任条件とは、行為者のその行為の結果（すなわち法益侵害）に対する心理的状態であり、責任を構成する要件の一種である」とし、「故意とは、犯罪事実に対する認識及び希望または容認する心理的状態である」と定義した上で、「故意の範囲（内容）」には「行為の危険性」及び「行為の違法性」が含まれるとされる。行為の違法性については、「違法」を「不法」と「為罪（罪になること）」というように区別したうえで、「為罪」に対する錯誤は「刑罰法令に対する錯誤」であり、このような「違法性の認識」は故意に含まれないとした。そして、「不法」という意味での「違法性の認識」に関して、「違法性阻却原因事実」の錯誤（例えば誤想防衛）と「非違法の事実」の錯誤（例としては民法法令に関する錯誤）は事実の錯誤であり、法律の錯誤ではないと述べていた。さらに、「刑罰法令に対する錯誤」を「自然犯」と「法定犯」を分けて検討し、「自然犯」の「刑罰法令に対する錯誤」は故意を阻却しないが、「法定犯」の「刑罰法令に対する錯誤」は故意を阻却する余地があるものの、現行法においては、「但し書き」に基づいて刑の減軽しかできないと述べていた[133]。

違法に関しては、「責任阻却の行為、すなわち責任無能力者または制限責任能力者の行為または無故意・過失の行為に対して防衛を行えるか、学説上論争がある。主観説は否定説、客観説は肯定説を導く。このうち、客観説が正しい」と述べていた[134]。

陳瑾昆の犯罪論は完全にリストの影響を受けている。彼はリストと同じく「客観的違法論者」であるが、リストが犯罪論において「行為」、「違法」、「責任」の体系を採用しているのに対して、彼は「行為」、「責任」、「違法」の体系を採用している。しかし、彼のような体系は、少なくとも各要素を論じる順序の面で形式的にみれば、「客観的違法論」と合わないように思われる。

この点、陳興良は、「行為、責任、違法という配列順序は、刑法条文の配

132　陳瑾昆（原著）呉允峰（校閲）『刑法総則講義』(1934年、2004年再版) 64～65頁。
133　陳・前掲（注132）121～123頁。「1928年刑法典」第28条：法令の不知を理由として刑事責任を免除してはならない。但し、情状により本刑の二分の一までに軽減することができる。
134　陳・前掲（注132）157頁。

列順序と緊密な関係がある」と説明している。すなわち、1928 年刑法典の総則規定では、第 24 条：故意、第 25 条：過失、第 30 条：刑事責任年齢、第 31 条：心神喪失および心神耗弱などの責任に関する条文が、第 35 条：職務行為、第 36 条：正当防衛、第 37 条：緊急避難などの違法に関する条文の前に置かれていることが原因である。故に、陳興良は、「民国刑法学における犯罪要件は、法条に制限されており、解釈論的な性質が存在しているが、まだ法条から独立した犯罪論体系は形成されていない」と評価している。また、陳興良は、陳瑾昆の犯罪論における「行為」を事実的要件として、「責任」と「違法」を評価的要件として理解した上で、陳瑾昆の犯罪論に対して、「三段階の犯罪論体系の三つの要件である構成要件該当性、違法性、有責性は存在するが、三者の相互関係が不明確であるので、三段階の犯罪論体系の初期的なものにとどまっている」と評価する[135]。しかし、「行為」、「責任」、「違法」という配列順番の原因については、陳興良の説明が理屈に通っていると考えられるが、陳瑾昆の犯罪論にある「行為」を構成要件として理解する点には、彼の犯罪論がリストの影響を強く受けている点を踏まえると賛成できない。

（3）「刑罰法令」、「犯罪主体」、「犯罪客体」、「犯罪行為」の犯罪論

郗朝俊の『刑法原理』によると、「犯罪とは国家が法令によって犯罪として定めた行為であり、すなわち、刑罰によって制裁される有責かつ違法な行為である」[136]。そして、犯罪成立の一般的要件として「刑罰法令」、「犯罪主体」、「犯罪客体」、「犯罪行為」があり、「犯罪行為」には「有責行為」と「違法行為」が含まれる[137]。

責任に関しては、「故意とは犯罪の意思であり、すなわち犯罪事実を認識し、犯罪行為を決意する心理状態である」と定義した上で[138]、「犯罪事実とは罪となる事実（犯罪を構成する物的条件）及び刑を加重する事実（刑罰を加重する物的条件）のことである……故意を構成するには、罪となる事実および刑を加重する事実だけで十分であり、それ以外の事実の認識は必要ではない……

---

135 陳興良『刑法的知識転型［学術史］』（2012 年）69〜70 頁。
136 郗朝俊『刑法原理』（1928 年）120 頁。
137 郗・前掲（注 136）123〜124 頁。
138 郗・前掲（注 136）180 頁。

自己の行為の違法性の認識および自分が責任能力者であることの認識は故意の成立に関係がない」とした[139]。法律の不知については、「刑罰法令の錯誤は……故意の成立に関係がない」としつつ、「刑罰法令以外の錯誤は……犯罪事実の錯誤であり、もしその錯誤が犯罪の要素に関係するものならば、故意を阻却する」という形で区別をしていた[140]。

違法論に関しては、「違法とは法規によって禁じられている行為をすることである……実質的に言えば、共同生活において刑罰制裁によって保護される必要がある法益を侵害する行為である」と定義する。その上で、「客観不法とは……行為者は責任無能力者の場合でも違法行為を為すことができ、すなわち、責任能力及び意思責任の有無は行為の違法性とは無関係である。主観違法とは、法規は木や石、動物に対して命令または禁止するものではなく、また、法律上の責任無能力者または責任意思がない者の行為も、木や石、動物と同じように命令規範の範囲外にあるので、これらの者の行為は違法にならない」としていた[141]。そして、「責任無能力者の行為は責任の要素がないため、刑法上の罪にならず、ゆえに処罰されない。しかし、その行為自体は法律によって保護されるものではなく、また法律が放任する不法侵害行為でもないので、この行為に対して正当防衛権がある」と述べていた[142]。

確かに、郗朝俊は形式上、責任と違法をまとめて「行為」としているが、両者の関係については、主観的違法と客観的違法を並列的に説明するだけであり明確でない。また、彼の責任に関する論述を見れば分かるように、彼の犯罪論には、まだ岡田の影響が残っているといえよう。

第三節　「1935年刑法典」時代の犯罪論体系

1935年に新しい刑法典が公布されたが、1937年から1949年までの間、中国では長い戦争の時期に入ったので、刑法学の研究には、あまり新たな展開

139　郗・前掲（注136）181～182頁。
140　郗・前掲（注136）196～197頁。
141　郗・前掲（注136）198頁。
142　郗・前掲（注136）208頁。

がなかった。刑法の教科書も理論的問題を詳しく解説した理論はあまりなく、「注釈刑法」の類が多かったが、そこでも体系的に犯罪論が論じられることは少なかった。このように理論問題に関する資料は乏しいものの、いくつか目に留まったものがあるので、ごく簡単に紹介することとする。

たとえば、郭衛の『刑法学総論』は、この時代における少ない理論書の一つである。この理論書には、「犯罪とは、責任能力者が違法阻却がない場合に、故意または過失で行う刑罰法令に列挙されている不法な行為である」と定義した上で、(1)「行為」、(2)「責任能力」、(3)「故意または過失」、(4)「刑罰法令に列挙されている不法行為」、(5) 違法阻却が存在しない行為を犯罪構成の要件とした[143]。

責任においては、「故意とは、犯人が犯罪を構成する事実を明知しながら、意識的にそれを発生させることである」と定義した上で[144]、法律の錯誤に関して、刑罰法令の存在を知らない場合と刑罰法令の不存在を知らない場合（幻覚犯）に区別して論じているが、犯罪の成立にどのような影響を与えるかについては結論を出さなかった[145]。

違法においても、「客観的違法論」と「主観的違法論」に言及するものの、責任無能力者に対する正当防衛について、結局結論は示されないままであった[146]。

第四節　小　括

以上、故意の体系的位置および違法性の錯誤と関連しながら、中華民国時代の各代表的な犯罪論を、構造的側面から検討した。この時代においては、まだ（特別）構成要件を基礎とする三段階の犯罪論は存在しなかったが、今日の三段階体系の原型となる、リストのような行為を基礎とする三段階の犯罪論がすでに存在していた。そして、当時は、違法性の認識の不要説は通説で

143　郭衛『刑法学総論』（1948 年）81〜85 頁。
144　郭・前掲（注 143）133 頁。
145　郭・前掲（注 143）150 頁
146　郭・前掲（注 143）165〜166 頁

あったが、王覲や陳瑾昆のように、違法性の認識が故意の要素であるという厳格故意説の考え方はすでに存在していた。また、違法論においても、すでに客観的違法論が有力に主張されていた。次章においては、本章で検討してきた各犯罪論を、ラートブルフの法体系論に基づき、再度、体系的側面から検討する。

第四章　中華民国時代の犯罪体系論の検討

第一節　ラートブルフの法体系論

1　5つの「体系」

　以上のように、今の中国の通説的な犯罪論である「四要件の犯罪構成要件論」と、中華民国時代の各犯罪論及びその参照対象である二人の日本刑法学者の犯罪論を検討してきた。以下では、体系論の視点から、各犯罪論の体系を比較し、これらの犯罪論の異同およびそれぞれの体系的な性質を検討する。これらの犯罪論の体系を比較する基準として、以下では、まずラートブルフの法体系論を紹介する。

　ラートブルフによれば、体系には以下の5つの意味のものがある。第一は、形式論理に基づく体系である。それはさらに、2つの体系にわかれる。一つは、演繹による体系である。すなわち、上位命題と下位命題とによる推論を経て結論を導き出す体系である。一例として、スピノザの倫理学が挙げられる。今一つは、分類による体系である。類（高級）概念を起点とし、内包をしだいに加えることにより種（低級）概念、さらに狭い種概念へと下降する体系である。例として、リンネによる植物の体系がある。第二は範疇にのっとった体系である。例として、カントの諸批判が挙げられる。論理的には、思考の論理だけでなく、事物そのものの論理がある。理由と帰結、類と種にしたがって観念および概念を整序する、形式論理による体系のほかに、事物の論理に基づく体系がある。事物そのものを形式と実質、範疇と資料とに分析する体系である。第三は目的論的体系である。これは、論理的意味での体系ではない。目的と手段とによる整序の体系である。リストによる鉄道の体系は、その一例である。最後は教育的な (didaktisch) 体系である。三までに掲げたすべての体系を叙述するにあたって、不明確な体系を明確にするとい

う使命をおびており、理解を容易にするために修正をこころみる体系をいう。以上が、体系の基本的な五類型である[147]。

さらに、ラートブルフによれば、刑法体系においては、目的論的基礎付けによる刑罰目的の理論と範疇的基礎付けによる規範論とによって、犯罪論についても、範疇的構築と目的論的構築が可能である。分類的—範疇論的犯罪論の構築は、一般法学の統一的な不法の概念からさらに限定し、可罰的不法という形で犯罪の概念を制限することにより達成される。演繹的—目的論的犯罪論の場合は、逆である。一般的な不法概念を介することなく、刑罰目的から直ちに可罰的不法の概念が導かれる。範疇的な犯罪の体系は、一切の不法行為における不法の上位概念すなわち行為概念を基点とする。これに対し、目的論的体系は、犯罪の定義の出発点として、可罰的不法の特別な要素としての構成要件を選びだす。不法という一般概念から、犯罪概念が導き出されるのではなく、出発点においてすでに、犯罪概念に刑罰目的からの拘束が加えられる[148]。

2　リストとベーリングの体系の相違

ラートブルフの法体系論によると、リストの犯罪論体系は範疇的体系である。彼からみれば、リストは、民事法と刑法とに共通な類概念としての不法を根底に据え、違法にして有責な行為という概念に構成要件該当性という要素を付け加えることによって、可罰的不法すなわち犯罪の概念に至るという体系を構築したのであり、行為概念を犯罪論体系の礎石に据えつつ、これを構成要件の枠に組み込まれない、前刑法的・前法的概念として、まったく自然主義的に行為を把握した[149]。

リストは現在の三分法の犯罪論体系の基礎を築いたが、彼の「行為・違法・有責」の犯罪論体系においては、構成要件該当性に本質的機能を付与しなかった。リストは、タートベシュタントという用語を用いるが、タートベ

---

[147] G. Radbruch, Zur Systematik der Verbrechenslehre, in Festgabe für Reinhard von Frank zum 70. Geburtstag, Bd. 1, 1930, S. 158-160. 莊子邦雄『犯罪論の基本思想』(1949 年) 12〜13 頁から引用した。
[148] G. Radbruch：a.a.O. S. 160. 莊子・前掲（注147）13 頁から引用した。
[149] Radbruch, a.a.O. S. 160ff. 莊子・前掲（注147）15〜16 頁から引用した。

シュタントに特段の機能を付与しなかったのである。彼は、ベーリングによって構成要件理論が展開された後でもなお、違法、有責、行為という三要素を犯罪論体系の中核に据えていた。ベーリングの構成要件を意識して構成要件該当性に一応の地位を与えたものの、構成要件該当性と違法性との関係は、なお明確ではなかった[150]。

　ラートブルフによれば、構成要件に本質的機能を付与する犯罪体系を構築するためには、従来の体系に根本的修正を施さなければならない。犯罪論の根本概念としての行為概念を構成要件実現という概念に置き換え、構成要件実現という概念の構成要素として、行為概念を構成要件実現という概念へはめこむ。かくして、根本的修正は達成され、範疇的体系から目的論的体系への移行が成し遂げられる。この途を切り拓いたのは、ベーリングの功績である[151]。

　近代的犯罪体系の出発点である古典的犯罪論体系は、「リスト―ベーリング体系」とも呼ばれているが、以上のラートブルフの論述によれば、体系的側面において、リストの「行為・違法・有責」の犯罪論は分類的―範疇論的犯罪論であるのに対して、ベーリングの「(特別)構成要件・違法・有責」の犯罪論は演繹的―目的論的犯罪論であり、両者の間には根本的な相違が存在している。

　たとえば、今日において、一般的には、「(特別)構成要件」に違法性推定機能と責任推定機能が認められている[152]。(特別)構成要件という体系の礎石により、違法性や有責性などの犯罪論にあるその他の犯罪要素を相互に関連付け、(特別)構成要件に該当すること(構成要件該当性)から、違法性および有責

150　莊子・前掲(注147) 16頁。
151　Radbruch, a.a.O. S. 162ff. 莊子・前掲(注147) 13頁から引用した。もちろん、それは、違法性阻却事由がないことまで推定するという意味ではなく、違法性阻却事由がない限り違法とされるという意味での推定である。
152　もっとも、ベーリングは、晩年に違法・有責類型としての「犯罪類型」とそれに先行する指導形象としての構成要件を区別しており、主観的不法要素を否定することによって構成要件の犯罪個別化機能および違法性推定機能を事実上否定していた。主観的要素はすべて責任要素とされていたからである。しかし、構成要件の違法性推定機能は、メツガーによってベーリングの特別構成要件論をもとにしながら確立したことは言うまでもない。もっとも、今日の日本においては、「違法・有責類型説」が通説であるが、構成要件における「違法(不法)類型説」と「違法・有責類型説」との争いは、まだ続いている。

性を推定できるのである。ここで、(特別)構成要件は犯罪論体系において演繹的な役割を担当している。それに対して、リストの犯罪論における行為は、自然主義的なものである。行為が存在することから、違法性や有責性を推定するのではなく、「行為」、「違法」（な行為）、（違法かつ）「有責」（な行為）、「可罰性」（がある、違法かつ有責な行為）という、一般から特殊へと漸次具体化する形で構成されている。この意味において、リストの犯罪論体系は、リンネの植物学の体系（類・綱・目）と同じく、分類的な体系である。

　リストの犯罪論体系とベーリングの犯罪論体系との間には、以上のような本質的な相違が存在することもあり、今日において、たとえ「古典的犯罪論体系」を出発点として犯罪論体系を検討する場合でも、リストの理論をあまり検討することなく、ベーリングの理論を中心に検討する学者が多い。しかし、犯罪論に対する、リストの貢献は無視されてはならないことである。リストは、かつての主観・客観の二分法から離脱し、さらに事実的要件と評価的要件を区別し、犯罪の（一般）構成要件を、評価の客体としての「行為」、犯罪行為に対する否定的評価としての「違法性」、行為者に対する否定的評価としての「有責性」に三分した[153]。そして、ベーリングは、リストの「三分法」の上に、特別構成要件の理論を作り出したのである[154]。ゆえに、リストが現在の三段階の犯罪論体系の特徴である「段階性」の基礎を築き上げたといえよう。

第二節　中華民国時代の各犯罪論体系の比較

　以上のようなラートブルフの法体系論を基準としつつ、第三章まででみてきた各論者の体系について比較検討することとする。

　中国における最初の犯罪論は、暫行新刑律時代の熊元翰が岡田朝太郎の犯罪論を手本として主張した「主体および客体・法律に正条あり・動作・責任・不法」の犯罪論である。この犯罪論においては、犯罪の各成立要素を列挙されているだけであり、あまり体系性が見えないようではあるが、熊元翰と岡

153　F.v. Liszt（原著）徐久生（翻訳）『徳国刑法教科書（修訂訳本）』（2006年）167～169頁。
154　平場安治「犯罪論の体系について」法曹時報29巻9号（1977年）2頁。

田の「責任」と「不法」の関係に対する論述から分かるように、彼らは、「行為」を基礎として「責任」と「不法」の関係を事物論理的に論じている。これは当時のベルナーが主張する犯罪論に近い考え方だと思われる。詳しい検討は次章に譲るが、それゆえに、この犯罪論はまだ粗削りなところはあるものの、一応「分類的—範疇論的体系」に属するであろう。また、郗朝俊の犯罪論もこの種類に属する。

　続いて、1928年刑法典時代の王覲が牧野英一の影響を受けて主張した「犯罪の客観的要件・犯罪の主観的要件」の犯罪論である。王覲と牧野は、明らかに行為を犯罪論の礎石として「分類的—範疇論的体系」を構築している[155]。この犯罪論は、一見ビルクマイヤーの犯罪論と似ているが、ビルクマイヤーは「行為者」を「犯罪の主観的要件」の中で検討するに対して[156]、王覲と牧野英一は「犯罪の客観的要件・犯罪の主観的要件」の外で、「犯罪の主体、客体、行為」を検討する。牧野英一はリストの許で留学した経験があるので、おそらくこれはリストの影響であろう。すなわち、牧野英一は犯罪論を構成する際、リストの影響で「犯罪の主体、客体、行為」という「事実的要件」を「犯罪の客観的要件・犯罪の主観的要件」という「評価的要件」から意識的に区別していた。但し、王覲と牧野が、因果関係という「事実的要件」に属すべき要素を「行為の危険性」の要素として「犯罪の客観的要件」の中で検討することから考えれば、彼らによる「事実的要件」と「評価的要件」の区別は徹底されていない。ゆえに、王覲と牧野英一が主張した犯罪論は、「主観・客観」の二分法から、「犯罪の主体、客体、行為・犯罪の客観的要件・犯罪の主観的要件」という三分法へ移行する際の中間的なものと評価できるが、やはり基本的に「二分法」による「分類的—範疇論的体系」である。

155　たとえば、牧野英一『日本刑法』(1919年) 第62頁以下は：「(一) 犯罪ハ行為ナリ。……(二) 犯罪ハ刑罰法令ニ列挙セラレタル行為ナリ。……(三) 犯罪ハ違法ナル行為ナリ。……(四) 犯罪ハ犯意マタハ過失ヲ伴フ行為ナリ。……(五) 犯罪ハ責任能力者ノ行為ナリ。」というように、犯罪を説明している。また、王覲『中華刑法論』(1929年) 第77頁以下でも同じように説明している。

156　ビルクマイヤーによれば、犯罪の要件は二つに分けられる。その一は、一般主観的犯罪構成要件であり、その二は、一般客観的犯罪構成要件である。前者には、(1) 犯罪行為を行う人、(2) 抽象的責任能力がある人、(3) 具体的に有責な人、が含まれる。後者には、(1) 行為、(2) 行為による法益侵害または危険、(3) 行為の違法、が含まれる。(v. Birkmeyer, S. 1109.)（王・前掲（注121）80頁から引用した）。

次に、陳瑾昆が主張した「行為・責任・違法」の犯罪論である。彼は1928年の中華民国刑法典の総則規定に基づいて、リストの犯罪論に形式的な修正を加えたが、彼が主張した犯罪論は明らかにリストの「行為・違法・責任」の体系の影響を受けている。ゆえに、この犯罪論は、リストの犯罪論と同じように、「分類的―範疇論的体系」に属する。前にも述べたが、陳興良は、陳瑾昆の犯罪論に対して、「三段階の犯罪論体系の三つの要件、すなわち構成要件該当性、違法性、有責性が存在するが、三者の相互関係が不明確なので、三段階の犯罪論体系の初期の形をなすにすぎない」と評価している[157]。即ち、この犯罪論は三段階の体系であるが、「演繹的―目的論的」な体系ではないということである。

第三節　小　括

以上、検討したとおり、中華民国時代においては、特別構成要件を基礎とする「演繹的―目的論的体系」がまだ存在しなかった。その時代の各学者の犯罪論は、第三章で検討したとおり、構造的側面から見れば、いろいろな相違点が存在しているが、体系的側面から見れば、精緻化の程度を多少異にするも、すべて「分類的―演繹的体系」に属する。その後、1949年に、国民党は共産党に敗れ、国民党が組織した中華民国政府も台湾に逃れたが、中華民国の刑法学者たちは、台湾で今日まで研究を続けた。もっとも、今日の台湾の刑法学の「参照対象」は日本からドイツに移ったが、日本と同じように、（特別）構成要件を礎石とする「演繹的―目的論的」な三段階の犯罪論が通説になっている[158]。ゆえに、学術史的な観点から見れば、犯罪論は、「客観・主観」の「二分法」から「事実・評価」と「主観・客観」を総合した「三分法」へ、「分類的―範疇論的体系」から「演繹的―目的論的体系」へと変化する傾向が存在すると考えられる。

157　陳・前掲（注132）69〜70頁。
158　今日では、「演繹的―目的論的」な三段階の犯罪論体系の中においても、また「古典的犯罪論体系」、「新古典的犯罪論体系」、「目的的行為論の体系」、ロクシンの「目的理性の犯罪論体系」などの様々な種類が存在する。

現在の中国の通説である「四要件の犯罪構成」は、体系的側面において、当為的立場から作り出されたものであり、最初からラートブルフの法体系論の前提となる事物的論理と対立しているものなので、これについては別稿において検討する。

第一部のまとめ

　今日の中国においては、長らく、四要件の犯罪構成を「伝統的な犯罪論」と呼んでいるのに対して、三段階の犯罪論を「外来的犯罪論」と呼んでいる。しかし、歴史的に見れば、1928年刑法典時代にすでに存在していた「三段階の犯罪論」は、明らかに1950年代にソビエトから輸入した「四要件の犯罪構成」より早く中国で誕生したものであり、より「伝統的」なものであると言えよう。また、確かに1928年刑法典時代の「三段階の犯罪論」でも、今日の中国における「三段階の犯罪論」でも、同じく日本とドイツから輸入したものであるが、伝統派の「四要件の犯罪構成」も中国の研究者によって作り出されたものではなく、ソビエトから輸入したものであり、同じく「外来的」なものであろう。故に、「外来的」な三段階の犯罪論を参照しながら中国で犯罪論体系を論じるのは、何の問題もなく、逆に必要であると思われる。

　第一章ですでに検討したとおり、中国の通説的な四要件の犯罪構成要件論には、犯罪の成否を判断する体系としていろいろな問題が存在する。そのような体系的な問題は、その体系の内部からはなかなか発見しにくいので、別の体系を参照して外部から検討する必要があると考える。故に、今日の中国における「四要件」対「三段階」の体系論に関する論争は、決して研究の「発言権」を奪うための、「お尻が頭を指揮する」無意味な論争ではなく、通説の四要件の犯罪構成要件論に存在する問題を克服するために理性的かつ必要かつ有意義な学術研究である。

　ただし、体系論に関する研究、いや、それだけではなく、刑法学全体に関する研究を展開する場合に、かつてから中国に存在していた「無史化研究」の研究方法に対しては反省すべきであると思われる。すでに検討したとおり、現在の中国の刑法学においては、主観的違法論・客観的違法論の論争、違法性の認識などをめぐっては、依然として中華民国時代、さらには清朝末期と似たような問題に直面している。何十年前もに、すでに議論され、さら

に一定の解決をみた問題をいまなお検討しなければならないのは、歴史的な後退だと言わざるを得ず、現在の中国における刑法学の「無史化研究」の弊害であると言えよう。犯罪論体系に関する議論を有意義なものとするためには、この点の克服が、求められていると思われる。

　第一部では、中華民国時代の各犯罪論を検討することにより、ある程度の犯罪論における歴史的流れが見えてきたが、必ずしも中国の犯罪論研究もこの道に沿って進むべきであるとは言い切れない。なぜなら、ここでは、四要件の犯罪構成要件論に対して十分な歴史的な検討を展開できなかったからである。また、今日の中国における三段階の犯罪論およびその他の独自の犯罪論についても触れられなかった。これらの犯罪論に対する検討は、第二部以降の課題として残されるが、第一部で見つけ出された、「分類的―範疇論的体系」から「演繹的―目的論的体系」へ、という犯罪論における歴史的傾向が、中国の犯罪論に関する研究の一つの可能性として有意義であれば、幸いである。

第二部

中華人民共和国の犯罪体系の起源

序　章　69

序　章

　1949年に中国共産党が政権を取って中華人民共和国を成立させ、中華民国時代の「六法全書」(すなわち当時の全現行法)を廃止したのをはじめ、国民党時代の「旧法司」に対する全面的な粛清を始めた。それ以降、中国刑法学の研究は中華民国時代のドイツや日本から受けた理論の影響を完全に排除するものとなり、その結果、理論の全面的なソビエト化が始まった[159]。立法においては、旧ソ連の刑法を参考にしながら、様々な立法の準備をしていたが、1966年から「文化大革命」という政治的動乱の時代に入ったため、1949年から1978年までの約30年もの長い間、中国において「法典としての刑法」は実質上存在しなかった。研究においては、1950年にソビエト司法部全ソビエト法学研究所によって編纂された『ソビエト刑法総論』[160]が中国語に翻訳、出版された。この教科書は「犯罪の客体」、「犯罪の客観的側面」、「犯罪の主体」、「犯罪の主観的側面」という「四要件の犯罪構成要件論」を採用した、中国で出版された最初の体系書であり、中国の犯罪論研究に深い影響を与えた。しかし、1957年から中国は反右派階級闘争の時代に入り、ニヒリズム思想が盛んになったため、刑法学の研究はそれに続く「文化大革命」が終わるまで停滞した。その間、トライニン(A.H. Трайнин 1883-1957)の『犯罪構成要件の一般理論』[161]が1958年に中国語に翻訳されて出版されたが、1957年から中国はすでに反右派階級闘争の時代に入っていたので、この時点では、トライニンの学説は中国の刑法学研究にあまり影響を与えることはなかった。

　1979年に中華人民共和国初の刑法典が施行されたが、政治と現実の二つ

159　中華民国時代の犯罪体系については、本書第一部参照。
160　ソビエト司法部全ソビエト法学研究所(主編)彭仲文(訳)『蘇聯刑法総論』(1950年)。
161　A.H. トライニン(著)薛秉忠・盧佑先・王作富・沈其昌(訳)『犯罪構成的一般学説』(1958年)。
　　日本では、井上祐司「ア・エヌ・トライニン『犯罪構成要件の一般理論』」法政研究25巻1号(1958年)85頁以下で紹介されている。

の理由から、中国の刑法学研究者は長い間意識的に中華民国時代の刑法学を無視し、「文化大革命」前のソビエト刑法学に対する研究に基づいて、「四要件の犯罪構成要件論」を中心に犯罪論の研究を再出発させた。そのため、今でも「四要件の犯罪構成要件論」は、中国において通説的な地位を占めている。しかし、「四要件の犯罪構成要件論」が中国で通説になって以降、学界からそれに対する批判と挑戦は止むことがない。特に中国の市場経済改革により、諸外国との法学交流が深く広くなったため、80年代の半ばから日本やドイツなどの諸外国からの刑法学が再び、徐々に中国の刑法学に影響を与えはじめた。それ以来、独・日の「段階的犯罪論体系」は徐々に中国の刑法学界で有力になり、今日ではもはや「四要件の犯罪構成要件論」と互角といえる状況となっている。

　このような背景の中で、中国では伝統派刑法学者(つまり「四要件の犯罪構成」を支持する学者)と独日派刑法学者(つまり「段階的な犯罪論体系」を支持する学者)の間で「構成要件」、「違法性」、「責任」などの概念を中心に犯罪論体系に関する論争が激しく展開されている。しかし、実は両派それぞれが主張している「構成要件」、「違法性」、「責任」などの概念の中身が必ずしも一致していないため、論争がうまくかみ合わないことが少なくない。この問題を解決するためには、中国におけるこれらの概念および犯罪論体系の歴史的起源を探求し、これらの概念および体系の意味を再確認する必要があると考えられる。

　以上を踏まえて、第二部においては、比較法の視点も取り入れつつ、まず、中華人民共和国初の刑法典の立法経緯を紹介し、また、それと関連するこの1979年刑法典時代の犯罪体系を概観する。その上で、このような伝統派の犯罪体系に大きな影響を与えたソビエトの犯罪体系を検討し、最後にそのソビエトの犯罪体系の「前史」となる帝政末期のロシアの犯罪体系とその起源を探求したうえで、中華人民共和国の犯罪体系の起源を究明したいと考える。

第一章　中華人民共和国「1979年刑法典」時代の犯罪体系

第一節　「1979年刑法典」の立法経緯

　述したとおり、1949年に中華人民共和国が誕生して以降、共産党政権は国民党政権が作った中華民国時代の「六法全書」などの代表的な法律をすべて廃止した。また刑事裁判においては、中華民国時代の法理条文を引用することすら禁止した。中華人民共和国の最初の刑法典は1979年に作られたもので、それまでの30年の間に、社会主義改革運動のために刑事実体法として役割を果たしてきたのは、いくつかの単行刑罰法規であった。例えば、1950年に制定された「アヘン麻薬厳禁通令」、「貴重図書文化財輸出禁止暫定条例」、1951年に制定された「反革命処罰条例」および「国家通貨妨害行為処罰暫行条例」、1952年に作られた「汚職処罰条例」などがあった。単行刑罰法規の射程範囲はあまり広くないので、刑事事件の処理は基本的に行政府の政策に従っていた。

　しかし、その30年の間に、中国政府が刑法典の制定作業をおよそしていなかったというわけではない。すでに1950年に、刑法典草案の制定作業は開始されていた。当時の中央人民政府法制委員会は、中華民国時代から残った当時の法律専門家の陳瑾昆、蔡枢衡などを集めて法律草案を作らせた。この法制委員会は旧ソ連、フランス、ドイツ、アメリカなどの諸外国の刑法典の翻訳から着手し、相次いで二つの刑法草案を起草した。第一の草案は、1950年7月25日の「中華人民共和国刑法大綱草案」であり、合計12章157条（総則33条、各則124条）から成るものである。第二の草案は、1954年9月30日の「中華人民共和国刑法指導原則（初稿）」であり、前書きを除いて合計3章76条（第一章：犯罪7条、第二章：刑罰19条、第三章：いくつかの種類の犯罪の量

刑規定 50 条）からなるものである。しかし、この 2 つの草案のいずれも社会に公開して民衆の意見を聴取されることはなく、立法手続きに入ることもなかった[162]。

　1954 年 9 月に開催された第 1 次全国人民代表大会（以下「全人代」と略記する）第 1 回会議は、中国の初めての憲法および 5 つの組織法[163]を可決した。その後、刑法の起草業務は、正式に全人代常務委員会弁公庁法律室が責任を負うことになっていた。法律室は、1954 年 10 月からドラフトを作成し始め、1957 年 6 月 28 日までに、既に第 22 稿をドラフトし完了させた。同ドラフトは、中共中央法律委員会、中央書記処の審査・修正を経たうえ、全人代法案委員会で審議をされ、かつ、第 1 次全人代第 4 回会議で代表全体に配布されてコメントを募集された。同会議は、さらに以下のとおり議決した。全人代常務委員会が人民大会代表およびその他の方面から提出された意見に基づき、第 22 稿を修正したうえ、草案として公布し試行することを授権した[164]。

　これについて議決もなされ、公衆意見の募集も行われたものの、刑法典草案は公布されなかった。その原因は、以下のとおりである。1957 年下半期から「反右派」闘争[165]が始まり、様々な名目での政治運動も行われ、それが立法業務に重大な影響を与えたため、その後のほぼ 4 年の間、刑法典の起草業務も中止を余儀なくされた。1961 年 10 月に刑法典草案に関する一部の審議会がようやく再開された。1962 年 5 月から、刑法典草案第 22 稿が全面的に修正された。その際、複数回の重大な修正および意見募集を経たうえ、そのうち、中央政法グループによる数回の会議での審査修正も含まれているが、1963 年 10 月 9 日付で、第 33 稿のドラフトを完了させた。但し、間もなく「四清」運動[166]が行われ、続いてまた 10 年に渡った「文化大革命」[167]が始

162　高銘暄『中華人民共和国刑法的孕育誕生和発展完善』(2012) 前言 1 頁。
163　これらの 5 つの組織法は、それぞれ、「中華人民共和国全国人民代表大会組織法」、「中華人民共和国国務院組織法」、「中華人民共和国人民法院組織法」、「中華人民共和国人民検察院組織法」と「中華人民共和国地方各級の人民代表大会と地方各級の人民委員会組織法」である。
164　高・前掲（注 162）前言 1～2 頁。
165　1957 年に中国で行われた中国共産党に反対するブルジョア右派分子を摘発する階級闘争である。
166　文化大革命の前奏曲となった、1962 年冬から 66 年春にかけて行われた中国の総点検運動である。当初、「四清」とは、人民公社の帳簿、倉庫、財産、労働点数の 4 点を清めることであった。その後、毛沢東は、「四清」を政治、経済、組織、思想の四つを清めることに拡大した。

まった。このような猛烈な政治運動の衝撃の下、刑法典草案第33稿の改訂作業は、中断された[168]。

「四人組」が倒された後、1978年2月26日から3月5日までの期間に行われた第五次全人代第1回会議は、法制業務を徐々に重視し始めた。1978年の中国共産党第11期中央委員会第3次全体会議において、「社会主義民主と法政の建設を進めよう」という提案がなされた[169]。これを受けて、その後間もなく、中央政法グループがリーダーシップをとり、刑法草案修正グループを組織し、第33稿を修正し、前後して2つのドラフトを作成した。1979年2月下旬から、全人代常務委員会法制委員会の成立が宣告された。3月中旬から、刑法典草案は、第33稿を元に、新たな情況、新たな経験および新たな問題を踏まえながら、関連中央部門の意見を募集したうえ、大きく修正し、相次いで3つのドラフトを作成した。第2番目の原稿は、5月29日に中共中央政治局により原則として可決され、その後法制委員会の全体会議および第五次全人代常務委員会第8回会議で審議されたうえ、第五次全人代第2回会議の審議のために提出された。審議においてさらに一部の修正および補充が行われ、最終的に7月1日に全会一致で可決された。29年も経て、37のドラフトを次々に改訂し、ようやく1979年7月6日に中国初の刑法典が正式に公布され、翌1980年1月1日より施行されたのである[170]。

1979年刑法典は、1949年に建国して以来の初の刑法典として、刑事立法の不毛を打ち破ったことから見れば、確かに画期的な意味を持っていた。だが、当時の歴史的条件や立法経験の乏しさのために、全体の体系性および立法技術において多少不十分なところが存在していた。このため、79年刑法

167　毛沢東が発動した、1966年夏から10年間にわたって繰り広げられた熱狂的な大衆政治運動である。
168　高・前掲（注162）2頁。
169　葉剣英が会議で示した「憲法の修正に関する報告書」では、「我々は、なお新憲法に基づき、各種法律、法令および各方面の業務条例、規則制度を修正し制定しなければならない」と指摘されていた。特に、鄧小平の1978年10月の談話では、「過去の『文化大革命』の前、かつて刑法草案を作ったことがあり、複数の修正を経て公布しようとした。しかし、『四清』のため一旦放っておいてしまった。」が、現在、「機構を設立し、一部の人を集めてこの面での問題に関する研究に着手させ、関連法律を起草することが非常に必要である」と具体的に指摘された。（高・前掲（注162）前言2頁から引用した）。
170　高・前掲（注162）2頁。

典は過渡的な性格を有するものであって、後に広範囲の改正が予定されていた。1981年から1997年の中国の現行刑法典が制定されるまでの間に、立法機関は24部の単行刑法（つまり特別刑法）を制定し、かつ非刑事法律において107箇所の付属刑事規範を作った。このような1997年の中国現行刑法典の立法に至る経緯については、別稿で検討する。以下では、1979年刑法典において、立法当時に論争になった幾つかの総則規定の立法経緯を具体的に検討する。

第二節　「1979年刑法典」の総則規定に関する立法の論点

本研究においては、これまで紹介したように、1979年刑法典が制定される過程において、第22稿と第33稿が重要な意味を持つと思われる。そのため、以下では第22稿、第33稿、1979年刑法典の3つを、(1) 犯罪の概念、(2) 刑事責任能力、(3) 犯罪の予備と犯罪の未遂、(4) 共犯という4つの立法当時に論争された規定について比較検討する。

1　犯罪の概念（1979年刑法典第10条）

第22稿	**第九条**　すべての労働者階級の指導する人民民主独裁制度に危害を加え、社会秩序を破壊し、社会にとって危害のある、法律によって刑罰を受くべき行為は、すべて犯罪である。但し情状が著しく軽微で危害の大きくないものは、犯罪としては処分しない[171]。
第33稿	**第十条**　労働者階級が指導し、労働者農民同盟を基礎とする人民民主独裁制度に危害を加え、社会主義革命と社会主義建設を破壊し、社会秩序を破壊し、国家所有と集団所有の公共財産を侵害し、公民所有の合法財産を侵害し、公民の人身および其の他の権利を侵害し、ならびに其の他社会に危害を及ぼす行為で、法律によって刑罰を受くべき行為は、すべて犯罪である。但し情状が軽微で危害が大きくないものは、犯罪としては処分しない[172]。
1979年刑法典	**第十条**　国家の主権と領土の保全に危害を及ぼし、プロレタリア階級独裁制度に危害を及ぼし、社会主義革命と社会主義建設を破壊し、社会秩序を破壊し、全人民所有の財産または勤労大衆による集団所有の財産を侵害し、公民の私的所有の合法的な財産を侵害し、公民の人身の権利、民主的権利およびその他の権利を侵害し、更にその他の社会に危害を及ぼすすべての行為は、法律に基づいて刑罰をうけなければならないのであって、これらはすべて犯罪である。但し、情状が著しく軽微で危害の大きくないものは、犯罪とは認めない[173]。

1979年刑法典の条文からみれば、犯罪には次に掲げる3つの基本的特徴があると考えられる。

1．犯罪は、社会を危害する行為である。
2．犯罪は、刑罰法規に違反する行為である。
3．犯罪は、刑罰を受けるべき行為である。

これら3つの基本的特徴が緊密に結合することにより、完全な犯罪概念が構成される。この概念は、実質と形式を両立させた概念であり、犯罪の階級性および国、人民、社会に対する危害性を暴き出し、同時に、犯罪の法的特徴も指摘するものとされている。それは、ブルジョア階級刑法における犯罪の形式的概念、すなわち、犯罪の形式的特徴をもって犯罪の階級的実質を隠すこととは、根本的に異なっているというのである[174]。

刑法起草検討の全過程において、1979年刑法第10条の中心的内容、すなわち、犯罪が社会を危害し、法により刑罰を受けるべき行為であることについて争われたことは一度もなく、争論は、主として次に掲げる2点に集中していた。

第一は、社会侵害性をどのように表記するか、簡単にするか又は詳細に記載するか、条項に列挙された犯罪侵害の客体が、刑法の任務を定める条項で列挙された保護対象と逐一対応する必要があるか。この問題について、これまでの各草稿では解決方法は異なっていた。第22稿の第9条では比較的簡単に列挙されており、単に「すべての労働者階級の指導する人民民主独裁制度に危害を加え、社会秩序を破壊し（後略）」と言及されたに過ぎず、かつ、刑法の任務を規定する条項で列挙された保護対象とは一致しておらず、第1条刑法の任務では、「人民民主独裁制度」、「社会秩序」のほか、「公共財産」、「公民の人身と権利」、「国の社会主義改造と社会主義建設事業」も列挙され

171　趙秉志『新刑法全書』（1997）1449頁。
172　趙・前掲（注171）1468頁。
173　趙・前掲（注171）1507頁。
174　高・前掲（注162）21頁。

ていた。第33稿の該当条項では比較的詳しく列挙されており、「労働者階級が指導し、労働者農民同盟を基礎とする人民民主独裁制度に危害を加え、社会主義革命と社会主義建設を破壊し、社会秩序を破壊し、国家所有と集団所有の公共財産を侵害し、公民所有の合法財産を侵害し、公民の人身および其の他の権利を侵害し（後略）」とされており、かつ、刑法の任務を定める第2条で列挙された保護対象と完全に一致している。「刑法」第10条は、第33稿の当該条文に基づいて修正されたものであり、さらに詳しく列挙され、国の主権と領土の保全を危害し、民主権利を侵害するなど内容が追記されたが、これは、第2条の列挙とは基本的に対応しているが、完全に一致してはいない。

第2は、本条の「但し書き」の表現をめぐる議論である。これは、一体、有罪と無罪の限界を決定するものなのか、それとも、処罰の成否の限界を決定するものなのかが争われた。第22稿での表現は、「情状が著しく軽微で危害の大きくないものは、犯罪としては処分しない」とされ、第33稿では、「情状が軽微で危害が大きくないものは、犯罪としては処分しない」とされていた。現在の刑法の表現は、「情状が著しく軽微で危害の大きくないものは、犯罪とは認めない」とされている。このように、同条の「但し書き」の任務は、処罰の成否の限界ではなく、原則から有罪と無罪の限界を画するものである。また、そうでないと、第32条[175]と区別しにくくなる[176]。

175　第32条　犯罪の情状が著しく軽微で刑罰に処する必要がないものについては、刑事処分を免除することができる。但し、それぞれの事件の状況に基づいて、訓戒を与え、改悛の誓約、謝罪の表明若しくは損害賠償を命じ、又は主管部門により行政処分に処することができる。
176　高・前掲（注162）21頁。

2　刑事責任能力（第15条、第16条）

第22稿	**第十四条**　自己の行為の是非を弁識し、または抑制することができないで危害を及ぼす結果を引き起こした精神病者は、刑事責任を負わない。但し、その家族または後見人に厳重な看護と医療を命じなければならない。 　間歇性の精神病者が、精神が正常の時に罪を犯した場合には、刑事責任を負わなければならない。 　酩酊した者が罪を犯したときは、刑事責任を負わなければならない。 **第十五条**　聾唖者が罪を犯したときは、処罰を軽くし又は軽減することができる[177]。
第33稿	**第十五条**　自己の行為の是非を弁識し、または抑制することができないで危害を及ぼす結果を引き起こした精神病者は、刑事責任を負わない。但し、その家族または後見人に厳重な看護と医療を命じなければならない。 　間歇性の精神病者が、精神が正常の時に罪を犯した場合には、刑事責任を負わなければならない。 　酩酊した者が罪を犯したときは、刑事責任を負わなければならない。 **第十六条**　聾唖者が罪を犯したときは、処罰を軽くし又は軽減することができる[178]。
1979年刑法典	**第十五条**　自己の行為の是非を弁識し、または抑制することができないで危害を及ぼす結果を引き起こした精神病者は、刑事責任を負わない。但し、その家族または後見人に厳重な看護と医療を命じなければならない。 　間歇性の精神病者が、精神が正常の時に罪を犯した場合には、刑事責任を負わなければならない。 　酩酊した者が罪を犯したときは、刑事責任を負わなければならない。 **第十六条**　聾唖者または盲人の犯罪は、処罰を軽くし軽減または免除することができる[179]。

　1979年刑法第15条は、第22稿と第33稿の該当条文の規定を完全に維持し、全く修正しなかった。

　検討過程で争いがあった問題は、以下のとおりである。

　第一は、「精神病者」の後ろに「又はその他の病態を抱えた人」という文言を追記するか否かということである。具体的には、認知症、夢中遊行症、高熱による意識不明、病的酩酊ように罹病した人が、自己の行為を識別するこ

---

[177] 趙・前掲（注171）1449頁。なお、「軽く」とは、法定刑の範囲以内で軽く処罰することをいう。「減軽」とは、法定刑の下限以下で処罰することをいう。
[178] 趙・前掲（注171）1468頁。
[179] 趙・前掲（注171）1507頁。

とができない又は抑制できない場合が想定された。しかし、条文上の「精神病者」を広い意味で理解することができ、「その他の病態」という言葉を追記する必要がないという理由から、このような追記は見送られた[180]。

　第二は、精神病者に対し強制医療を規定する必要があるか否かということである。一部の学者は、単に「その家族または後見人に厳重な看護と医療を命じなければならない」だけでは十分ではなく、「必要な場合、政府が強制的に医療を行う」と追記すべきであり、このように、個別に強制医療が必要となる場合でも、法的根拠が存在することになると主張した。検討を経た結果、個別の重篤な精神病者について、確かに管理を集中して強制医療を与える必要がある場合、家族が同意すれば、このように取り扱うことができ、それは特に何らかの法律に違反するものではなく、逆に、現実から見れば、法律上、この点に関する規定を明文に定めることは望ましくない、としている。医療機関（精神病院）が足りないため、法律規定が空振りになりやすく、逆に受動的になってしまう。同時に、明文に規定しないことにより、一部の精神病者の家族がこれに名を借りて自分の管理・教育責任を政府に押し付け、又は自分の管理・教育責任をおろそかにすることを避けることができる[181]。

　第15条第3項は、「酩酊した者が罪を犯したときは、刑事責任を負わなければならない」とされている。酩酊をした人は責任無能力者に該当しておらず、酒酔の状態で通常はある程度自己の行為への抑制能力が弱まっただけで、完全に抑制能力と識別能力を失うわけではない。さらに重要なのは、同条の規定があれば、このようなアルコール依存という悪習と闘うことを強化し、一部の人が酒の勢いを借りて発狂し、犯罪活動を行うことを予防することができるという論拠である[182]。

　第16条は、「聾唖者または盲人の犯罪は、処罰を軽くし軽減または免除することができる」とされている。同条には、第33稿の相応条文と比べて、1つは、「盲者」が追記され、もう1つは、「処罰の免除」が追記された。出発点は、これらの人を寛大に取り扱うことである。これらの人は、責任無能力

180　高・前掲（注162）24頁。
181　高・前掲（注162）24頁。
182　高・前掲（注162）24頁。

者には該当しないが、生理上重大な欠陥が存在するため、教育を受ける面では制限され、物事を識別する能力が全体的にいうと健康な人より劣っていることから、彼らの犯罪について、「処罰を軽くし軽減または免除することができる」とすることは適切であり、同規定は、中国刑法の革命人道主義精神も体現しているとされる[183]。

　第22稿では、第十五条のすぐ後ろにさらに、「第十六条　法律を知らずに罪を犯した場合には、刑事責任を免除してはならない。但し、情状に応じて、軽きに従い処罰し、又は処罰を減軽することができる。」という、法律を知らずに犯罪した場合の規定も存在していた。第33稿では、同条が削除された。これは、実務では、犯罪者が法律を知っているか否かについて、弁別することが困難であるという理由からである。また、同条を削除することで一部の犯罪者がすきに乗じることを避けることができる。但し、行為者が確かに法律を知らないためある罪を犯したと判明した場合、ある程度宥恕すべき事情があるので、人民法院は、事情を斟酌して寛大に取り扱うことができるとされている[184]。

183　高・前掲（注162）25頁。
184　高・前掲（注162）25頁。

3 犯罪の予備（第19条）、犯罪の未遂（第20条）

第22稿	**第十九条** 犯罪のために道具を準備し、条件を作るものは犯罪の予備とする。予備犯については、既遂犯に照らして処罰を軽くし又は軽減することができる。 **第二十条** 既に犯罪の実行に着手し、犯罪者の意思以外の原因により未遂になった場合は、犯罪の未遂とする。 未遂犯については、既遂犯に照らして処罰を軽くしまたは減軽することができる[185]。
第33稿	**第十九条** 犯罪のために道具を準備し、条件を作るものは犯罪の予備とする。 予備犯については、既遂犯に照らして処罰を軽くし、軽減または免除することができる。 **第二十条** 既に犯罪の実行に着手し、犯罪者の意思以外の原因により未遂になった場合は、犯罪の未遂とする。 未遂犯については、既遂犯に照らして処罰を軽くしまたは減軽することができる[186]。
1979年刑法典	**第十九条** 犯罪のために道具を準備し、条件を作るものは犯罪の予備とする。 予備犯については、既遂犯に照らして処罰を軽くし、軽減または免除することができる。 **第二十条** 既に犯罪の実行に着手し、犯罪者の意思以外の原因により未だこれを遂げていないものは、犯罪の未遂とする。 未遂犯については、既遂犯に照らして処罰を軽くしまたは減軽することができる[187]。

1979年刑法第19条は、第33稿の該当条文の規定を維持しており、第22稿での同条と比べると、予備について「処罰の免除」という内容のみが補充された。第20条の犯罪の未遂では（「(略)により未遂になった場合」を「(略)により未だこれを遂げていないもの」に修正しただけで、その他は、第33稿の該当条文の規定を維持した[188]。

---

185 趙・前掲（注171）1449頁。
186 趙・前掲（注171）1468頁。
187 趙・前掲（注171）1507頁。
188 高・前掲（注162）26〜27頁。

4 共犯

第22稿	**第二十二条** 共同犯罪とは二人以上共同して故意による罪を犯すことをいう。二人以上共同して過失による罪を犯したときは、共同犯罪として論じない。刑事責任を負うべき者は、それらが犯した罪に応じてそれぞれ処罰する。 **第二十三条** 共同犯罪には、正犯、教唆犯および幇助犯を含む。 **第二十四条** 直接犯罪を実行した者は、正犯である。 　正犯については、本人が犯罪において果たした役割に基づいて処罰する。 **第二十五条** 他人を教唆して罪を犯させた者は、教唆犯である。 　教唆犯については、本人が教唆した罪に基づいて処罰する。もし教唆された者が、教唆された罪を犯さなかった場合は、教唆犯に対して処罰を軽減または免除することができる。 　十八歳未満の者を教唆して罪を犯させた者は、重く処罰する。 **第二十六条** 道具の提供により又はその他の方法で他人が罪を犯すのを幇助した者は、幇助犯である。 　事前に共謀して犯罪者をかくまい又は犯罪者のために犯罪の証拠を毀棄、隠匿した者は、幇助犯である。 　幇助犯については、正犯に比べて処罰を軽くし又は軽減しなければならない。 **第二十七条** 脅迫、欺罔されて犯罪に参加した者については、その者の犯罪の情状に応じて、処罰を軽減又は免除しなければならない[189]。
第33稿	**第二十二条** 共同犯罪とは二人以上共同して故意による罪を犯すことをいう。二人以上共同して過失による罪を犯したときは、共同犯罪として論じない。刑事責任を負うべき者は、それらが犯した罪に応じてそれぞれ処罰する。 **第二十三条** 犯罪集団を結成し、若しくは指導して犯罪活動を行った者、又は共同犯罪において主要な役割を果たした者は、主犯である。 　主犯については、本法各則に規定のある場合を除いて、重く処罰しなければならない。 **第二十四条** 共同犯罪において副次的または補助的な役割を果たした者は、従犯とする。 　従犯については、主犯に照らして処罰を軽くし、減軽し又は免除しなければならない。 **第二十五条** 脅迫、誘惑欺罔されて犯罪に参加した者は、その犯罪の情状に応じて、従犯に照らして処罰を減軽又は免除しなければならない。 **第二十六条** 他人を教唆して罪を犯させた者は、共同犯罪において果たした役割に応じて処罰しなければならない。18歳未満の者を教唆して罪を犯させた者は、重く処罰しなければならない。 　被教唆者が教唆された罪を犯さなかった場合は、教唆犯については、処罰を軽くし、軽減または免除することができる[190]。

1979年刑法典	**第二十二条** 共同犯罪とは二人以上共同して故意による罪を犯すことをいう。二人以上共同して過失による罪を犯したときは、共同犯罪として論じない。刑事責任を負うべき者は、それらが犯した罪に応じてそれぞれ処罰する。 **第二十三条** 犯罪集団を結成し、若しくは指導して犯罪活動を行った者、又は共同犯罪において主要な役割を果たした者は、主犯である。 　主犯については、本法各則に規定のある場合を除いて、重く処罰しなければならない。 **第二十四条** 共同犯罪において副次的または補助的な役割を果たした者は、従犯とする。 　従犯については、主犯に照らして処罰を軽くし、減軽し又は免除しなければならない。 **第二十五条** 脅迫、誘惑欺罔されて犯罪に参加した者は、その犯罪の情状に応じて、従犯に照らして処罰を減軽又は免除しなければならない。 **第二十六条** 他人を教唆して罪を犯させた者は、共同犯罪において果たした役割に応じて処罰しなければならない。18歳未満の者を教唆して罪を犯させた者は、重く処罰しなければならない。 　被教唆者が教唆された罪を犯さなかった場合は、教唆犯については、処罰を軽くし、又は減軽することができる[191]。

　共犯の分類問題は、50年代、60年代の刑法草案を起草、修正する際激しく争われた1つの重要な問題であり、第33稿草案になってようやく決着した。しかし、第22稿草案と第33稿草案を比較すれば分かるように、条文の構造そのものには大きな変更があった。なぜそのような変更が行われたのかを解明するために、以下ではその理由について検討する。その際、各草案を起草するにあたり、諸外国の立法も参照されていたため、まず当時の諸外国の立法例を簡単に確認しておく。その後、草案の検討状況を確認することによって、なぜ第33稿草案のような構造となったのかを明らかにする。

　①立法例

　ブルジョア刑事立法の中で、最初に共犯の刑事責任について規定したのは1791年と1810年のフランス刑法典である。フランス刑法典は二分法を採用し、共犯を正犯と狭義の共犯に分けた。他人に犯罪を唆すことと他人の犯罪

189　趙・前掲（注171）1449〜1450頁。
190　趙・前掲（注171）1468頁。
191　趙・前掲（注171）1507頁。

第一章　中華人民共和国「1979年刑法典」時代の犯罪体系　83

を手伝うことのいずれも狭義の共犯として処理される。教唆と幇助は独立の一種類として考えられていない。この分類方法はフランス刑法典に採用されている「共犯従属性」の原則に基づくものである。「共犯従属性」の原則とは、共犯の責任は実行犯の行為の性質と状況によって決められ、実行犯以外の共犯の行為は独立して存在する意味がないということである。言い換えれば、実行犯が犯罪を行った場合にのみ、その他の共犯者は刑事責任を負う。実行犯の行為が未遂犯の場合には、他の共犯者も未遂犯に対してのみ責任を負う。実行犯が自発的に犯罪を中止して処罰が免除された場合には、他の共犯者の処罰も免除される。従って、実行犯は正犯と呼ばれ、その他共犯者は狭義の共犯と呼ばれる。その後、ブルジョア国家の刑法は、さらに狭義の共犯から教唆犯を分離させ、一種類のものとして独立させた。これで、共犯は正犯、教唆犯、従犯の三種類に分けられた。これはブルジョア国家で通説となっている三分法である。例えば、1871年ドイツ刑法典、1907年日本国刑法典、1937年スイス刑法典はこのような三分法を採用した[192]。

　ソビエト刑事立法は最初から共犯を三種類に分けていた。すなわち、実行犯（また執行犯と訳す場合もある）、教唆犯、幇助犯である。その後、このような分類の方法は客観的な問題処理において満足しえないと思われていたので、多数の刑法学者は三種類の共犯以外に独立に組織犯の規定を置くべきだと主張した。犯罪集団を組織、指導する犯罪活動は最も危険な犯罪の形式の１つだからである。このような犯罪活動には、組織犯は特別な地位を持ち、特別な役割を果たし、特に重大な社会危険性を有するので、厳しく処罰されるべきだというのである。1958年12月に採択された「ソビエト各加盟共和国刑事立法綱要」では、共犯が四種類に分けられていた。すなわち、実行犯、組織犯、教唆犯、幇助犯である。1960年「ソビエト・ロシア刑法典」とその他の各加盟共和国刑法典は、すべてこの分類の方法を受け入れた[193]。

　以上の分類以外に、ソビエトの刑法学者は、複数人が１つの犯罪を共同に行った場合に、普通各共犯者の罪の程度がそれぞれ異なると指摘した。裁判所は各共犯者の作用を明確にしたうえで、主犯と従犯を区別すべきである、

192　高・前掲（注162）29頁。
193　高・前掲（注162）29頁。

すなわち、裁判所は罪責の認定と量刑をするときに、各共犯者が共犯に果した作用によって主犯と従犯を区別すべきであるとしたのである[194]。

旧中国[195]において、歴代の封建律法は常に共犯を首犯と従犯に分けていた。唐律には、「諸共犯者には、造意者が首であり、付随者が一等減軽される」と規定されている。明律と清律も同じ規定である。造意者は首犯とされ、その他の犯罪を実行した者が従犯とされるというのは、中国の封建統治階級が主張する「誅心」思想の現れである。民国の「暫行新刑律」は独、日などのブルジョア国家の三分法を採用し、共犯を正犯、造意犯、従犯の三種類に分け、造意犯を「正犯の刑を科す」と規定した。中華民国の1928年と1935年刑法はいずれも、「暫行新刑律」の規定を受け継ぎ、共犯を正犯、教唆犯、従犯の三種類に分けた。「造意犯」を「教唆犯」に改名する以外に、両者は「従犯」の定義に関して「暫行新刑律」と異なる。「暫行新刑律」は「犯罪行為が実行される前に正犯者を幇助した者は従犯である」と規定した。それに対して、1928年刑法典は、「正犯者を幇助した者は従犯である」と規定し、1935年刑法典は「他の犯罪者を幇助した者は従犯である」と規定した[196]。

②草案の検討状況

全人代常任委員法律室が起草した最初の2つの草案（1955年1月10日案と1955年2月20日案）では、共犯は（組織犯と犯罪主要実行者を含む）主犯、教唆犯、従犯の三種類に分けられた。第2案（2月20日案）では、さらに脅迫されて犯罪に参加した者は従犯として処罰されないと規定していた。その後、諸外国の立法例を参考して、組織犯の特別な危険性に配慮し、立法者は、第3案（1955年3月3日）から、共犯を組織犯、実行犯（正犯）、教唆犯、幇助犯の四種類に分けるという四分法を採用し、依然として脅迫されて犯罪に参加した者は共犯として処罰されないと考えていた。1956年2月1日草案は、脅迫されて犯罪に参加した状況を処罰減軽の1種類として「量刑」の節に置いていた。1956年11月12日の第13案は、また「共同犯罪」の節に、脅迫、欺罔

---

194 髙・前掲（注162）29頁。
195 1949年中華人民共和国が成立する前の時代をいう。
196 髙・前掲（注162）29～30頁。なお、中華民国時代の立法について、本書第一部31頁以下参照。

されて犯罪に参加した者が共犯として処罰されないと規定した。1957年の前半になって、総則の中に組織犯の規定を置けば、組織犯の処罰範囲を拡大しやすいという懸念から、各則の関連条文にのみ組織犯の法定刑を加重して規定するという方法で組織犯の適切な刑事処罰と組織犯処罰の不必要な拡大とのバランスを図るべきと立法者は考えるようになった。従って、1957年5月12日草案は、共犯の節から組織犯の規定を削除し、正犯、教唆犯、幇助犯の三分法を採用した。脅迫、欺罔されて犯罪に参加した者は依然として共犯として処罰されないとされた。1957年6月28日第22案は三分法を採用し続け、被脅迫犯の条文から「共犯として処罰されない」という記述を削除したが、共犯の類型には被脅迫犯は含まれていない[197]。

1962年から1963年までの第22案に対する修正を検討するとき、共犯に関して、被脅迫犯を独立の条文として規定することについて意見の一致をみた以外、立法者は、以下のような5つの提案をしていた[198]。

分類法1　作用による分類
理由①：この分類法は中国の歴史的伝統と司法の慣習に適合している。
理由②：この分類法は犯罪者を区別して対応するという共産党と国家の政策および原則に適合している。作用の程度によって刑事責任と処罰の軽重が決定されるのは、弾力性があるということである。
理由③：犯罪者に対して主犯と従犯を区別して対応すれば、犯罪団体を分裂させやすい。
理由④：共犯を分類する主な目的は、共犯者各自の刑事責任を明確にし、量刑の個別化に有利なことである。そして、社会侵害性の程度は彼らの各自の刑事責任そして量刑の重要な根拠である。

以上の理由から2つの分類が存在する。第一は、共犯を主犯と従犯に分けるものである。第二は、共犯を主犯、従犯、その他の積極的犯罪参加者（主犯と従犯の間に存在する一般犯）に分けるものである。

197　高・前掲（注162）30頁。
198　高・前掲（注162）30～32頁。

分類法2　共犯における犯罪者のそれぞれの作業による分類

理由①：共犯における犯罪者の作業は、共犯における各類の共犯の地位およびその従事した活動を明確に示しており、つまり、彼らの各自の犯罪事実を説明している。また、各犯罪者の作用（役割）の大きさを判断するために、作業の犯罪事実を離れてはならない。

理由②：犯罪者の作業行為に基づき、罪責認定の問題を比較的よく解決することができる。例えば、他人が人を殺すよう教唆することと本人が殺人を実行することについて、行為が異なっていることから、罪名も違うべきである。後者は故意殺人罪であり、前者は、教唆殺人罪である。単純に作用により分類する場合、このような区別が現れない。または、他人が犯罪を行うよう教唆する場合、教唆対象となる者が教唆された罪を犯さないとき、教唆犯が教唆した罪について、教唆犯は、独立的に責任を負うべきであり、単純に作用により分類する場合、このような罪責認定の問題を解決することができない。罪責認定の問題は、非常に重要であり、「共同範囲」を、「刑罰の具体的な運用」ではなく、「犯罪」という章に入れる理由は、まず罪責認定の問題を解決する必要があるからである。

理由③：作業による分類は、共犯における複雑な状況を比較的よく反映させ、主犯でない限り全て従犯となるという比較的大まかな分類方法を避けることができ、かつ、分類基準が一致している。作用分類に基づけば、教唆犯という種類が含まれない。教唆犯の情況は極めて複雑であり、一律的に主犯に入れることができず、一律的に従犯に入れることもできない。主犯、従犯のほか、更に教唆犯という類を設ければ、同一の分類基準ではなくなり、論理上整合性が取れない。

前記の理由に基づき、次に掲げる表現が提案された。1番目の表現は、第22稿の規定を維持し、共同を正犯、教唆犯と幇助犯に分ける。2番目の表現は、実行犯、教唆犯、幇助犯と組織犯に分けるが、条項では「犯」という文字を使用せずに、単に「直接に犯罪を実行する者」、「他人が犯罪するよう教唆する者」、「他人の犯罪を幇助する者」等としか記載しない。

分類法3　作業による分類を主とする分類

　作業による分類を主として、組織犯、実行犯、教唆犯および幇助犯に分け、かかる分類基準の上に、主従の分類も受け入れる。すなわち、組織犯は主犯であり、幇助犯は従犯であり、教唆犯につき、主犯であるかどうかを弁別する必要があり、実行犯につき、主犯、従犯又は一般犯のいずれであるかを判断する必要がある。このように前記の2種類の分類方法のメリットを兼有することで、罪責認定の問題も解決でき、量刑問題も解決するので、比較的総合的分類であると考えられる。

分類法4　作用を中心とする分類

　教唆犯につき罪責認定上確かにその特徴があることに鑑み、別途一条項を設けることが考えられる。分類基準が若干一致していないが、実際の需要が満たされれば、問題とは言えず、しかも、教唆犯は、形式上、主犯・従犯と異なっているが、実際にはなお共同犯罪において教唆犯が果たした作用に基づき処罰しなければならない。教唆犯の規定は、主犯・従犯の分類とは相容れないわけではない。

前記の理由に基づき、次に掲げる3つの表現が提案された。
(1)共犯を主犯、要犯、従犯、教唆犯に分ける。
(2)主犯、従犯、その他の積極的犯罪参加者、教唆犯に分ける。
(3)主犯、従犯、教唆犯に分ける。

分類法5　共犯を、集団的共犯と一般的共犯という2種類に分ける

　集団的共犯（例えば、反革命集団、密輸集団等）について、共犯における犯罪者の作用という分類に従って、従前の政策にいう主犯・従犯は、主として集団的共同を指すと考えられる。一般的共犯の一部については、誰が主犯か判明しにくく、無理やりに分類するのは不自然であることから、共犯における犯罪者の作業という分類に従って、正犯、教唆犯と幇助犯に分けるべきである。

前記の5つの見解における各種の案を比較して検討を重ねた結果、第33

稿は、最終的に分類法4における案（3）を採用した。当時この案を選択した理由は以下のとおりである。かかる案は、当時の中国の審判の現実と比較的適合し、よりよく党と国の政策の精神を体現することができ、特に集団的犯罪についても、更にそうである。一般的共犯において主犯と従犯を区別しがたい場合、全て主犯と見なされるが、量刑上、事件のあらゆる情状を総合して全面的に考慮するべきであり、孤立して主犯という情状のみから出発してはならない。そのようなことをすれば、過酷な刑に処することになってしまう。主犯と従犯との間で更に一般犯と要犯を区別する必要があるかについては、必要性が大きくない。その理由は、以下のとおりである。そもそも主犯と従犯は、相対的なものであり、量刑の軽重も相対的なものである。すなわち、主犯は重きに処する一方、従犯は主犯と比べて軽きに処罰するか又は処罰を減軽する（現在に処罰の免除も加えられた）。また、重きに処すことと、軽きに処することは、従前に理解したような法定刑の幅の以上、以下（第22稿を参照）ではなく、法定刑の範囲内における2つの相対的な概念に過ぎないことから、主犯でない場合、従犯に入れることができるので、更に一般犯や要犯の必要はなく、細かく分類すぎると、限界の画定がかえって難しくなり、利点がない。このような案で罪責認定の問題を解決したのであろうか。教唆犯のために単独で一条項を設けることから、既に罪責認定の問題は解決したと言える。組織犯、実行犯、幇助犯のような条項には既に含んでいることから、罪責認定は問題にならない[199]。

共犯の分類問題について、争論から認識上の基本的一致までの過程は、基本的に上記のとおりである。

さらに、一部の代表は、「明らかに知りながらこれを告発しない」ことを犯罪行為とみなし、本節の条文に入れるとの提案をした。事前共謀がなく「明らかに知りながらこれを告発しない」ことは、基本的に自覚問題であり、落後行為の一種であり、批評教育を与えるべきであるが、犯罪として処理することは望ましくない。また、事前共謀に基づき「明らかに知りながらこれを告発しない」ことは、他人の犯罪を幇助する情況に該当し、従犯の範囲に

199　高・前掲（注162）32頁。

含まれており、単独で規定する必要もない[200]。

共犯の分類以外に、教唆に関する内容も争われていた。

教唆対象となる者が教唆された罪を犯した場合、教唆犯は、「共同犯罪において果たした役割に応じて処罰」すべきである。第22稿での表現は、「本人が教唆した罪に基づいて処罰する」とされていたが、第33稿では、1979年刑法典の言い回しに変更された。その理由は、以下のとおりである。「果たした役割に応じて処罰」することは、「教唆した罪に基づいて処罰する」ことより、共犯量刑上の実質的原則を、より体現することができる。また、「果たした役割に応じて処罰」することは、教唆犯という種類を主犯・従犯の分類と実質的に統一させることができる[201]。

教唆対象となる者が教唆された罪を犯さない場合も、教唆犯について、その教唆行為の社会侵害性を阻却するものでない。理論上、この種の情況は犯罪予備に相当し、犯罪予備の処罰原則に従って処罰すべきであると主張された。または、その種の情況は犯罪未遂に相当し、犯罪未遂の処罰原則に従って処罰すべきであるとも主張された。第33稿では「処罰を軽くし、軽減または免除することができる」とされ、予備犯に相当する。1979年刑法では、「罰を軽くし、又は減軽することができる」とされ、未遂犯に相当する[202]。

第三節 「1979年刑法典」時代の犯罪論

1 1979年刑法典の施行までの刑法学研究

これまで、中華人民共和国初の刑法典の立法経緯を検討してきた。前述のとおり、1949年に中華人民共和国が成立してから、共産党は国民党時代の法律および法学理論を全面的に粛清した。その後、ソビエトの法理論を輸入して、法学の全面的ソビエト化が始まった。

このような時代的背景においては、中国の刑法学も、それまでドイツや日本から輸入、発展してきた刑法学の理論を全面的に放棄することを余儀なく

---

200 高・前掲（注162）33頁。
201 高・前掲（注162）34頁。
202 高・前掲（注162）34頁。

されるとともに、改めてソビエト刑法学の理論を一から輸入し、学び初めた。1950年から1962年の間に、中国はソビエト・ロシアから大量のソビエト刑法学の専門書、資料、法律を翻訳して輸入していた。それと対照的に、他の国からの刑法学に関する専門書を翻訳して紹介することはほぼゼロであった[203]。

これら中国に翻訳、紹介された専門書の中で、ソビエト司法部全ソビエト法学研究所によって編撰された『ソビエト刑法総論』とトライニンの『犯罪構成要件の一般理論』は中国の伝統派刑法学の基礎を築き上げたものと言える。そして、ソビエト・ロシアは中国に対して刑法学理論を輸出しただけではなく、同時に刑法専門家も多数中国に派遣していた。これらのソビエト・ロシアからの刑法専門家は、中国でソビエト・ロシアの刑法理論を教授し、中華人民共和国の第一世代の法律専門家を育成した。例えば、中国の伝統派刑法学者の泰斗と公認される高明暄と馬克昌両氏は、いずれもこの時期にソビエト・ロシアからのベスタロワ（Быстрова）教授の授業を受けていた[204]。

このような時代の流れの中で、中華人民共和国の刑法学はソビエト刑法学を中心に困難を克服しながら出発した。1957年に中華人民共和国の初の刑法教科書『中華人民共和国刑法総則講義』が出版された。しかし、当時の中国では刑法典も存在せず、この教科書の内容には中国独自の内容が殆どないため、中国の学者に1950年の『ソビエト刑法総論』の内容と「高い程度に一致している」と指摘されている[205]。1957年から中国は長い階級闘争の時期に入り、まだ「新生児」のような中国伝統派刑法学もこの時代の嵐の中で夭折した。

その後、1958年に中国人民大学法律系刑法教研室は『中華人民共和国刑法はプロレタリア階級独裁の道具』を出したが、本のタイトルから分かるように、この本は政治的ニュアンスが強く、学術的な視点から刑法学を研究する

203　陳・前掲（注135）9頁。
204　馬氏は1946年に武漢大学法学部に入学し、学部を卒業してから中国人民大学の法律研究課程に入学してそこでベスタロワの刑法学の授業を受け、1952年に同課程を修了した。高氏は1949年に北京大学法学部に入学して、1951年7月に中国人民大学の法律研究課程に入学し、そこでベスタロワの刑法学の授業を受け、1953年に同課程を修了した。
205　焦旭鵬「蘇俄刑法知識引用及其反思」（陳・前掲（注135）11頁から引用した）。

第一章　中華人民共和国「1979年刑法典」時代の犯罪体系　*91*

ものではなく、政治の付属品にすぎなかった。このような政治が主導権を握る「法への虚無主義」の時代は1970年の半ばまで続いていた。1976年に北京大学法律学系刑法教研室が出版した『刑事政策講義』は、この時代において唯一刑法や刑事政策を述べる著作である。しかし、この本は単に表面上刑事政策を検討しているように見えるだけで、実質的にやはり政治思想を中心的な内容としていた[206]。

中国の刑法学者陳興良は、この時代の刑法学に関して、「一、政治的用語が学術的用語に取って代わること」、「二、政治的判断が規範的判断に取って代わること」、「三、政治の論理が法律の論理に取って代わること」という3つの特徴があると評価して、「科学としての刑法学は死亡した」と嘆いていた[207]。

2　1979刑法典時代の刑法学研究

前述したように、1979年7月1日に中華人民共和国初の刑法が公布され、1980年1月1日に施行された。刑法典の公布とともに、政治闘争の時代に夭折した中国の伝統派刑法学も蘇生し、再出発した。この時代にいくつかの伝統派の理論基礎を築き上げた著作が出版された。これらの伝統派刑法学の著作における刑法理論の具体的内容は、すでに別稿で検討したことがあるので[208]、ここでは次の表を参照しながら、伝統派理論の全体構造を検討したいと考えている。

①『刑法学』

高明暄が主編を、馬克昌が副主編を担当した『刑法学』という教科書は、1982年に出版された。まだ一部の政治的用語が挟まれていたが、高氏と馬氏は、この教科書において1979年の刑法典の規定に基づき、ソビエト刑法を基礎にした中国独自の理論刑法学を展開した。中国の刑法学者たちに「中国刑法学の道を創出した」大作と非常に高く評価され、今でも中国の伝統派刑法学および大学教育に大きな影響を与えている[209]。

206　陳・前掲（注135）12頁。
207　陳・前掲（注135）12〜14頁。
208　本書第一部参照。

表 3 「1979 年刑法典」時代の犯罪論体系の比較

ピオントコフスキー『ソ連刑法総論』1950 年	トライニン『犯罪構成の一般理論』1958 年	ベスタロワ『ソビエト刑法蘇総則〔専修科講義〕』1952 年	高銘暄『刑法学』1982 年	李光燦『中華人民共和国刑法論』1984 年	馬克昌『犯罪通論』1991 年
第四編：犯罪論 **第14章 犯罪概説** 第15章 犯罪の客体 第16章 犯罪構成の客観的要件 第17章 犯罪の主体 第18章 犯罪構成の主観的要件 **第19章 社会侵害性を阻却する行為** 第20章 犯罪発展の段階 **第21章 共犯**	第四章 犯罪の概念と犯罪構成 **第八章 犯罪構成要件の分類** 客体、客観的側面、主体、主観的側面 第十一章 犯罪構成と総則の問題 四 犯罪構成と共犯 五 犯罪構成と予備、未遂行為 **第十二章 犯罪構成と刑事責任を阻却する根拠**	第三講 ソビエト社会主義刑法における犯罪理論 一 犯罪の概念 二 犯罪構成要件の概念 三 犯罪の客体 四 犯罪の客観的側面 六 犯罪の主体 八 犯罪の主観的側面 九 社会侵害性を阻却する状況 十 故意犯罪の発展の段階 第四講 ソビエト社会主義刑法における共犯理論	第八章 犯罪構成 第九章 犯罪の客体 第十章 犯罪の客観的側面 第十一章 犯罪の主体 第十二章 犯罪の主観的側面 **第十三章 社会侵害性を阻却する行為** 第十四章 故意犯罪の段階 **第十五章 共犯**	第二章 犯罪 第一節 犯罪の階級本質と社会的根拠 第二節 犯罪と刑事責任 (三) 犯罪構成の共同要件 第三節 犯罪における因果関係 第四節 刑事責任年齢 第五節 故意犯罪 第六節 過失犯罪 **第七節 刑法における刑事責任を負わない状況** 第八節 犯罪の予備、未遂と中止 **第九節 共犯**	第一編 犯罪構成 **第二章 犯罪構成要件論の概述** 第三章 犯罪の客体 第四章 犯罪の客観的側面 第五章 犯罪の主体 犯罪の主観的側面 第二編 犯罪の形態 第七章 故意犯罪の段階分けの犯罪形態 **第八章 共犯** 第九章 一罪と数罪 **第三編 犯罪性を阻却する行為**

　表から分かるように、両氏はこの教科書の犯罪論において、基本的にピオントコフスキーが『ソビエト刑法総論』で主張し、そしてベスタロワが『ソビエト刑法総則〔専修科講義〕』で主張したソビエト・ロシアの通説的な四要件の犯罪構成要件論を受け継いだ。他方で、この教科書にはトライニンの

209　この『刑法学』は 2017 年に第 8 版が出版されて、今でも中国政府の国家企画教科書として中国の大学で広汎に使われている。

『犯罪構成要件の一般理論』の影響はあまり見えない。例えば、この教科書には、犯罪構成要件と刑事責任、社会侵害性があまり論じられず、社会侵害性を犯罪構成の客観的側面の中で論じていた[210]。そして、共犯論においては、ソビエト刑法学のように分業による解釈を採らず、作用による解釈を取っていたが、共犯の成立要件などの具体的な解釈において基本的にソビエト刑法学と同じ立場を取っていた[211]。

② 『中華人民共和国刑法論』

ほぼ同じ時代の教科書として、1984年に出版された『中華人民共和国刑法論』がある。主編は李光燦であり、馬克昌は副主編を担当していた。面白いのは、この本は1984年に出版されたが、完成した時期は1981年1月だということである。そして前述の『刑法学』の完成した時期は1981年9月である。

この『中華人民共和国刑法論』では、第二章の第二節で四要件の犯罪構成要件論を検討していたが[212]、本の実際の構造としては体系的な犯罪論を採らず、因果関係、責任年齢、故意、過失などの犯罪の成否に関する要素を直接に論じていた。そして、伝統派の四要件の犯罪構成要件理論によれば、刑事責任年齢と責任能力の問題は一般的に「主体」の中で論じられている。しかし、この本においては、先ず刑事責任年齢を単独の一節とした。そして、「刑法における刑事責任を負わない状況」という節の中で、再び刑事責任年齢が、責任能力が欠如する状況と正当防衛、緊急避難と一緒に論じられていた[213]。また、共犯においては、刑法典に沿って作用による分類の共犯解釈を採っていたが、その後に昔の共犯制度を紹介するという理由で分業による共犯解釈もしていた[214]。この本の体系上の未熟性から考えれば、確かに『刑法学』より先に完成されたものだと考えられる。

③ 『犯罪通論』

1991年に馬克昌が主編を担当する『犯罪通論』が出版された。この本は伝統派刑法学理論を集大成したものであり、今でも伝統派刑法学者の経典の1

---

210 高銘暄・馬克昌（主編）『刑法学（第五版）』（2011年）116頁以下。
211 高/馬・前掲（注210）186頁以下。
212 李光燦・馬克昌・寧漢林（主編）『中華人民共和国刑法論』（1984年）123頁以下。
213 李/馬/寧・前掲（注212）243頁以下。
214 李/馬/寧・前掲（注212）281頁以下。

つである。この本は、四要件の犯罪構成要件論を採っているが、『ソビエト刑法総論』におけるピオントコフスキーの理論より、トライニンが『犯罪構成要件の一般理論』の中で主張した理論に近いと考えられる。

まず、『犯罪通論』は、『ソビエト刑法総論』と同じように社会侵害性を犯罪の客観的側面の中で検討するのではなく、トライニンの理論と同じように社会侵害性の判断基準を独立に論じていた[215]。そして、共犯の体系的位置づけに関しても、この本は、『ソビエト刑法総論』が採っていた「犯罪構成要件―社会侵害性を阻却する状況―共犯」という構造ではなく、『犯罪構成要件の一般理論』と似たような『犯罪構成要件―共犯―犯罪性を阻却する行為』という構造を取っていた。また、共犯論において、従来の伝統派が取っていた作用の一元的分類法による共犯の解釈を採っておらず、分業・作用の二元的分法による解釈を採っていた[216]。馬氏が、分業による共犯の解釈をも採っていた理由として、理論の正確性以外に、馬氏自身の経歴にも原因があると考えられる。

馬氏は中華民国時代の末の1946年に武漢大学法学部に入学し、中華民国時代の独日派の刑法理論を系統的に勉強したことがある。卒業して武漢大学で教員になっていたが、政権交代の後、一旦教職から離れて中国人民大学の大学院に再び入学し、ソビエト刑法理論を勉強していた。そのために、馬氏は独日派の刑法理論を「暗黙」のうちに若干支持していたかもしれない。なぜなら、『犯罪通論』では、馬氏は確かに四要件の犯罪構成要件論を取っていたが、犯罪論体系についてドイツのリスト、ベーリング、メッガー、コーラー、そして日本の大谷實、西原春夫、瀧川幸辰の犯罪論を紹介しており、そして、因果関係、不作為、故意、過失、共犯などの犯罪論のすべての具体的な問題点に関して独日派の理論を詳細に紹介していたからである。

馬氏がこの本の中で主張した観点はさておき、文量だけをみれば、『犯罪通論』の中の具体的問題点における「ソビエト刑法学の理論」と「独日派刑法学の理論」との文量はほぼ半分半分である。故に、『犯罪通論』は当時の伝

---

215 馬克昌（主編）『犯罪通論』（1991年）18～21頁。
216 馬・前掲（注215）509頁以下。なお、伝統派の共犯理論の具体的内容については、本書第一部24頁以下参照。

統派刑法学理論の集大成であるだけではなく、中国当時の独日派の刑法学理論の集大成でもある。

④『犯罪構成系統論』

この時代の伝統派刑法学にとって、もう１つ影響を持っていた理論書は、何秉松の『犯罪構成系統論』である。何氏は、この本において、四要件犯罪構成要件論の４つの要件の関係が単なる総和ではなく、「有機的統一体」という関係にあると主張していた。『刑法学』も『犯罪通論』も犯罪構成は有機的統一体だと述べていたが[217]、「有機的統一体」というのはどういう関係であるかについての詳しい説明はなかった。何氏は「有機的統一体」という関係を具体的に検討し、伝統派刑法学に対して四要件の関係に関する理論的根拠を提供した。何氏は、「有機的統一体」を具体的に以下のように説明している。

すなわち、「現実生活では、全ての犯罪は主体が法律で保護される客体に対して行う侵害であるが、主体は一定の媒体を通じる場合に限って客体に作用を及ぼす。こうして全犯罪構成の基本構造が形成されるようになる。すなわち犯罪の主体—仲介—犯罪の客体である。ここでは犯罪の主体と犯罪の客体は、犯罪構成という有機的統一体の両極になる。この両極を繋ぐ媒体は、犯罪の主体が行った犯罪活動である。いかなる犯罪活動も、人間の意識により行ったもの、あるいは人間の内在的主観意識とその客観的外部犯罪活動の統一であるため、それを犯罪活動の主観的側面（犯罪の主観的側面に略称）と犯罪活動の客観的側面（犯罪の客観的側面に略称）に分けることができる。このようにして、次の図２に示すように犯罪構成という有機的統一体の基本構造が形成される[218]。

「もし１つの具体的な犯罪過程を１つの動態系統構造としてみれば、犯罪の主体と犯罪の客体がこの系統構造を構成する両極に当たると思われる。そのいずれの一極を欠いても、犯罪の系統構造を構成できなくなり、犯罪活動

217　高／馬・前掲（注210）100頁、馬・前掲（注215）67頁。
218　何秉松『犯罪構成系統論』（1995）111頁、なお、長井圓＝馬強訳「犯罪構成概論　何秉松・刑法教科書（総論編３章〜８章）」神奈川法学33巻２号（2000年）（491頁）228頁。
219　何・前掲（注218）112頁。

図 2　犯罪構成系統論[219]

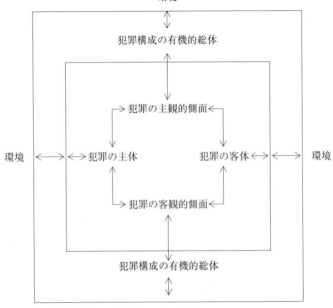

も社会的危害性も生み出されない。実際には、いかなる犯罪も犯罪の主体の侵害的な対象活動の一種にすぎない。ここでは、犯罪の主体と犯罪の客体は、対立しながら統一し合う関係に立ち、当然に互いに規定しあう前提となる。犯罪の客体を離れては犯罪の主体を論ずることはできず、犯罪の主体を無視しては犯罪の客体を論ずる意味がない。なぜなら、いずれか一方を除くと、侵害の対象活動の系統構造が成り立たないし、もちろん、互いに作用し合う機能的関係も生み出さないからである。主体なき対象活動も客体なき対象活動も考えられないものである。同様に、侵害の対象活動が欠ければ、犯罪の主体と犯罪の客体の対立、統一関係が成り立たないだけでなく、両者とも犯罪の主体と犯罪の客体としての本来の性質も失い、関係のない単純な客観的存在物に変わる。

　再び犯罪活動自身に触れてみるに、犯罪の主体と犯罪の客体を連結する媒

体として、犯罪活動は犯罪行為などの客観的側面の各要素と犯罪思想意識などの主観的側面の各要素を総括して包含する統一体である。このような両面も不可的に関連し、いずれの面を欠いても、統一した犯罪活動過程の構成ができなくなる[220]。」

この「有機的統一体」という用語は、「同時存在」を意味するとする見解もある[221]。四つの要件はお互いがお互いの前提となるという関係にあり、犯罪の成立には必ず四つの要件の同時存在を要求し、お互いに確定的な、検討される前後関係あるいは順番は存在しないからである。このような「有機的統一体」は実在の立場からではなく、当為の立場から四要件の相互関係を説明している。

しかし、「四要件」とは、統一的な「犯罪」というものを四つの側面から見たものであって、四つの独立した要素が併存することで「犯罪」になるという主張ではないと考えることができよう。言い換えれば、「犯罪」に対するアプローチ方法が、「段階的な体系」とは全く異なるのだと考えることもできよう。

---

220 何・前掲（注218）112〜113頁、長井/馬・前掲（注218）(489〜490頁) 229〜230頁。
221 陳・前掲（注2）259頁。

第二章　ソビエトの犯罪体系および
　　　　その中国への輸入

第一節　概　観

　前述したとおり、1949 年に中国共産党が政権を取って、国民党時代の「旧法司」に対する全面的な粛清を始めた後、全面的なソビエト化が始まった。1950 年代の中国では、まだ自国の刑法典が存在しないうちに、全面的なソビエト化の中で旧ソ連からソビエト刑法学の理論が輸入されていた。このような背景の中で、1950 年から 1962 年までに中国に翻訳、紹介されたソビエト・ロシアの刑法学の著作および資料は合計 53 件もあるのに対して、他の国の刑法学の著作および資料が中国に翻訳、紹介されることはほとんどなかった[222]。

　その中で最初に中国に翻訳されて紹介されたのは、1950 年に出版された、ソビエト司法部全ソビエト法学研究所が主編した『ソビエト刑法総論』[223]である。この教科書の「第四編　犯罪論」の執筆者はピオントコフスキー (A.A. Пионтковский 1898-1973) である。ピオントコフスキーはこの教科書において詳細にソビエト刑法学の「四要件」に基づく犯罪構成要件論を論じていた。これは中国に初めて輸入された四要件の犯罪構成要件論であり、中国の四要件の犯罪構成要件論の「根源」とも言えるであろう。そして、その時期において、後世の中国伝統派の刑法学に大きな影響を与えていたもう一つの大著は 1958 年に中国語に翻訳され出版されたトライニンの『犯罪構成要件の一般理論』である。1957 年から中国は階級闘争の動乱時代に入ったので、トライニンの学説は当時はあまり注目されていなかった。しかし、1980 年代以

---

[222]　陳・前掲（注 135）9 頁。
[223]　ソビエト司法部全ソビエト法学研究所（主編）彭仲文（訳）『蘇聯刑法総論』(1950 年)。

降に中国の刑法学研究が刑法典の誕生を端緒に再出発したとき、トライニンの『犯罪構成要件の一般理論』はすぐに中国伝統派学者に注目され高く評価されるとともに、伝統派刑法学理論の１つの基礎になっていった。

しかし、ピオントコフスキーの犯罪構成要件論とトライニンの犯罪構成要件論とでは、見解が一致しているわけではない。その見解の対立は、決してソビエト・ロシアの刑法学界の論争に止まらず、中国伝統派学者の理論の中にも反映されている。中国伝統派学者の犯罪構成要件論は第二部の第一章ですでに検討したので、本章では、その元となるピオントコフスキーとトライニンの犯罪構成要件論を検討する。

第二節　ピオントコフスキー（А.А. Пионтковский）の犯罪構成要件論

ピオントコフスキーは『ソビエト刑法総論』の「第四編犯罪論」において、8章に分けてソビエト刑法学における犯罪論を論じていた。ここではピオントコフスキーの犯罪構成要件論に関して、一、犯罪の概説；二、犯罪の客体；三、犯罪構成の客観的要件における犯罪行為の社会侵害性と違法性；四、犯罪の主体；五、行為の社会侵害性を免除する状況；六、共犯を中心に検討する。

1　犯罪の概説[224]

まず、ピオントコフスキーは、構成要件は、各則の特別要件と総則の一般要件を合わせた、刑罰権発生要件の総体だと理解している。すなわち、（ソビエト連邦）各加盟国の刑法典総則に規定される犯罪の一般的概念は、法典の各則の個別犯罪構成要件の種類の中で具体化されるのであり、その犯罪要件の総体は、犯罪構成要件と呼ばれるとするのである。

このように刑罰権発動要件の総体としての――法律に明記された――構成要件を重視するのは、公正な裁判実現のためである。これは、換言すれば、

---

[224] ソ／彭・前掲（注223）314～321頁。

素人中心の人民裁判所による裁判のばらつきを抑え、それによって国家の権威と国家への信頼を維持するという理由による。彼は、次のように述べる。すなわち、犯罪行為におけるそれぞれの犯罪構成要件を確定するのは、社会主義的に公正な裁判を実現することに対して特に重要な意味を持つのであり、刑事裁判所はある犯罪に対して、この犯罪に対する法律に明文で規定された刑罰しか適用できない、犯罪行為に対する正確な分類は、公正な刑事裁判による社会主義的法制を実現する必要条件であり、犯罪行為に対する不正確な分類は、ソビエト人民が法律に表した意思に反し、社会主義的に公正な裁判の合理的な執行を阻害し、労働者の心にある信頼を喪失させ、さらに国家と各公民の利益を害する可能性もあるというのである。

その構成要件は、それぞれの犯罪に共通して、四つの基本的要件により形成されるとする。すなわち、一、犯罪の客体、二、犯罪の客観的要件、三、犯罪の主体、四、犯罪の主観的要件である。そして、犯罪構成要件のこの四種類の要素のうち、1つでも欠ければ、犯罪は成立しないとされる。

ピオントコフスキーは、ここにいう構成要件が、行為者の責任能力や故意・過失を含む一般的構成要件であることを再度強調する。すなわち、われわれは個別犯罪構成を一般化して、これで犯罪構成の一般的概念を作り出すのであり、犯罪構成の一般的概念そのものは、全ての個別犯罪構成に有する全ての基本要素を揃えなければならず、従って、犯罪構成要件の概説においては、全ての犯罪が具備する犯罪の客体、犯罪構成の客観的要件、犯罪の主体、犯罪構成の主観的要件など要素の共通性を研究すべきだとするのである。

ここから、彼は、犯罪構成要件において犯罪構成の客観的要件だけを探究し、故意・過失という責任形式を除外したり、犯罪の主体に関する叙述を除外したりする主張を誤りであるとする。

また、犯罪の客体は、犯罪が攻撃する社会関係(「社会主義的社会関係」)を意味するものとされる。これは、実質的な違法論と──同一か否かについては、以下で述べるトライニンとの論争問題になっているが──密接に関係する概念である。

加えて、客観的要件と主観的要件に分けられる犯罪行為についても、その

客観的および主観的要件の必然的統一であって、理論を分析するときのみ、はじめて犯罪行為の各客観的、主観的要件を分けて検討しうるとされる。同時に、各犯罪の社会侵害性はその客観的要件であり、犯罪行為がソ連の現行社会関係を侵害すると、同時にソ連のある法律規範に違反したことになるので、行為の社会侵害性はその行為の違法性をも表しているとされる。

　他方、形式上はある犯罪構成要件に当てはまる行為であるが、その行為がある特別な状況において行われた場合には、この特別な状況の存在が行為の社会侵害性と違法性を阻却しうるとされる。もっとも、このような状況における多くの問題を解決するときには、先に犯罪構成の主観的要件に関する判断が必要とされるので、行為の社会侵害性を阻却する状況の理論は、犯罪構成の客観的要件と主観的要件の後で検討されるという。しかし、いずれにしても、いわゆる違法性（ないし責任）阻却事由に当たるものが存在する場合には、構成要件そのものが欠落することになる。

　犯罪の主体には、一定の年齢を超えた、責任能力を持つ自然人のみがなりうるとされ、そしてこれもまた、犯罪構成の概説に属するものとされる。つまり、理論的には、責任無能力者には最初から犯罪を論じる意味がないことになるのである。

　犯罪構成の主観的要件では、まず故意・過失という責任形式を検討すべきであるとされる。人の行為に責任が存在しなければ、たとえその人の行為が社会を侵害した結果を引き起こしたとしても、犯罪は成立しえないとするのである。もっとも、注意深く見ると、ここでは、責任のない社会侵害があることが前提とされている。

　責任という犯罪構成の主観的要件の要素以外に、その他の主観的要件の要素も存在する。

　例えば、行為の動機も一種の主観的要件である。行為の動機とは、行為者が犯罪を実行する衝動である。実際には、一定の動機がなければ、故意の犯罪を実行しえない。しかし、多くの故意犯においては、行為の動機は犯罪構成要件の外で検討される。例えば、身体傷害罪においては、犯行の動機は復讐であるか、憎悪であるか、嫉妬であるか、いずれにしても、身体傷害罪の成立自体に影響を与えない。

なお、罪刑法定主義の強調が見られることも、看過してはならないであろう。彼は、「法律の成文規定がなければ、犯罪にならない」という原則は、ヨーロッパの資本主義先進国が確立した刑法の1つの基本的原則であると述べ、この原則を立法において貫徹するためには、刑事法において各犯罪の構成要件が明確に規定されることが要求されるとする[225]。

概説の最後に、彼は、罪体（Corpus delicti）に触れる。すなわち、罪体という概念は、中世の刑法学においてすでに成立していたが、当時は訴訟法上の意味しかなく、それは客観的徴表の総体を意味するにすぎなかったと。そして、18世紀末から19世紀の初めにおいて、刑法典を編成するために、各犯罪の個別的成立要件が規定されるとともに、構成要件の概念も実体法に移植されたとする。この説明は、ベーリングの特別構成要件中心の体系構成に触れていない点で、まさに、ベーリング以前の19世紀中庸におけるドイツ刑法学の通説的な見方を反映したものである。

2　犯罪の客体[226]

ピオントコフスキーは、犯罪の直接ないし究極の侵害客体を社会関係であるとする。すなわち、我が国において、全ての犯罪行為が直接的にまたは間接的に侵害するのは社会主義社会の社会関係であるというのである。同時に、その行為は社会主義法律の規定にも違反するという。つまり、犯罪の客体は社会主義の社会関係であると同時に社会主義国家の法規範だというのである[227]。

また、ここでピオントコフスキーは、ブルジョアジーの刑法学者たちのうち、古典学派は犯罪の客体を法規範とし、社会学派はこれを（生活利益としての）法益とするという認識を示している。具体的には、古典学派の代表とし

---

[225] この点は、1930年に「各則なき刑法典」―いわゆる「クルイレンコ草案」―をも生み出した1920年代のソビエト・ロシア刑法学が、1930年代以降、法定の構成要件重視に転換したことを象徴した記述である。なお、「クルイレンコ草案」については、中山研一＝上田寛［訳・解説］「クルイレンコ草案――いわゆる『各則なき刑法典』草案・1930年 (1)(2・完)」法律時報46巻6号（1974年）223頁、同46巻7号（1974年）98頁参照。

[226] ソ/彭・前掲（注223）323〜327頁。

[227] これを規定するのがロシア刑法典第6条である。

てビンディンクが、社会学派の代表としてリストが挙げられている。さらに、ロシア帝国時代の刑法学者タガンツェフは、法規範説を主張したとされている。これに対してピオントコフスキーは、規範を社会関係から隔離した環境で探究したと批判する。他方、法益説に対しては、これはドイツのイェリングがブルジョアジー国家の強制的圧迫を弁護するために唱えた学説であって、このような理論は浅い経験論に基づくものであり、ブルジョアジー社会の階級の分裂と衝突を隠ぺいするものであると批判する。

しかし、総じて見れば、ピオントコフスキーの見解は、社会関係による裏付けを条件としてではあるが、規範違反説に親和的であると言えよう。

3　犯罪構成の客観的要件における犯罪行為の社会侵害性と違法性[228]

ソビエト刑法典第6条およびその他の加盟国の刑法典の関連条文によれば、全ての犯罪は、その客観的性質から考えれば、社会を侵害する作為または不作為であり、すなわちソビエト制度の基盤または労農政権が築いた共産社会への過渡期の法秩序に対して危険な作為または不作為であるとされる。そこで、ピオントコフスキーは、法律がある作為または不作為を犯罪として規制することは、その作為または不作為の社会関係および制度に対する社会侵害性を表しているという。

同時に、社会を侵害する作為または不作為は常に法律の一定の規範に違反する行為であるから、犯罪は、客観的性質から言えば、社会に対して危険な行為であるばかりでなく、同時に違法な作為または不作為でもあるとする。しかし、ここで彼は、実質的に社会侵害的な行為に対しては類推を許容し、他方で、実質的に社会侵害的でない行為に対しては刑罰を科さないとする。つまり、社会侵害性という実質的要件が、形式的な犯罪の範囲を拡張したり縮小したりするのである。

そこで、実質的に社会侵害性がない、いわゆる違法性阻却事由に当たる行為として、7つのものが列挙される。①正当防衛、②緊急避難、③被害者の同意、④公務員の職務執行、⑤拘束命令の執行、⑥自己の権利の実行、⑦法

228　ソ/彭・前掲（注223）328～330頁。

令の執行である。これらの行為は、合法的行為であるから、形式において違法ではなく、実質的にも社会侵害性がなく、社会に対する有益な行為であるとされる。もっとも、明文にあるのは正当防衛と緊急避難だけなので、これら以外の行為の社会侵害性（違法性）[229]を免除する状況に関しては、ソビエト刑法の解釈論と裁判所の判断によって解決するとされる。つまり、社会侵害性（違法性）は全ての犯罪の客観的性質であって、行為に社会侵害性がなければ、その行為は犯罪構成要件に該当しないとされなければならないのである。これは全ての犯罪に存在する客観的性質であり、全ての犯罪を構成する客観的要件だとされる。

ここで、ピオントコフスキーは、違法性を構成要件から除外するベーリングの見解を批判する。すなわち、違法性を犯罪構成要件の外で検討するという考え方は、反動的な新カント主義の思想、すなわち「存在」と「当為」を厳格に対立させる思想と緊密に関連しているのであり、この考え方によれば、違法性は法規範に違反した犯罪行為自身の性質ではなく、単なる裁判所の行為に対する評価になってしまう。このような理論の反動的な政治的意義は、ブルジョアジー裁判所の裁量権を拡大し、その合法性を破壊したところにあるとするのである[230]。

4 共　犯
①共犯の種類

ピオントコフスキーは、共犯について、当時のロシア社会主義連邦ソビエト共和国刑法典の規定[231]に基づき、以下のように説明していた。

まず、彼によれば、共犯とは、二人または二人以上が予謀して故意の罪を共同に実行することである。共犯の１つの形式は、各人全員が犯罪構成要件に該当する行為の直接的実行に参加するものである。これは、いわゆる共同正犯である[232]。

そして、ピオントコフスキーは、狭義の共犯についても、ある共同の犯罪

---

[229] このカッコはピオントコフスキーが書いたものである。
[230] 合法性の破壊とは、違法性阻却事由についても、刑法典の明文規定による裁判の拘束（＝法定主義）を貫くべきだとする評価を背景したものと思われる。

行為であると説明していた。この行為において、共犯者らは役割を分担する。一部の人はこの犯罪構成要件を実現する行為を直接的に担当する（実行）。その他の人はこの犯罪構成要件を実現する行為を間接的に担当する（幇助と教唆）。狭義の共犯に対しては、刑事責任の特殊な規定が存在する。共犯という言葉は、一般的にこの種の共犯を指す[233]。

また、共犯の刑事責任の基礎について、ピオントコフスキーは、①共犯の客観的側面として、共犯の行為と実行犯が行った犯罪事実との間に因果関係あること、②共犯の主観的側面として、これを常に故意に限定することという2つの要件があると考えていた。さらに、彼は、共犯は何らかの各論的な刑事責任ではなく、あくまでもソビエト刑事立法が規定する刑事責任の総論の原則を犯罪の実行に適用する特殊的形式にすぎないと、説明していた[234]。

具体的には、ピオントコフスキーは、共犯関係の各種類を以下のように考えていた。すなわち、犯罪を実行する者は実行犯である。当該犯罪構成を実行するある行為に参加した者は全て実行犯である。例えば、殺人においては、直接に殺害行為を実行した者だけを実行犯とするのではなく、殺害行為に当たる致命的な打撃が行われるときに、被害者の手を拘束する者も実行犯である。その役割の分担の如何に関わらず、犯罪の実行時に被害者の行為を妨げる者も実行犯である。その者には、17条の共犯規定を適用する必要は

231　第17条　裁判＝矯正的性質の社会防衛処分は、罪を実行した者―正犯―にも、またそれに加担した者―教唆者および幇助者―にも共に適用される。
　　教唆者とは、罪を犯すに至らしめた者をいう。
　　幇助者とは、勧告、暗示、手段の提供、障害の除去によって、または犯人の蔵匿もしくは罪跡の隠滅によって、犯罪の実行を援助した者をいう。
　　第18条　裁判＝矯正的性質の社会防衛処分は、共犯者の各自につき、当該犯罪に対する加担の程度、並びにその犯罪および加担者の危険性の程度に応じて決定される。
　　実行された、または準備中の罪を届出なかったため裁判＝矯正的性質の社会防衛処分が適用されるのは、本法典にとくにその旨が規定してある場合に限る。
　　犯人の蔵匿もしくは罪跡の隠滅も総則の幇助犯に含まれる点では、1926年ロシア刑法典は1851年プロイセン刑法典37条と同じである。また、共同正犯の関する明示の規定がない点でも、両者は類似している。さらに、特定の犯罪に対する不親告罪について総則で言及している点は、プロイセン刑法典39条と似ている。なお、法務大臣官房調査科『法務資料』第338号（1955年10月）7頁も参照。
232　ソ/彭・前掲（注223）441頁。
233　ソ/彭・前掲（注223）441頁。
234　ソ/彭・前掲（注223）442〜443頁。

ない。実行者が実行した犯罪に基づき、その他の各共犯者の刑事責任を論ずる。各共犯者は実行者と同一の条文によって処罰する[235]。

他人に犯罪の実行を勧誘する者は教唆犯である。客観面から言えば、教唆犯は他人が一定の犯罪行為を実行することを決意させたことを要する。この決意させたことについては、教唆行為と実行犯の行為との因果関係の確定を要する。主観面から言えば、教唆犯は常に故意による行為である。その故意には、以下の事実に対する予見（認識）が必要である。①犯罪を構成する全ての客観的要素、②行為と犯罪結果との間の因果関係の一般的な経過、①の予見に従い、教唆犯の行為は必ず一定の犯罪行為（殺人、窃盗、強盗）を目的とする必要がある。②の予見に従い、教唆者の意図には自覚的意識が必要である。すなわち、自己の行為が被教唆者をして一定の犯罪を実行するという決意を引き起こすことについての認識が必要である[236]。

幇助犯とは、勧告、暗示、手段の提供、障害の除去によって、または犯人の蔵匿もしくは罪跡の隠滅によって、犯罪の実行を援助した者をいう。その客観的側面においては、以下のものが含まれる。すなわち①狭義における幇助と②犯罪の隠匿である。①狭義における幇助は、犯罪実行の援助を予定する。従って、幇助は犯罪の終了までになされなければならない。そして、②犯罪の隠匿は、犯罪隠匿の援助または罪跡の隠滅として現れる。主観的側面としては、幇助行為は、故意的でなければならない。狭義における幇助犯の故意の要素としての予見には、まず、実行者によって実行された犯罪構成要件の客観的側面を形成するすべての事実的事情が、そして、幇助者の行為と実行者によって実行された犯罪との間の因果関係の予見が含まれる[237]。

組織犯とは、犯罪団体を創設し、又はこれを指導する者、又は犯罪の計画を作り、又はその実行を指導する者である。組織犯は、団体によって実行された犯罪のすべてに対して特に重い刑事責任を負う。この場合の組織犯の責任に関して、組織者による他の組織の全構成員との間の事前の協定も、組織者による特定の者が当該犯罪団体に所属しているということの認識も、具体

---

235 ソ/彭・前掲（注223）448頁。
236 ソ/彭・前掲（注223））449頁。
237 ソ/彭・前掲（注223）450〜451頁。

的な予備または実行される予定の犯罪に関する認識も全く要求されない。しかし、これは客観的側面だけによって組織犯が刑事責任を追及されるということではなく、刑事責任は、組織犯の行為と彼による一般的な犯罪的故意の中に見出されるのである。ロシア共和国刑法典第 58 条の反革命組織の組織者と第 59 条の盗賊行為の組織者はこの組織犯に当たる[238]。

②**共犯論における具体的問題の検討**

共犯論におけるいくつかの具体的問題について、ピオントコフスキーは以下のように考えていた。

第一は、過失犯に対する故意の教唆または幇助には、共犯は成立せず、教唆者または幇助者は独立の実行犯として考えられるという。例えば、A が B に対して、実弾が入っていることを隠し、B の敵 C に実弾が入っていない銃で発砲することを唆して C が死亡した場合、B が A の道具と考えられ、A には故意殺人既遂罪が成立する。実弾が入っていることに対して、B が予見すべきである場合には過失犯が成立し、予見すべきではない場合には無罪である[239]。これは、故意のない者を利用する間接正犯に相当する。

第二は、故意犯に対する過失による教唆または幇助も、共犯として処罰されないということである。たとえば、A は、うっかりと自己所有の拳銃をテーブルに置き忘れ、A の友人 B は、ずっと前から殺人を予謀しており、拳銃などの殺人道具がないために実行できなかったが、A の拳銃を発見してそれで殺人をした。この事件においては、A を B の共犯として処罰してはならない[240]。ここでは、いわゆる「故意への従属性」が前提とされている。

第三は、犯罪の発生は、各人の純粋な過失によるものなら、共犯が成立しない。それは、各人の過失行為の間に共犯の成立に必要とされる意思連絡がないからである。例えば、駅長 A は職務の不注意によって、運転手 B に対してすでに他の列車に入っている軌道への発車の命令を出し、運転手 B も不注意で、指揮者 C からの警報を見逃して、その軌道へ発車して、衝突事故を起こしたという場合、ここで、駅長 A と運転手 B はそれぞれ過失犯の

---

[238] ソ/彭・前掲（注 223）457〜458 頁。
[239] ソ/彭・前掲（注 223）443 頁。
[240] ソ/彭・前掲（注 223）444 頁。

刑事責任を負うが、共犯は成立しない。また、共犯の本質的概念からみれば、駅長Ａの行為を過失衝突に対する過失による教唆と考えてはならないとする[241]。

第四は、実行者が精神病者または未成年者である場合には、共犯は成立しないということである。例えば、精神病者または児童が実行する窃盗を教唆または幇助した場合には、窃盗罪の正犯として論罪すべきである。これは責任無能力者を道具として利用した間接正犯である[242]。ここでは、背後者が実行者の責任能力を誤想した場合は検討されていないことが注目される。

第五は、（身分や目的のような）実行者個人に関係する事情とその他の共犯者の刑事責任との問題は、一律に同じように解決すべきではないということである。しかし、実行者個人に関する事情が彼によって実行された犯罪の社会侵害性の程度の大小を決定する場合には、それらが彼らの故意に包含される限り、他の共犯者の刑事責任に影響するとする。例えば、営利目的の殺人の共犯に関して、たとえ実行者以外の共犯者には行為時に営利目的がないとしても、137条の故意殺人罪ではなく、136条１項の営利目的殺人罪の教唆または幇助に従い処罰する。母親に対して生まれたばかりの赤ん坊の殺害を教唆または幇助した場合には、母親は137条、共犯者は136条１項を適用する。軍人の特別に加重される殺人罪（136条２項）に関して、非軍人の共犯者には136条１項を適用する[243]。非公務員が公務員の職務犯罪に加功した場合には、公務員と同じように処罰する[244]。

241　ソ/彭・前掲（注223）444頁。
242　ソ/彭・前掲（注223）445頁。
243　第136条第１項　故意殺人を―(a) 利欲、嫉妬から（但し第138条に該当しない場合）、またはその他の卑劣な動機から、(b) 過去において故意殺人または身体傷害につき責任を問われ、裁判所によって科せられた社会防衛処分に服役したことのある者が、(c) 多数の人命に危険な、またはとくに残虐な方法で、(d) 他の重大な犯罪を容易にしまたは隠蔽する目的から、(e) 被害者をとくに扶養すべき義務がある者、または (f) 被害者の無援助状態を利用して、なすことは、―10年までの自由剥奪に処する。
　第２項　軍人がとくに加重の事情のもとに殺人をなすことは、―最高の刑罰―銃殺に処する。
　第137条　第136条に揚げた要件なくし故意殺人をなすことは、―8年までの自由剥奪に処する。
　第138条　被害者の暴行または重大な侮辱により、発作的な、はげしい精神的昂奮の状態において故意殺人をなすことは、―5年までの自由剥奪、または１年までの矯正労働に処する。
　以上の規定については、前掲（注231）法務大臣官房調査科『法務資料』第338号81頁参照。

第六は、連座犯（Прикосновенность）を共犯として論ずるべきではないとすることである。連座犯とは、犯罪の実行時には幇助しておらず、犯罪行為の後になされた行為である。連座犯には、犯罪の隠匿、犯罪の黙過（不阻止）、犯罪の不申告が含まれる。他人の犯罪に対して、事情を知って阻止しない行為および事後的に事情を知って申告しない行為についてはソビエト刑法典に規定が置かれていなかった。犯罪の隠匿のみは、「犯人の蔵匿もしくは罪跡の隠滅」という幇助行為として刑法典に規定されていた。ピオントコフスキーは、これに対して、犯罪の実行の援助として現れない隠匿は、共犯とは関係がなく、事前に約束のない隠匿は、犯罪実行への参加の一形式であって共犯ではなく、各則の犯罪として、すなわち、社会主義的に公正な裁判の実現を妨害する犯罪として規定すべきであると主張していた。この点は、1871年のドイツ刑法典などが、このような「事後従犯」を否定し独立の犯罪としたことを想起させるものである。

第三節　トライニン（A.H. Трайнин）の犯罪構成要件論

1　トライニンの理論概観

　犯罪構成要件論の分野において、トライニンの「犯罪構成要件論」以前の状況としては、ソビエト刑法理論のなかでの犯罪構成要件論の研究は極めて少ない[245]。トライニンは1946年に『犯罪構成の理論』、1951年に『ソビエト刑法における犯罪構成要件』、1957年に『犯罪構成要件の一般理論』という犯罪構成要件論に関する著作を3冊書いて、ロシアの犯罪構成要件論を創出した一人でもある。特に、彼の『犯罪構成要件の一般理論』は、今のロシアの構成要件論および中国伝統派の犯罪構成要件論に影響を与えている。故に、中国の伝統派の犯罪構成要件論の内実を把握するためには、トライニンの理論を検討する必要があると考える。
　しかし、トライニンは最初から四要件の犯罪構成要件論を持ち出したわけではなく、長い理論の詮索期があった。例えば、1946年の『犯罪構成要件の

244　ソ/彭・前掲（注223）454〜455頁。
245　上野達彦『犯罪構成要件と犯罪の確定』（1989年）45頁。

理論』を出す前には、トライニンは、1929年に彼の唯一の『刑法総論』において、四要件の犯罪構成要件論ではなく、社会侵害性を犯罪論の基礎としていた。すなわち、彼はこの教科書で「犯罪」を「社会的に危険な行為」に、「犯罪構成要件」を「社会侵害性の主観的、客観的規準」に、「刑罰」を「社会防衛処分」に置き代えたのである[246]。これは、当然に当時の1926年の「ロシア社会主義連邦ソヴェエト共和国刑法典」[247]には、「犯罪」ではなく「社会的に危険な行為」を、「刑罰」ではなく「社会防衛処分」を使っていたこととも関係があるが、トライニンは、刑法の社会学派の立場を発展させ、「社会侵害性の規準の理論」のなかで構成要件論を検討していたという理由もある[248]。この『刑法総論』において、トライニンは、社会侵害性の規準について、以下のように説明していた。

第一は、社会侵害性の主観的規準であり、直接に主体を表明する要件または特性である。その内容は：①行為者の心理状態、健康または病態（責任能力）；②行為者が実施した社会的に危険な行為に対する態度——故意と過失；③行為者が社会的に危険な行為を実施することを支配する動機と目的；④社会的に危険な行為を偶然に実行したかまたは数回実行したか——累犯と常習犯；⑤その他の社会的に危険な行為を実施する人格と関連する主観的側面の要素。ここにあるすべての要件は、行為者（主体）の特徴を表明する要素であり、行為者自身でない。行為者自身はこの規準の要素の一つではなく、上述の各要素を載せる物質的媒介である。

第二は、社会侵害性の客観的基準である。この客観的基準は、2つに分けられる。まずは、（1）社会的に危険な行為の特徴を表す要件には、①社会的に危険な行為の実施段階（予備と未遂）；②社会的に危険な行為の形態（共犯）；③社会的に危険な行為を実施する方法；④行為が引き起こした損害；⑤多数の社会的に危険な行為を実施すること（罪数）が含まれる。そして、（2）社会的に危険な行為の周辺条件、情状には、①社会侵害的行為を実施する時間；

---

246 米鉄南『特拉依寧的犯罪論体系』（2014年）4頁。
247 法務大臣官房調査課『法務資料』第338号（昭和30年）参照。本書では特に明示がない限り、ロシア刑法典というのは1926年刑法典のことをさす。
248 上野・前掲（注245）40〜42頁。

②社会侵害的行為を実施する場所；③社会侵害的行為の分布状況が含まれる[249]。

　1929年から1937年までの間の「法への虚無主義」への反論として、1938年に当時のソビエト法学界の指導者のビシンスキーは、「ソビエト社会主義法学の基本的任務」という報告の中で、「厳格な構成要件と類推の諸問題」に明確に言及し、「厳格な構成要件論」を示唆していた。その後、ソビエトの刑法理論界もビシンスキーの示唆に呼応し、犯罪構成要件理論を中心にした犯罪論体系の構築に力を入れた[250]。このような時代的背景において、トライニンは、「第二次世界大戦」中のドイツ・ナチスの刑法理論に鑑み、さらに西欧のブルジョア刑法理論を研究し、自身の犯罪構成要件論の提出に至った。彼は、1946年に『犯罪構成要件の理論』を出し、その後1951年に『ソビエト刑法における犯罪構成要件』を出し、1957年に『犯罪構成要件の一般理論』までに自身の犯罪構成要件論を徐々に創出、発展させてきた。トライニンは、『犯罪構成要件の一般理論』において、犯罪構成の要件を客体、客観的側面、主体、主観的側面に分けて検討し、そして未遂、共犯、刑事責任を阻却する根拠などを含めた犯罪論に関する様々な問題点を詳細に検討してきた。

　しかし、トライニンにとって、社会侵害性の規準の理論と犯罪構成要件論の機能は決して同じものではない。社会侵害性の規準の判断結果は社会侵害性の存否であるのに対して、犯罪構成要件の判断結果は犯罪の成否である。例えば、社会侵害性の規準が満たされれば、直接に社会防衛処分の発生につながるが、犯罪構成要件が満たされれば、直接に刑罰の発生につながるわけではなく、刑事責任につながるだけである。1929年の『刑法総論』においては、彼は社会侵害性の規準を論じた後に、社会防衛処分を論じていた。しかし、『犯罪構成要件の一般理論』においては、トライニンは、犯罪構成要件と刑罰の関係を論じず、犯罪構成要件と刑事責任との関係を論じた。そして、正当防衛と緊急避難に関しては、『刑法総論』では「社会防衛処分を阻却する事由」と呼んだのに対して、『犯罪構成要件の一般理論』においては「刑

249　米・前掲（注246）57〜58頁。
250　上野・前掲（注245）44〜45頁。

事責任を阻却する根拠」と呼んだ[251]。

2 犯罪構成要件と社会侵害性の関係

　トライニンは、彼の犯罪構成要件論において犯罪構成要件と社会侵害性の関係について、犯罪構成要件要素の総体は社会侵害性をそれ自身によって表現しており、犯罪構成要件は社会侵害性の存在的根拠であると説明している。そのために、社会侵害性は、犯罪構成要件要素の１つではなく、当事者の争いや立証の対象にはならず、犯罪構成要件の立証が成立すると同時に、原則として証明される[252]。そして、トライニンによれば、刑事責任（刑罰を受けべき地位）には、①刑事責任の前提としての責任能力、責任年齢の存在；②犯罪構成要件③犯罪としての特定の、具体的な社会侵害性を持つ行為（刑事責任を阻却する根拠の不存在）という３つ要件が確定されなければならない。

　責任能力や責任年齢が犯罪構成の外にあり、そして犯罪構成に先行する刑事責任の主観的前提とされる理由について、トライニンは、「刑法は犯罪者を彼が心理的に健全であるから罰するのではなく、彼が心理的に健全であるという条件によって罰する」というように説明している。故に、責任能力や責任年齢は、刑事責任の発生にとって絶対に必要であるが、犯罪構成要件の要素とされてはならない[253]。こうして、トライニンは責任能力や責任年齢を犯罪構成要件における犯罪の主体の中で検討するという当時のロシアの通説に対して批判している[254]。

　そして、トライニンは、犯罪構成要件の後に、正当防衛や、緊急避難、法令・職務・命令などの刑事責任を阻却する根拠を検討していた。この「刑事責任を阻却する根拠」という章の最初に、「犯罪としての特定の、具体的な社会侵害性を持つ行為」が刑事責任の１つの要件とされる理由について、以下のように説明していた。

　すなわち、ロシア刑法典の第６条の註は「形式上、本法典各則の任意の条

251　米・前掲（注246）62頁。
252　A.H.トライニン（著）薛秉忠・廬佑先・王作富・沈其昌（訳）『犯罪構成的一般学説』（1958年）64～65頁。
253　トライニン・前掲（注252）61頁。
254　トライニン・前掲（注252）158頁。

項の要件を具備していながら、しかも明らかにそれが軽微なものであると、および有害な結果を伴わないことのゆえに社会侵害性のない行為は、犯罪と認めない」と規定している[255]。なぜ「形式上、本法典各則の任意の条項の要件を具備し」たのに、「犯罪と認めない」かと言えば、それは「犯罪構成要件は、ソビエト法律に規定されている、社会的に危険かつ刑罰を受けるべき行為の全ての主観的要件と客観的要件の総体だからである。この定義から分かるように、犯罪構成要件は次の２つの部分により構成されると考えられる。(1) 要件の総体；(2) 犯罪としての一定の、具体的な、社会侵害性を持つ行為」ということであり、「社会主義刑法の体系においては、犯罪の形式的評価と実質的評価との有機的統一に基づいて、刑事責訴追が拒否されることがありうる」し、「犯罪構成要件の各要素の総体は、行為およびその行為者の社会侵害性を表現しているのであるから、具体的場合において、ある特別な根拠により、社会侵害性がなくなれば、当然に刑事責任もなくなる」ということからである[256]。

「こうして、犯罪構成要件の理論を通して、第６条の註の内容を更なる明確に理解できる。」すなわち、「この規範は、原則として社会的危険行為を形成する構成要件要素の総体に、例外的に社会侵害性が存在しない場合を規定することによって、構成要件の存在を否定し、それを理由に当該行為に対する責任を阻却した。何故なら社会主義刑法において、形式的要件と実質的要件とは切り離されてはならないからである[257]。」

3 共犯論

共犯の刑事責任の根拠に関して、トライニンは、ピオントコフスキーなど

---

255 第六条　社会的に危険な行為とは、ソヴェト体制に向けられ、または労働者＝農民の権力が共産主義体制への移行期にあたって設定した法秩序に違反するところの、すべての作為もしくは不作為をいう。
　　註　形式上、本法典各則の任意の条項の要件を具備していながら、しかも明らかにそれが軽微なものであると、および有害な結果を伴わないことのゆえに社会侵害性のない行為は、犯罪と認めない。
　　以上の規定については、前掲（注231）法務大臣官房調査科『法務資料』第338号2〜3頁参照。
256　トライニン・前掲（注252）267〜268頁。

の学者が主張する当時の通説的見解とはかなり異なる。前述の通り、当時の通説によれば、共犯の刑事責任の根拠については、①共犯の客観的側面として、共犯の行為と実行犯が行った犯罪事実との間に因果関係あること、②共犯の主観的側面として、これを常に故意に限定することという2つの要件があると考えていた[258]。これに対して、トライニンによれば、単独犯罪における行為者でも、共犯における行為者でも、彼らの行為の中に全ての犯罪構成の要素が含まれた場合に限り、特に因果関係と罪過（故意または過失）のような構成要素が含まれた場合に、刑事責任を負う[259]。すなわち、共犯者の間に完全な主観的関連がなくても、共犯は成立しうる。共犯の成立は常に故意に限定するわけではない。実行者がその他の関与者（教唆犯または幇助犯）の意思を知らない場合には、主観的関連の不足は共犯を排除しないということである。逆に、実行者はその他の関与者の意図を了解するが、その他の関与者は実行者の意図を了解していない場合には、共犯は成立しない[260]。この理論の根拠の違いは、トライニンと通説との共犯論における具体的問題の結論の異同を導き出した。

第一に、過失犯に対する故意の教唆には、トライニンは道具理論を取らず、背後者の実行者に対する狭義の共犯の成立を認める。トライニンによれば、教唆犯は比較的狡くて危険な犯罪であり、教唆者は自己の真の意図を隠して実行者に犯罪を行わせることも一般的である。この場合に、実行者は教唆者に利用されたことに気づいていないかもしれないから、たとえ共犯の間に共謀がなくても共犯の成立が可能である[261]。

第二に、教唆犯以外に、幇助も共謀なしで成立可能である。例えば、甲は丙が乙を殺そうとすることを知って、わざと自分の拳銃を丙のところに「忘

257　トライニン・前掲（注252）271頁。これに対して、井上・前掲（注3）90頁は「ここにおいては、ブルジョア刑法学が可罰的違法性の存在根拠としての構成要件論をとった時と同様に『原則＝例外』という関係が用いられていることを知る。……しかし構成要件を充足しているのに何故原則としてしか社会侵害性を体現しないのか、原則としてしか体現しないということは、実は社会侵害性の実在根拠としての構成要件というテーゼと理論的に矛盾する」と批判していた。
258　ソ/彭・前掲（注223）442～443頁。
259　トライニン・前掲（注252）231頁。
260　トライニン・前掲（注252）頁。
261　トライニン・前掲（注252）頁。

れ」た。丙は甲の拳銃で乙を殺した。この場合に、実行者丙は甲の幇助に気づいていなかったが、幇助者甲は丙の行動を完全に認識している。この場合に、甲は丙と事前に共謀していなくても、殺人の共犯になる[262]。つまり、彼は、「片面的幇助」の存在を指摘して、意思連絡は共犯の要件でないとしたのである。

第三に、故意犯に対する過失による教唆または幇助に対して、トライニンは、共犯の成立を否定する。例えば、甲は倉庫から中の物を盗むために、倉庫の錠を壊したが、何らかの理由で自発的に窃盗を中止して去った。乙は、甲が倉庫から窃盗するために穴を開けた後に去ったことを見て、甲が知らないうちにその機会を利用して倉庫から盗んだ場合には、共犯にならない[263]。

第四に、（身分や目的のような）実行者個人に関係する事情とその他の共犯者の刑事責任との問題に関して、トライニンは、各共犯者は彼ら自身が認識している構成要件に対して責任を負うべきであり、共犯者は実行者が持つ加重的事情を認識していれば、それに対して責任を負うべきであり、認識していなければ、それに対して責任を負わないとすべきであると説明している[264]。例えば、一般人が軍人の殺人罪に関与した事例に対して、通説がいう「非軍人の共犯者には136条1項を適用する」という主張に反して、一般人が軍人の殺人に関与していることを認識していれば、一般人にも軍人の特別加重の殺人罪（136条2項）を適用すると主張する[265]。そして、トライニンによれば、職務犯罪に関して、実行犯（正犯）になれるのは公務員だけであり、公務員の犯罪（職権の濫用と公務上偽造）に関与した一般的人は、組織犯、教唆犯、幇助犯になれるのみであり、実行犯にはなれない[266]。賄賂罪について、ロシア刑法典は、贈収賄の仲介者は贈賄罪（118条[267]）の責任を負うと規定していた。しかし、トライニンはそれに反対して、仲介者が収賄側に加担した場合に収賄罪（117条）の共犯として、彼が贈賄側に加担した場合に贈賄罪（118条）の共犯として処罰されると主張する[268]。

---

262 トライニン・前掲（注252）頁。
263 トライニン・前掲（注252）頁。
264 トライニン・前掲（注252）239～240頁。
265 トライニン・前掲（注252）240頁。
266 トライニン・前掲（注252）244頁。

第二部　中華人民共和国の犯罪体系の起源

第四節　小　括

ここで検討したピオントコフスキーとトライニンの犯罪体系論のうち、実際に中国の伝統的見解に、より大きな影響を与えたのはピオントコフスキーの見解である。そこで、まず、この見解の特徴を整理してみよう。

1　ピオントコフスキーの見解の特徴

①まず、ピオントコフスキーは、構成要件は、各則の特別要件と総則の一般要件を合わせた、刑罰権発生要件の総体だと理解している。この点については、トライニンの見解との間に大きな相違はない。また、このような理解は、中国にもそのまま継承されたと考えられる。

②このように刑罰権発動要件の総体としての構成要件を重視するのは、公正な裁判実現のためである。そして、この点は、中国の伝統的見解が「超法規的違法性阻却事由」の承認に消極的であることにも通じるものがあるように思われる。

③その構成要件は、それぞれの犯罪に共通して、四つの基本的要件により形成される。一、犯罪の客体、二、犯罪の客観的要件、三、犯罪の主体、四、犯罪の主観的要件である。この点も、トライニンの見解や中国の伝統的見解と共通している。

④その「犯罪の主体」は責任能力のある自然人に限られている。この点は、

267　第117条　公務員が、その職務上の地位のゆえになしうるないしはなすべき行為を、贈賄者の利益のために実行することまたは実行しないことの報酬として、何らかの形の賄賂を直接または仲介者を通して収受することは、一二年までの自由剥奪。
　　賄賂の収受が加重的事情のもとになされたとき、すなわちたとえば、(a) 賄賂を収受した公務員が責任ある地位にある者であるとき、(b) 収賄の前科あるとき、並びに数回にわたり収賄したとき、(c) 収賄者の側からの強要によるときは、一二年を下がらない自由剥奪。ただし財産没収を併科する。
第118条　賄賂の交付およびその仲介は、一五年までの自由剥奪。
　　註　本条に該当する者でも次に掲げる場合には責任を問わない。(a) その贈賄が強要されたものである場合、(b) その者が贈賄直後直ちに自首した場合。
　　以上の規定については、前掲（注231）法務大臣官房調査科『法務資料』第338号72～73頁参照。
268　トライニン・前掲（注252）246頁。

「単位犯罪」を認める中国の後の1997年刑法典と異なっている。

⑤「犯罪の客体」は犯罪が攻撃する社会関係である。正当防衛などの場合は、この社会関係に対する社会侵害性が欠けると同時に、規範違反性（違法性）も欠けるとされ、その結果、構成要件該当性自体が否定される。

⑥客観的要素と主観的要素に分けられる犯罪行為についても、その客観的および主観的要素の必然的統一であって、理論を分析するときのみ、はじめて犯罪行為の各客観的、主観的要素を分けて検討しうるとされる。

⑦罪体（Corpus delicti）との違いを強調して、「構成要件」が実体法上の刑罰要件であることを強調している。

⑧犯人蔵匿、証拠隠滅のような「事後従犯」を総則の幇助ではなく各論的な犯罪であると指摘している。

2　トライニンの見解の特徴

①トライニンが「構成要件」の研究を始めたのは、1938年のビシンスキーによる「厳格な構成要件」の強調からであった。

②「構成要件」を基本的には一般的構成要件として把握している。

③しかし、正当防衛などの違法性阻却事由や責任能力（の不存在）などは「構成要件」の外にあるとする見解を唱えるなど、西欧の「阻却事由」の考え方に影響されたとみられる部分がある。この点では、最終的には、トライニンは、形式的な「構成要件」阻却と実質的な「社会侵害性」の不存在との調整に悩まされたように思われる。

④とりわけ、一部で「構成要件」を社会侵害性の実在根拠ないし存在根拠と捉えるところでは、ドイツのメッガーらの「新構成要件論」の影響が垣間見える。

3　ソビエト刑法学における犯罪体系の起源

ソビエト刑法学における「構成要件論」の代表的な二人の論者の見解を検討した後には、これがどこから来たのかに関心が移るであろう。次章では、それを帝政末期のロシア刑法学の中に求めようと思う。

第三章　帝政末期のロシアの犯罪体系

第一節　概　観

　これまで、中国に輸入されたソビエト刑法学の犯罪構成要件理論を検討してきた。そこからは、中国伝統派刑法学の犯罪構成要件論とソビエト刑法学の犯罪構成要件論の継受関係が明確になった。

　ところで、一見すると、このソビエト系の犯罪構成要件論はドイツや日本の犯罪論体系と非常に異なるように見える。しかし、両者は本当に関係のないものであろうか。周知のとおり、ソビエト・ロシアは十月革命でロシア帝国を倒して成立した政権である。その後、帝政ロシアの法制度を徹底的に改造したが、中国のように他国から直接に法理論を輸入する「対象」が存在しない。ソビエト刑法理論は、帝政ロシアのブルジョア法制度およびその理論に対する批判的立場から独自の法理論を発展してきたとされる。しかし、それは決して帝政ロシア時代の法理論の影響を完全に遮断するものではなかったであろう。

　例えば、トライニンは、帝政ロシアの刑法学者タガンツェフ（Таганцев Н. С. 1843-1923）に対して、ロシア刑法学にとって「ヨーロッパへの窓」を開いた刑法学者だと評価していた[269]。事実、ソビエト・ロシア刑法の犯罪構成要件という概念は、決してソビエト時代に初めて生まれた概念ではなく、19世紀半ば、すなわち帝政ロシアの末期にフォイエルバッハらのドイツ19世紀の構成要件概念を輸入してロシアで生まれたものである[270]。例えば、帝政ロシア末期の刑法学者スパソヴィチ（В. Спасович 1829-1906）は、彼の1863年に

---

[269]　上野達彦「刑法学と人間：ロシアの刑法学者・タガンツエフの生涯」三重大学法経論叢第14巻第1号（1996年）1頁。
[270]　何秉松『中国与俄羅斯犯罪構成理論比較研究』（2008年）4～6頁。

出版された『刑法教科書』において、すでに犯罪構成要件の概念を論じていた。また、現在中国伝統派刑法学における「有機的統一体」という概念も、最初は帝政ロシア時代の刑法学者キスチャコフスキー（Кистяковский А.Ф. 1833-1885）が主張していた理論に由来すると言われる[271]。

これで分かるように、帝政ロシア末期の刑法学理論とソビエト刑法学、中国の伝統派刑法学と間には、何らかの切り離せない関係がある。そこで本章では、帝政ロシア末期の刑法学者スパソヴィチ、キスチャコフスキー、タガンツェフの刑法理論を中心に検討し、ソビエト・ロシア刑法学の前史、そして中国伝統派刑法学の起源を明らかにしたいと考える。

第二節　スパソヴィチ（B. Спасович）の犯罪構成要件論

19世紀半ば、帝政ロシアの刑法学者は「Thatbestand」を「犯罪構成要件」（состав преступления）と訳し、この概念をロシアに輸入した。その中では、スパソヴィチはロシアで最初に犯罪構成要件論を提起した学者の1人と言われる[272]。彼は1863年の『刑法教科書』において、「犯罪構成要件という言葉は、完全に訴訟法上の意味から離脱し、すでに純粋的刑法学上の意味を持つ概念になった。この概念は、犯罪の外部的客観的側面と内部的主観的側面を含んで、犯罪の概念に含まれるすべての要件の総体を指す」と指摘した[273]。そして、彼は、これらの犯罪の要件には、重要でそれが欠ければ犯罪が成功しないという実質的要件（essentialia）と、それが欠けても犯罪の成立に影響を与えず、量刑のみに影響を与えるという非実質的要件（accidentalia delicti）が含まれるとした。また、犯罪構成要件は一般的犯罪構成要件と特殊的犯罪構成要件に分けられ、これは犯罪が一般的概念として理解されるか、個別的概念（例えば殺人、放火、窃盗）として理解されるかによって決められるとした。普段の生活の中で我々と関係するのが特定の個別的犯罪であり、これらの個

271　庞冬梅『俄羅斯犯罪構成理論研究』（2013年）35頁。
272　庞・前掲（注271）498頁。
273　Спасович В. Учебник уголовного права. Т.1. СПб., 1863. С. 90（庞・前掲（注271）498頁から引用した）。

別的犯罪に存在する共通の特徴を帰納すれば一般的犯罪の概念になるというのである。

このようにして、スパソヴィチは、刑法典総則に規定されているのは一般的犯罪構成要件であると明言した上で、この意味での犯罪構成要件を以下の5つの部分に分けた。すなわち、(1) 犯罪の対象、(2) 犯罪主体—刑事責任能力、(3) 犯罪の外部的側面—行為および結果、(4) 犯罪の内在的側面—意思と認識、(5) 共犯およびその責任である[274]。以下ではスパソヴィチの犯罪構成要件論の具体的内容を検討する。

1　犯罪の対象と客体[275]

スパソヴィチは、犯罪の対象は権利を享有する「人」に限定されると考えていた。この「人」には、自然人と法人が含まれる。そして、犯罪の客体とはこれらの自然人または法人が享有する権利のことを指す。法律がある権利に対する保護を停止した場合には、この権利に対する侵害は犯罪の客体に対する侵害にならず、当然に犯罪にはならない。具体的には以下の3つの場合が考えられる。第一は、権利の所有者（権利主体）自身がこの権利を拒絶する場合である。第二は、法律によって権利主体の権利が取り消される場合である。第三は、権利が衝突し、一方の権利を保全するために他方の権利の犠牲を必要とする場合である。

スパソヴィチは、このような権利の衝突には2つの形式が存在すると考える。第一は、権利主体が自分または他人の権利を救済するために第三者の権利を侵害するという形式であり、これを緊急避難という。緊急避難とは、避難者本人または彼と親しい人の人身の安全その他の権利が侵害される危険があるときに、第三者の正当な権利を侵害しないと救済できない場合を指す。この親しい人には親族と友人だけではなく、避難者と関連するその他の人も含まれる。第二は、権利所有者が他人の攻撃から自分を守るための権利であり、これを正当防衛という。正当防衛とは、違法かつ現在の、国家がそれを

274　Спасович В. Учебник уголовного права. Т.1. СПб., 1863. Первое издание.. С. 91-93.（厖・前掲（注271）3～5頁から引用した）。
275　厖・前掲（注271）5～6頁。

止めるのに間に合わない攻撃に対して反撃し、自分の権利を保護することである。すなわち、スパソヴィチにとって、正当防衛と緊急避難の正当化根拠は、「国家あるいは法律がその権利に対する保護を停止した」ということである。

2 犯罪主体[276]

スパソヴィチは、犯罪の主体は刑事責任能力を有する自然人に限定し、法人は刑事犯罪主体になれないと考えた。そして、彼は、人が自由な意思でかつ自分の行為に対して責任と罪過を負える状態を刑事責任能力（Zurechnungsfähigkeit, imputabilitas）と呼ぶこの刑事責任能力には３つのレベルがある。すなわち、完全責任能力、完全責任無能力、限定責任能力である。限定責任能力の場合には、罪責が阻却されるわけではなく、刑罰が減軽されるだけである。そして、責任無能力には、①自己意識または意思の未熟、②生理的または心理的な障害で自己意識が非常に曖昧になること、③精神的疾病という３つの理由がある。

3 犯罪の外部的側面──行為と結果[277]

スパソヴィチは犯罪の外部的側面において、意思、事件とその結果の関係によって、犯罪を以下のように分けた。①既遂犯罪─犯罪主体の意思と事実が完全に一致している場合である。②未成功の既遂犯罪─犯罪主体は犯罪に必要なすべてのことを行ったが、犯罪主体が予見しなかった状況によって彼の意図している結果が発生しなかった場合である。③意外事件または過失犯罪─現実に発生した事件が犯罪主体の意思の内容を超えている場合である。事件には、犯罪主体の意思に支配されておらず、主体に認識、意欲されない内容が含まれる。このような意思と事件との関係は、意外事件または過失と呼ばれる。④未遂犯罪─犯罪主体の意思が事件の内容を超えている場合である。すなわち、犯罪の道具の不適切または犯罪対象の不適切によって犯罪が完成しない場合、または犯罪主体自ら犯罪を諦めた場合である。つまり、ス

---

276 厖・前掲（注271）6～9頁。
277 厖・前掲（注271）10～13頁。

パソヴィチがいう未成功の既遂犯罪は「未遂犯」で、未遂犯罪は「不能犯」や「中止犯」のことである。⑤犯罪予備——犯罪主体は犯罪の実行のために資料の収集、道具の準備をして、彼自身をして犯罪を実行できる状況に置くことである。

4 犯罪の内部的側面——意思と認識[278]

スパソヴィチは、犯罪の主観的側面あるいは罪過を故意と過失という2つの形式に分けた。

彼によれば、過失（culap、Versehen、Fahrlässigkeit）とは、犯罪主体が自由な意思で行為を実行したが、行為の結果は彼が望まないまたは予見していない場合であり、もし行為時に社会生活上の注意義務を果たせば予見できたはずだったという場合である。過失に関して、彼は、犯罪主体が自己の行為から危険的な結果を引き起こす可能性があると意識したにも拘らず行為に出た場合には過失ではなく故意であると主張し、ドイツ刑法学者ベルナーの認識ある過失（luxuria、bewusste culpa、Fahrlässigkei、Frewelhaftigkeit）の理論を批判した[279]。

そして、スパソヴィチによれば、故意（dolus）とは、犯罪主体が自由な意思で行為の結果を予見しながら意図的に行為を行うことである。そして、犯罪主体が結果を意欲するかどうかは故意に影響しないのである。彼は、その上で故意を確定的故意（dolus determinatu または specialis）と不確定的故意（dolus indeterminatus または generalis）に分け、不確定的故意を更に択一的故意（dolus alternativus）、間接故意（dolus indirectus）、未必の故意（dolus eventualis）に分けて検討した。

さらに、スパソヴィチは、責任能力と罪過の関係について、責任能力は犯罪主体の心理的能力であるのに対して、罪過は犯罪主体の心理的事実であると述べた。

---

278 厖・前掲（注271）13〜18頁。
279 厖・前掲（注271）14頁。

5　共犯およびその責任[280]

スパソヴィチは、共犯論において、当時の主流的共犯分類、すなわち①必要的共犯と任意的共犯、②事前の協力、犯行時の協力、事後の協力、③参加犯（犯罪の実行を促成した人）と連座犯（他人の犯罪に対する隠匿、放任、不申告）、④主犯と従犯または幇助犯などの理論を検討したうえで、公平に各共犯者に対して刑罰を科すために、各共犯者が共犯に参加するそれぞれの部分を意識的に分別し、それぞれの部分の刑事責任を考慮し、刑罰の種類と程度を決めるべきだと主張した。

第三節　キスチャコフスキー（Кистяковский А.Ф.）の犯罪構成要件論

スパソヴィチと同じ時代で、犯罪構成要件理論に目を向けたもう１人のロシア刑法学者はキスチャコフスキーである。彼は、『普通刑法基礎講義』において、４つの要件による犯罪構成要件理論を提唱し、そして４つの要件には「有機的統一体」の関係が存在すると主張したため、後世ロシア刑法における犯罪構成要件の「有機的統一体」理論の創始者と評価されている[281]。

キスチャコフスキーによれば、「類概念（class concept）となる犯罪において、その犯罪構成の実質的要件は必ず以下のものを含む。すなわち、(1) 犯罪の主体、または犯罪の実行者、(2) 客体、または犯罪実行の対象、(3) 主体の犯罪行為に関する意思態度、または主体の心理的活動、(4) 行為そのものおよびその結果、または主体の外部的活動およびその結果」である。そして、これら４つの要件は認識方法における分け方であり、実際の犯罪は１つの総体であって、それに含まれる各要素は有機的に融合されているということである。ゆえに、犯罪の内部的側面と外部的側面は互いに判断の前提とされるのであり、犯罪の内部的側面を除いた外部的側面も、またその逆も存在しえないのである。この発想は現代のロシアと中国伝統派の犯罪構成要件論にお

280　厖・前掲（注271）18～20頁。
281　Кистяковский А.Ф. Элементарный учебник общего уголовного права. Т.1. общая часть. Киев, 1891. С. 265（厖・前掲（注271）22頁から引用した）。

ける「有機的統一体」の起源となったと言われている[282]。

第四節　タガンツェフ（Таганцев Н.С.）の犯罪構成要件論

1　タガンツェフの理論概観

　タガンツェフは、現実に存在している法律規範およびこれによって保護される生活利益を侵害した犯罪行為は、侵害者と侵害の対象の間に生まれたある生活関係であり、この関係には独特な要件があって、これらの要件により、この関係は一種の法律的関係になり、かつ刑事的な可罰的違法行為として特殊な地位を持つと考える。犯罪行為を構成するこれらの要件の総体は刑法学において犯罪構成要件（состав преступного деяния）と呼ばれる。タガンツェフは犯罪構成要件を3つに分ける。すなわち、①行為者―犯罪行為の実行者、②犯罪行為の指向―客体または犯罪の侵害の対象、③犯罪行為―内部と外部から研究される犯罪の侵害そのものである[283]。

　タガンツェフは犯罪構成要件を一般的犯罪構成要件と特別犯罪構成要件に分ける。一般的犯罪構成要件とは、ある行為を犯罪と可罰的行為と認定するために必要となる要件の総体である。特別犯罪構成要件とは、ある行為を殺人罪、窃盗罪などの具体的な犯罪と認定するために必要となる要件の総体である[284]。

2　犯罪主体（行為者―犯罪行為の実行者）[285]

　タガンツェフは、法律によって保護される利益を侵害する法律関係とされる犯罪行為に関して、その主体は人に限られ、動物または自然の力による侵害に対しては、場合によって国家または個人は予防的な保護措置を取るが、その措置は国家による刑罰的措置と全く別のものである、と考える。

　法人が犯罪の主体になりうるかについては、タガンツェフは、法の領域に

282　厖・前掲（注271）22頁。
283　Таганцев Н.С. Русское уголовное право. Лекции. Частъ общая. Т.1. СПб., 1902. С. 142.（厖・前掲（注271）36頁から引用した）。
284　厖・前掲（注271）36頁。
285　厖・前掲（注271）36〜38頁。

おいて「人」の概念は自然人だけではなく法人をも含むが、犯罪行為の主体は自然人に限定される、と考える。

そして、自然人が法律上の犯罪主体になるための必要的条件は、その人が責任能力を持つことである。刑事責任能力は、自然人が犯罪行為を行う可罰性を規定するものであり、行為が刑事的可罰性を持つ根拠を認定する要件である。タガンツェフによれば、責任無能力の原因は2つある。すなわち責任能力の未発達と責任能力の喪失である。これに応じ、責任無能力の状態も2つに分けられる。①責任能力が認められるほどに精神が発達していない状態、②正常な精神の発達によって認められる責任能力を喪失した状態。①の状態はさらに、ⅰ自然の精神発達の未熟、つまり幼者、ⅱ病気による精神発達の遅滞、つまり知的障害者、ⅲ有害な生活環境に基づく精神未発達に分けられる。②の状態もさらに、ⅰ狭義の精神的疾患を持つ者、ⅱ一時的な精神錯乱、ⅲその他の正常な精神活動に影響する身体の不正常に分けられる。

3　犯罪の客体（犯罪行為の指向—客体または犯罪が侵害する対象）[286]

タガンツェフは、犯罪の客体は現実に存在する法規範である、現実の権利所有者に対する侵害は犯罪の手段となるだけで、犯罪の本質ではない、と考えている。犯罪の手段は刑法においては、副次的な位置を占めるものである。犯罪の手段によって表された国家の法律秩序の不可侵性に対する意思決定こそが犯罪の本質である。従って、権利を守る国家が犯罪の真の被害者である。仮に現実の権利と利益を犯罪の客体にするなら、ある権益を消滅させても違法にならない行為の法律的性質を説明できないことになる。「法規範それ自体は一種の公式的な表現であり、生活から独立した、抽象化された概念である。抽象的概念としてのいかなる法規範でも争われ、評価され、そして否定されうるが、現実生活に中身を持つ法規範のみが侵害可能である。」従って、タガンツェフは、犯罪の客体は主観的権利（субъективное право）の範囲内におけるその生活利益を保護する法規範である。

タガンツェフは以下の見解を支持する。すなわち、行為はどれだけ有害で

---

[286] 厐・前掲（注271）38〜39頁。

あっても、その行為が法規範を犯さない限り、その行為の不可罰性は権利と利益を侵害する可罰性を免除する。規範の現実的意味は法によって保護される利益である。保護されうるのは、その利益自体または人間とその利益の間における関係である。例えば、その利益自体を崩壊、消滅、変化から保護する、または人間がその利益を享有、処分、使用することを保障する。その保護は、その利益に対する侵害の禁止あるいはその利益を危険に晒す作為または不作為の禁止として表される。

また、タガンツェフは次のことを指摘している。以下のような場合には、確かに法律によって保護される利益を侵害しているが、しかしそれぞれに理由があってその侵害行為の犯罪性を阻却しうる。例えば、①法律の執行、②命令の執行、③権力機関の許可、④懲戒権の行使、⑤職務義務の履行、⑥私的権利の行使、⑦正当防衛、⑧緊急避難。

4 犯罪行為（内部と外部から研究される犯罪の侵害そのもの）[287]

タガンツェフの理論によると、犯罪行為が発生するためには犯罪者が法律規範との間で一定の関係にあるべきであり、当該関係は、当該規範が侵害されることによって現に存在する形式により現れるものである。犯罪行為の概念には２つの要素が含まれており、外在要素（法律により禁止された侵害であり、すなわち、作為又は不作為）と内在要素（すなわち、罪過又は犯罪意思）であるとされている。タガンツェフは、各犯罪行為の自然発展過程に基づき、内在方面から外在方面までの順番で犯罪侵害そのものについて論述した。

罪過（内在要素）について、タガンツェフは、法律保護の利益に対する侵害は、侵害者の罪過の結果であり、刑事責任を追及する必要前提であると考えた。また、彼は、責任能力を有する行為者も無過失侵害をする可能性があるとし、かかる情況を２種類に分け、１つは、予想外事件、もう１つは、身体強制であると指摘した。したがって、タガンツェフは、帰責能力を有する行為者にとって、かかる行為では彼が当該能力を示したか、またはこれを示すことが可能であり、実施した侵害と行為者の意思、彼の行為前の心理活動と

---

287 厖・前掲（注271）39〜46頁。

が一定の関係にあり、彼の希望または意思が表された場合に限って、彼は犯罪つまり可罰的行為を実行するのだと考えた。

そこで、意思は、罪過の本質を構成することになった。それと同時に、意思と犯罪侵害との関係についても区別が存在しており、それをタガンツェフは故意と過失とに分けたのである。タガンツェフは、故意を、意識と意思がある活動の指向と定義し、故意犯罪行為とは、行為者が犯罪を実施するときに認識しかつ意思があった行為を指すとしている。タガンツェフは、意思要素により故意の罪過を直接故意と間接故意に分けた。

タガンツェフの考えによると、過失罪過は、故意罪過の補充であり、2種類に分けることが考えられる、とされている。1つは、行為者がその実施した行為につき認識したが、これを希望しない——軽信による犯罪であり、もう1つは、認識要素そのものすら欠いた——油断による犯罪である。タガンツェフは、犯罪の混合罪過（結合犯と結果的加重犯）についても相当深く検討した。彼は、混合罪過は、複合した罪過類型であるとし、その結果、犯罪は、2つ若しくは2つ以上の故意、2つ若しくは2つ以上の過失、又は故意と過失という2種類の罪過形式として表現された。

犯罪活動について、タガンツェフは、犯罪構成の第3番目の実質的必須要件における犯罪活動を以下の3つ部分に分けて論述した。それぞれ、罪過の客観的表現、犯罪活動の発展段階、共犯である。タガンツェフの理論によると、法律保護とは、まず利益への保護として表されており、利益に損害をもたらす又は損害をもたらす危険を避けるためのものであるとされている。彼は、規範に対して犯罪侵害を行う外在表現を2種類に分けており、1つは、禁止規範の侵害（作為）、もう1つは、命令規範の侵害（不作為）である。

タガンツェフは、犯罪活動は行為と結果を前提とするものであり、また、直接に当該結果をもたらしたないし当該結果の発生を阻止しかなった人の犯罪活動自体は、また様々な手段や方法により実現されるものである、と主張した。また、タガンツェフは、作為と不作為との区別は、行為が積極的方法と消極的方法のいずれにより実施されたかによって決まるわけではなく、この2種類の行為方法は作為にも存在し、不作為にも存在すると指摘した。

また、タガンツェフは、当時多くのドイツ学者が主張した「犯罪結果の発

生を犯罪行為概念自体の内容とみなす」という見解に反対し、行為結果としての結果は行為の外にあり、行為は単に結果を生じさせ、引き起こす力であるに過ぎないと考えた。タガンツェフは、犯罪活動の結果を２種類に分けている。危険的結果と実害的結果である。

　さらに、タガンツェフは、犯罪行為は罪過の外在表現であり、この種の外部存在の侵害こそが行為者の主観罪過性に刑事可罰的行為の意味を与えることができると主張した。罪過性が行為者の行為または不作為により完全に表現されただけでは、罪過外部の存在を十分に確定することができるに過ぎず、犯罪構成要件を完全に成立させるためには、ある結果の存在を求めなければならないとしたのである。行為者の責任を追及するには、上記の結果が行為者の作為又は不作為によりもたらされたことを証明しなければならず、すなわち、行為（作為と不作為）と結果との間に因果関係が存在することを証明しなければならない。タガンツェフは、具体的な犯罪構成要件の認定だけでなく、犯罪の一般的学説の画定についても、因果関係説は非常に重要な意味を持っていると考えた。

　そこで、タガンツェフは当時の（主にドイツの）各因果関係の学説を二種類に分ける。第一は、因果関係と責任概念を混同する因果関係主観説である。第二は、有責性から独立して客観的条件に基づく因果関係客観説である。タガンツェフは、以上の２つの学説にはそれぞれ克服できない問題があるという理由で、第三のルートを考える。すなわち、人の行為とそれに付着する、結果を共に引き起こす外力（другие силы）との関係に基づいて因果関係を判断する。人の行為と外力の関係は２つに分けられる。第一は、人の行為が事件を引き起こす１つの条件である場合には、人の行為が事件の原因になる。第二は、人の行為と外力とが共に事件の原因になる。そして、人の行為と結果の因果関係の有無を判断する基準は以下の３つである。①外力が人の行為によって引き起こされた場合には、因果関係は中断されずに成立する。②人の行為が不確定的状態の外力を発生させた場合には、因果関係は中断されずに成立する。③外力が独立して作用した場合には、因果関係は中断される。

　タガンツェフは、犯罪意思は、決意した犯罪行為により犯罪の意図的段階ら犯罪の実施段階に移行すると考えた。犯罪活動の発展における各段階は、

犯罪意思の外部表現として、論理上の発展順番により3種類に分けることができる、第1は、犯罪意思の流露、第2は、犯罪意思の実行、第3は、犯罪意思の実現とされている。相応的に、タガンツェフは、異なる発展段階における犯罪を犯罪予備、犯罪未遂と犯罪既遂に分けていた。

5　共犯問題[288]

　タガンツェフの共犯理論は前述の因果関係の学説に基づくものである（広義の）共犯（соучастие）は、タガンツェフの時代に既に立法と解釈における独立した概念であった。共犯は共同行為を前提とする。複数の人が共に行った行為が法律上の意味を持たなければ、共犯は存在しない。そして、この共同行為が有責性を持つ場合にのみ、刑事的に可罰的な行為になる。すなわち、共同に行われた行為は共犯者の全員にとって犯罪が成立する場合にのみ共犯が成立する。責任無能力者は共犯者になれない。タガンツェフは、共犯者全員が各共犯者のためにかつ各共犯者が共犯者全員のために連帯責任を負う場合にのみ、共犯理論ははじめて独立の制度としての意味を持つ、と考えている。この連帯責任の根拠は、責任の共同性（一致性）である。共犯は責任の共同性を要求するほか、犯罪行為の共同性を要求する。そして、責任と行為の一致によりすべての共犯参加者の連帯責任を追及できるが、この一致は共犯者の間に存在する個別化の差異を排除するわけではない。

第五節　ベルナーの犯罪体系との比較

1　ベルナーの「構成要件」概念

　タガンツェフは、ペテルブルク大学法学部においてベルナーの教科書を下敷きにしたスパソヴィチ教授の刑法講義を聴き、1862年に大学を卒業した後、約2年間、ドイツに留学し、主にミッターマイアーの指導を受けたことで知られている[289]。そして、その間に、直接にベルナーの教えも受けたとのことである[290]。その影響は大きかったようで、実際、以下に示すように、彼

288　厖・前掲（注271）46頁。
289　上野達彦「ロシア・ソビエトの刑事法学者（1）」三重法経130号（2008年）130頁以下参照。

の犯罪体系は、ベルナーが1857年の教科書で示していた犯罪体系と、驚くほど似ている。以下では、そのベルナーの体系を簡単に示しておく。

ベルナーは、構成要件（Thatbestand）とは、犯罪（Verbrechen）の総体であるとし、これを一般的構成要件と特別構成要件に分ける[291]。そこでは、「一般的な構成要件に関して概観しようとするなら、犯罪は行為（Handlung）であることを出発点にしなければならない[292]」として、行為概念中心の犯罪体系が展開される。

その「行為としての犯罪は、①行為が由来する主体、②行為が向けられる客体、③主体が客体に作用し得る手段を前提とする。」とされ、「主体、客体、手段はまだ、現実の行為ではなく、その条件にすぎない」が、「これらの条件が存在する場合には、主体の犯罪意思は手段を手にすることができ、そして、これを通じて客体に働きかけることができる。」とされる[293]。ここには、タガンツェフに継承された①主体、②客体、③行為という3つの要素の原型となる①主体、②客体、③手段が提示され、これらが「行為」を媒介にして「犯罪」に統合される。さらに、それに「共犯」による処罰範囲の拡張が付け加わる。これらはいずれも、もちろん、犯罪の総体である構成要件の要素を成すものである。そして、①主体には、組織体は含まれず、責任能力ある自然人に限定されている[294]。

2　犯罪の「客体」について

また、ベルナーのいう「客体」とは、犯罪が究極的に侵害する対象を意味する。彼は、それを「権利」（Recht）としており、その中では、いわゆる「客体の不能」について、今日の客観的危険説と同じく、行為時に客体が存在しない場合には不能犯とされている[295]。

290　上田寛「国際刑事学協会（IKV）ロシア・グループの実像」徳田靖之ほか編『刑事法と歴史的価値とその交錯　内田博文先生古稀祝賀論文集』（法律文化社、2016年）688頁参照。
291　Vgl. A.F. Berner, Lehrbuch des Deutschen Strafrechts, 1857, S. 108.
292　Berner, a.a.O., S. 108.
293　Vgl. Berner, a.a.O., S. 108.
294　Vgl. Berner, a.a.O., S. 109ff.
295　Vgl. Berner, a.a.O., S. 118.

第三章　帝政末期のロシアの犯罪体系　　*131*

しかし、ここでさらに注目すべきことは、この「客体」の中で、被害者の同意や正当防衛、緊急避難などの違法性阻却事由が扱われており、これらが存在する場合には犯罪の「客体」が欠落するとされていたことである[296]。被害者の同意については教科書の121頁以下に、緊急避難については同書127頁以下に、正当防衛については同書129頁以下に、それぞれ一般的な説明がある。また、正当防衛については、子供や精神病者等の責任無能力者からの侵害について特別な説明はないことにも、注意が必要である[297]。

3　犯罪の「手段」について

ベルナーは、犯罪の手段（Mittel）についても、ロシア刑法学に影響を与えた重要な指摘を行っている。そこでは、主体は手段を通してしか、客体に作用することができないのであるから、手段は、必然的に、行為すなわち犯罪が実行されるときにはなくてはならない第三の要素であるとされ、意思は知覚可能なものを超えたものであるから、それが感覚世界の中で現実化される場合には、必ず、知覚を超えたものと知覚できるものとの間に架橋がなければならず、そのためには意思は犯罪の手段たる道具とともになければならないとされる[298]。

さらに、この手段が絶対的に不能な場合には未遂は成立しないとされ、客体の不能の場合と同じく、絶対的不能と相対的不能を区別する客観的危険説寄りの考え方が示される[299]。

4　「行為」について

行為（Handlung）は、手段を通じて主体を客体と結びつける媒介として理解され、帰属（Zurechnung）と同じ意味だとされる。そこでは、手段は意思によって把握され魂を吹き込まれて、動き出すのである。そして、このような

---

[296]　Vgl. Berner, a.a.O., S. 121ff.
[297]　その教科書129頁以下の「侵害の違法性」の説明の中には、責任無能力者の侵害には何の言及もない。このことは、イェーリンクによる「責任なき不法」の承認の余地を残したものともいえよう。
[298]　Vgl. Berner, a.a.O., S. 136.
[299]　Vgl. Berner, a.a.O., S. 137.

手段の運動を媒介として、意思は所為（Tat）になるのであり、このような、所為に向けた手段の生きた運動が行為なのである。それは、所為がこのような運動の沈殿した出来事を指すのと対照的に、外界レベルでの意思の運動そのものだとされる[300]。

そのような行為は、自然の強制ないし絶対強制に拠る場合には①意思が欠けることによって欠落し、また、犯罪意思が外界に全く表動されなかったときは②所為がないので欠落する。さらに、結果を予見していない場合や結果に対応する故意がない場合にも③媒介がないので欠落するとされる[301]。

なお、ベルナーのこの考え方は、1871年のドイツ帝国刑法典施行後も、基本的に維持されている。彼の1898年の教科書でも、「構成要件とは、犯罪の要素の総体である[302]」とされており、客観的な要素のみから成る Corpus deliciti と区別されている。

第六節　小　括

以上の検討から明らかになったことを、簡単に示しておこう。

①まず、「構成要件」を訴訟法上の「罪体」から区別し、各則の特別構成要件ないし特殊的構成要件から抽出される刑罰権発動要件の総体としての一般（的）構成要件として理解する点では、ピオントコフスキーらの見解は、スパソヴィチら帝政末期の刑法学者の見解を媒介にしてベルナーにまで遡るものだということである。

②その「構成要件」には、「主体」、「客体」という要素が含まれることは、ベルナー以来一貫している。その主体は責任能力ある自然人に限定され、また、その客体では、いわゆる違法性阻却事由も取り扱われる。

③「客体」の内容は、ベルナーからスパソヴィチらまでは「権利」であり、社会主義革命後は「社会主義的社会関係」である。しかし、それは内容の相違にすぎない。

300　Vgl. Berner, a.a.O., S. 138.
301　Vgl. Berner, a.a.O., S. 139f.
302　A.F. Berner, Lehrbuch des Deutschen Strafrechts, 18. Aufl. 1898, S. 67.

④「犯罪」がこれらの要素の「(有機的) 統一体」として理解される点も、実は、ベルナー (さらには同時代のヘーゲル学派) にその萌芽が見られるものである。

⑤他方、「四要件説」では、行為の客観的要素と主観的要素が区別される。しかし、ベルナーから帝政末期の刑法学者までの時代には、むしろ「統一体」であることのほうが強調されていたように思われる。ソビエト刑法では、その重点が、「統一体」としての行為から、客観的要素と主観的要素に分けて分析される「構成要件」に移ったように思われる。

⑥以上の犯罪体系の特徴は、常に責任能力のある主体を前提としたものであったことである。その点では、現代のドイツやその影響を受けた日本などの犯罪体系(客観的違法論)と異なり、「責任なき違法」の存在を予定しないところに、その特徴があるといえる。

⑦しかし、他方で、ベルナーの不能犯論が「絶対的不能・相対的不能区別説」であったように、現代の独日の通説よりも客観主義的傾向を持っていることを看過してはならない。言い換えれば、客観的違法論は、犯罪成立要件において必ずしも客観主義的ではないことがあるのである。

第二部までのまとめ

　以上の検討から明らかになることは、驚くべきことである。すなわち、現代の中国における犯罪体系をめぐる争いは、その起源を遡れば、100年以上前のドイツにおける、ベルナー（あるいはヘーゲル学派一般）の体系と、その後のリスト・ベーリングの体系の争いにまで到達するものだということである。

　たしかに、ソビエト連邦が崩壊した後のロシアでは、今でもピオントコフスキーの見解による体系論が通用していることからみれば、この体系の争いは、社会主義法対資本主義法の争いに還元できるものではないことが想起されよう。体制の相違は「社会侵害性」の内容に関わるものではあっても、体系の枠組みに関わるものではないのである。

　そうなると、現代中国における体系論争を解決するカギは、19世紀から20世紀にかけてのドイツにおいて、なぜ、ベルナーらの体系からリストらの体系、とりわけ「責任なき違法」を認める客観的違法論を基礎とした体系への転換が起こったのかを探ることにあることになる。

　この課題の解決には、さらに深い研究が必要であろう。第二部は、その前提として、各体系のルーツを明らかにしえたところで、一応の結びとしたい。

第三部

現代中国の犯罪体系の行方

序　章

　筆者は、第一部「中華民国時代の犯罪体系」において、中華民国時代にはドイツおよび日本から継受した三段階の犯罪論体系が存在しており、中国においては、むしろ、こちらのほうが四要件の犯罪論体系よりも「伝統的」であるとすらいえることを明らかにした。また、これに続く第二部「中華人民共和国の犯罪体系の起源」においては、四要件の犯罪体系論の起源を遡れば、中国、ソビエトおよびロシアにおいてそれぞれいくらかの修正を受けてはいるが、最終的にはドイツのベルナーの犯罪論に辿り着くことを明らかにした。そして、そこでは、ドイツにおける「要素の体系」から「段階の体系」への進化の要因を明らかにすることが、中国における「伝統的」体系と独日派の体系との争いに決着をつけるひとつの方法となり得ることも明らかにした。

　もっとも、ドイツにおける発展の必然は、必ずしも、状況が同じではない中国での発展の必然を意味するわけではない。そこには、別の必然も存在する可能性があるからである。

　そこで、第三部では、1997年刑法典において一応の完成をみた「伝統的」な四要件体系の内容とその問題点を、1997年刑法典の制定過程における議論や四要件内部からの挑戦、および独日派からの挑戦を紹介することによって明らかにし、加えて、代表的な独日派および改良派の見解を紹介することによって、中国における犯罪論体系の論争を解決する手掛かりを明らかにしたい。

第一章 中華人民共和国「1997年刑法典」時代の犯罪論体系

本章では、1997年刑法典における立法経緯および主要な改正論点につき、犯罪論体系上重要と思われる点を紹介し、検討する。

第一節 「1997年刑法典」の立法経緯

1 改正の概要[303]

第二部「中華人民共和国の犯罪体系の起源」において検討したように、1979年刑法典は、1949年に建国して以来の初の刑法典として、確かに画期的な意味を持っていた。しかし、当時の歴史的条件や立法経験の乏しさのために、全体の体系性および立法技術において多少不十分なところが存在していた。このため、1979年刑法典は過渡的な性格を有するものであって、後に広範囲の改正が予定されていた。実際、1981年から1997年の中国の現行刑法典が制定されるまでの間に、立法機関は24部の単行刑法（つまり特別刑法）を制定し、かつ非刑事法律において107箇所の付属刑事規範を作った[304]。

このような状況を背景に、1988年7月1日付「第七次全人代常委会業務要点」では刑法典の修正業務が正式に立法計画に列挙された。その後、間もなく、調査研究、座談会の開催、条文の編集、コメントの募集、刑法修正草案原稿のドラフトが行われた。1996年12月、立法業務機関は、審議のために比較的成熟した刑法修正草案を第八次全国人民代表大会（以下「全人代」と略記する）常委会に提出した。第八次全人代常委会は、1996年12月26日に第23回会議を、1997年2月19日に24回会議を開き、刑法修正草案を審議したうえ、1997年3月に開催される第八次全人代第五回会議で審議するために、

---

303 高銘暄『中華人民共和国刑法的孕育誕生和発展完善』（2012）前言2～5頁。

そこにこれを提出することを決定した。

　1997年3月14日、第八次全国人民代表大会は、修正された「中華人民共和国刑法」、すなわち、1997年刑法典（以下、1997年「刑法」と略称する）を審議して可決し、かつ、1997年10月1日から施行することを決定した。

　かかる新刑法典は、科学的に刑法の基本精神を総括し、刑法の3つの基本原則、すなわち、罪刑法定原則、刑法適法における国民平等原則、罪刑均衡原則を明文で規定した。この新刑法典は、1979年刑法典およびその施行後の17年間の全ての単行刑法および付属刑法を検討し、修正し、整理したうえ、刑法典の関連部分に組み入れた。同時に、処罰すべき新たな犯罪が、刑法各則に追記された。これらをもって、刑法典の体系がさらに整備され、罪と罪の限界がより明確かつ具体的になって、法定刑間でのバランスもよくなり、操作可能性が高くなっている。新刑法典は、計15章452条から成り、うち、総則5章101条、各則10章350条、附則1条となっている。含まれる罪名は412個であり、そのうち、1979年刑法典から引き継いだ罪名は116個、単行刑法および附則刑法から引き継いだ罪名は132個、改正過程において新設された罪名は164個である。

　その後、社会の改革および進歩に伴い、犯罪と闘う必要に応じ、国家立法機関は、刑法典につきさらに続々と部分的修正および補充を行った。全人代

304　概括的に言えば、主たる内容は以下のとおりである。
　1．場所的効力について、刑法典に定める属地原則、属人原則、保護原則のほか、普遍管轄権原則も追記された。
　2．犯罪主体について、一部の犯罪につき組織体犯罪が追記された。
　3．刑種について、危害性が重大な軍人犯罪者について、勲章、褒章、栄誉称号の剥奪が付加刑として追記された。政治的権利の剥奪又は3年以上の有期懲役に処された軍官について、軍位の剥奪もできるとされた。
　4．量刑制度について、少くない重き従いに処罰する情状、および個別的に軽きに従い処罰し、又は処罰を減軽し、若しくは免除する情状が増やされた。
　5．刑の執行猶予制度について、戦争時の刑の執行猶予制度が増設された。
　6．各則罪名について、133個の新しい罪名が補充して追記された。1979年刑法典では129個の罪名しかなかったが、1997年改正刑法典の採択前に、すでに262個の罪名に増やされた。
　7．各則の法定刑について、少くない犯罪の法定刑が引き上げられた。
　8．罰金について、一部の犯罪に関して罰金の金額（普通金額および倍数金額を含む）を規定した。
　9．法条の適用について、「準用」を用いることにより、刑法各則における一部の条文に定める犯罪の適用範囲が拡大された（高・前掲（注303）前言2頁から引用した）。

常委会は、1998年12月29日付「外国為替の騙取購入、逃避および不法売買犯罪の懲罰に関する決定」、1999年12月25日付「中華人民共和国刑法修正案」、2001年8月31日付「中華人民共和国刑法修正案（二）」、2001年12月29日付「中華人民共和国刑法修正案（三）」、2002年12月28日付「中華人民共和国刑法修正案（四）」、2005年2月28日付「中華人民共和国刑法修正案（五）」、2006年6月29日付「中華人民共和国刑法修正案（六）」、2009年2月28日付「中華人民共和国刑法修正案（七）」、2011年2月25日付「中華人民共和国刑法修正案（八）」、2015年8月29日付「中華人民共和国刑法修正案（九）」、2017年11月4日付「中華人民共和国刑法修正案（十）」を可決し、刑法典の総則および各則において一連の修正および補充を行った[305]。

2　改正方法の変化[306]

刑法典に対する改正方法についても、発展し変化する過程にある。1979年刑法典効力発生後の改正・補充は、主として単行刑法および付属刑法の方法が採用された。1997年刑法典効力発生後の改正・補充は、1つの単行刑法、すなわち、1998年12月29日付「外国為替の騙取購入、逃避および不法売買犯罪の懲罰に関する決定」以外は、いずれも「刑法修正案」の方法が採用された。刑法修正案を刑法典の改正・補充方法とする基本的地位がすでに確立されたともいえよう。修正案方法を採用するメリットは、刑法の体系構造および条文の配列順序を乱すことがなく、刑法典の統一性および完全性を保護するうえで有利であり、司法業務の実際の操作、把握運用にも有利であり、多数の国民がこれを学習し遵守する上で有利だということである。また、刑法の安定性と適応性との関係が比較的適切に解決された。「刑法修正案」という立法方法を採用することは、中国の刑事立法技術がますます成熟していることを示すものである。

1997年刑法典への修正について述べれば、「刑法修正案（七）」までは、いずれも刑法各則の具体的な罪名に対する修正である一方、「刑法修正案（八）」は、引き続き刑法各則の具体的な罪名を修正したほか、はじめて刑法総則に対し一部修正および補充を行った。例えば、75歳以上の犯罪者について寛大に取り扱い、未成年犯罪者についてさらに寛大な措置を講じたことが挙げ

られる。また、刑罰構造、特に死刑とその他の刑との連結問題について、調整および改善を行い、執行猶予制度を大幅に修正し、地域社会における矯正を刑法に追記したことも挙げられる。特に、修正案は、13個の罪名の死刑を廃止し、死刑改革の道程においてしっかりした一歩を踏み出し、模範・指針の役割を果たした点で、大きな意味を持つものである。

---

305 刑法典条文の順序に基づき、補充し修正された刑法典総則の規定は、主に以下のとおりである。
1．満75歳の犯罪者について、寛大に扱うという原則が設けられた（第17条の1）。
2．保護観察を受ける犯罪者について、同時に、禁止令を与えることができ（第38条第2項）、法により地域社会における矯正を実行し（第38条第3項）、禁止令に違反する場合、「中華人民共和国治安管理処罰法」の規定に従い処罰する（第38条第4項）、とされた。
3．裁判の際に満75歳の者について、原則として死刑を適用しない（第49条第2項）、とされた。
4．死刑執行猶予期間満了後の有期懲役の刑期を従前の「15年以上20年以下」から「25年」に修正された（第50条第1項）。「死刑執行猶予」に処された累犯および特定種類の暴力犯罪について、刑の減軽が制限された（第50条第2項）。
5．刑の軽減の意味がさらに明確にされた（第63条第1項）。
6．18歳未満の者が罪を犯した場合累犯を構成しないという旨が明確に規定された（第65条第1項）。
7．特殊累犯の対象範囲が拡大された（第66条）。
8．自白の場合寛大に取り扱うという原則が増設された（第67条第3項）。
9．数罪併科の際の有期懲役の最高刑が引き上げられ、付加刑の併科が補充された（第69条）。
10．執行猶予の条件を細分化し、「執行猶予を実施すべき」規定が増設され、執行猶予された犯罪者について、同時に禁止令を与えることができる（第72条）とされた。
11．犯罪集団の首謀者について、執行猶予を適用しないという規定が追記された（第74条）。
12．刑の執行猶予を宣告された犯罪者について、法により地域社会において矯正を実施する（第76条）、とされた。
13．刑の執行猶予を宣告された犯罪者について、禁止令に違反し、情状が重大である場合、執行猶予を取り消す（第77条第2項）とされた。
14．無期懲役に処された犯罪者が刑を減軽された後の実際の執行刑期について、下回ってはならない刑期が13年に引き上げられ、減軽が制限された。死刑執行猶予犯罪者が無形懲役又は25年有期懲役を減軽された後の実際の執行刑期について、それぞれ25年、20年を下回ってはならないとされた（第78条第2項）。
15．無期懲役犯罪者の仮釈放前の実際の執行刑期が13年以上に引き上げられ、「再犯の危険がない」ことが仮釈放の実質的要件の1つとされ、さらに、仮釈放不可の対象犯罪が明確にされ、仮釈放後の居住地域に対する影響が考慮要素とされた（第81条）。
16．仮釈放された犯罪者について、法により地域社会における矯正を実行する（第85条）とされた。
17．罪を犯した際に18際未満で5年以下の有期懲役の刑に処された者について、軍隊に入り、又は従業するときに、処罰を受けたことを報告する義務を免除する（第100条第2項）とされた。
　　また、「刑法修正案（八）」は、「刑法」第68条第2項に定める犯罪後自首した後にさらに重大な功績があるという情状を削除した。(高・前掲（注303）前言5～6頁から引用した)。
306 高・前掲（注303）前言13～14頁。

第二節　「1997年刑法典」の総則規定に関する立法の論点と犯罪体系

1　罪刑法定原則
（1）罪刑法定原則の確立過程[307]

1997年刑法典に新設された3つの基本原則のうち、世界各国により一般的に受け入れられ、法理の精神および民主発展傾向を体現することができる最も重要な原則の1つは、罪刑法定原則である。「細かいより粗いほうが望ましい」という立法思想の影響を受け、中国1979年刑法典の多くの条文はその表現が曖昧であり、刑法典では類推制度が規定されたこと、およびその後の特別刑法においては遡及効力等の内容が個別的に追記されたことを考慮すれば、罪刑法定原則は、中国1979年刑法典では徹底して保障されてはいなかったといえよう。当時のこのような立法状態は、中国の刑法による人権保障機能の発揮に影響を与えるだけでなく、国際社会における中国の刑法による「法の支配」（法治）の評価にも、芳しくない影響を及ぼした。

実際、罪刑法定原則立法化の価値および類推制度弊害に対する認識は、1979年刑法典公布後まもなく、中国の刑法学界に広がり、また、中国の立法機関が刑法改正を立法計画に入れることにより、中国の刑法学界および法実務界は、当該問題に対する認識をますます深化させ、全面化させた。もっとも、中国の刑法改正の検討過程を振り返って見てわかるように、罪刑法定原則を刑法典に入れた過程は、必ずしも順調ではなく、複雑であり、鋭く対立した力の対決および見解の争いを数多く経験し、白熱したものであった。

刑法の全面改正を国の立法日程に正式に入れた後、相当長い期間に渡って、刑法学界では、刑法典において罪刑法定原則を確立しかつ類推を廃止するか否かについて、異論があった。罪刑法定原則を刑法に入れるか否かについて、否定論者は、罪刑法定原則は立法機関がすべての犯罪および刑罰を予め刑法で規定することを求めていることから、実際に実事求是の認識路線に

307　高・前掲（注303）171～174頁。

違反しており、罪刑法定原則の実行は、司法実践の手足を縛り、新たな類型の事件を処理するうえで不利であり、犯罪を厳しく取り締まるうえで不利であることを理由に、罪刑法定原則は、中国の刑法における基本原則になるべきではないと主張した。

これに対して、肯定論者は、将来の刑法典において罪刑法定原則を明確に規定すべきであると主張した。その主たる理由は、以下のとおりである。

(1) 中国刑法が罪刑法定原則を維持しかつ明文で規定することは、間違いなく中国が社会主義法治国家であることを体現し、国際進歩の成果によりよく適合することができ、中国刑法の国際的イメージを維持し、中国刑法ないし法治全体の威望を高めるうえで有利である。

(2) 罪刑法定原則の最も大きな価値は、罪刑専断を避け、人権を保障することができることにある。罪刑法定原則を規定することには、少々マイナス効果（すなわち、将来、刑法に明文のない社会侵害行為があっても、司法機関は、これを取り締まって処罰することができない。）が生じるかもしない。しかし、かかる問題は、罪刑法定原則を保障する如何なる国においてもすべて直面しているものであり、立法の不備および停滞は、司法による類推によって補うものではなく、刑事立法自身の改善によって解決すべきものである。罪刑法定原則を規定しないとすれば、中国刑法には隠れた法治の破壊が含まれていることになり、多数の公民が人権の危殆化を懸念することになってしまう。一方、罪刑法定を徹底的に保障するとすれば、刑法に不可避の欠缺により、法に明文で規定されていない危害行為に然るべき罰を与えることができないかもしれないが、類推制度によって公民の自由および社会民主的観点が被った損害と比べれば、極めて小さな欠点に過ぎない。したがって、罪刑法定原則は断固として保障すべきである[308]。

中国刑法において類推を廃止すべきか否かについては、当時概ね3つの観点が存在した。すなわち、

(1)「永久保留説」によると、完全かつ遺漏のない刑法典を制定すること

---

308 高銘暄「略論我国刑法対罪刑法定原則的確定」中国法学1995年第5期、馬克昌「罪刑法定原則立法化芻議」高銘暄（編）『刑法修改建議文集』（1997年）93頁（高・前掲（注303）172頁から引用した）。

は幻想であって、類推を保留することで、一方では、刑法の朝令暮改を避け、刑法の安定性を維持することができ、他方では、その後の刑法の改正・制定のために経験を積み重ねることもできることから、類型制度の保留は必要である、

(2)「一時的保留説」によると、類推制度は、立法経験が不十分で、立法が完備していない状況においては積極的な役割を果たしているが、条件が成熟した場合には、明確に罪刑法定原則を規定して、類推制度を廃止すべきである、

(3)「即時廃止説」によると、罪刑法定は、本質上、類推制度とは相容れないことから、もし本当に罪刑法定原則を徹底的に保障したいのであれば、類推制度を廃止し、罪刑法定原則を明記しなければならない、と[309]。

当時、政治的指導層にあった多くの人々により主張されたのは、「即時廃止説」ではなく、「一時的保留説」であった。国家立法工作機関も、「一時的保留説」に傾いた。したがって、1988年11月16日付刑法改正稿第85条では、1979年刑法典にあった類推制度の内容が維持されただけでなく、類推制度を適用する手続条件も緩和し、類推事件は事件ごとに最高人民法院に報告して承認を取得する必要はなく、最高人民法院に承認された類推事件であれば、各レベルの法院はこれを参照して適用することができるとされた。

もっとも、この草案の内容は直ちに刑法学界および法律実務部門からの多くの人により批判された。そこで、1988年12月25日付刑法改正稿は、類推適用を緩和する規定を是正した。ただ、当時の主導的見解がなお一時的に類推制度を保有する主張であったことに鑑み、1988年9月付、11月16日付、12月25日付刑法改正稿では、いずれも罪刑法定原則が規定されておらず、総則ではいずれも類推制度が規定されていた。

その後、類推制度の存廃については、前記の3つの意見は徐々に保留説と廃止説にまとまっていった。1996年4月30日に、全人代常委会法工委は、北京で刑法の改正問題について専門的な座談会を開催し、立法機関、司法部門および高等学校、科学研究機関の専門家や学者約60人が当該座談会に参

---

309 趙秉志『刑法総則問題専論』(2004年) 233～234頁 (高・前掲 (注303) 172頁から引用した)。

加した。この座談会の後、最高人民法院、最高人民検察院および公安部は、それぞれ意見書を提出した。

　公安部は、罪刑法定原則の確立は、厳格に法律を執行し、公民の適法な権益を保護するうえで非常に重要な意味を持っていると指摘した。ただし、刑法は、犯罪と闘うための道具であり、刑法の基本原則の画定は、現実の闘争の必要から出発し、犯罪を取り締まることに有利でなければならないので、刑法を改正する際に罪刑法定の原則を明確に規定するなら、現実の闘争の必要に十分に配慮し、犯罪として規定する必要がある危害行為の分析、画定を明らかにしなければならず、遺漏がなく、相当に大きな先見性を持ち、犯罪を放任しないよう保証することに最大限の努力をしなければならない。この点を保証できないならば、拙速に類推制度を廃止しないことが考えられるとも述べた[310]。

　しかし、注目すべきは、最高人民法院および最高人民検察院が明確かつ一致して、刑法総則では罪刑法定原則を明確に規定し、かつ、類推制度を廃止すべきであると主張したことである。最高人民法院と最高人民検察院の態度は、中国の刑法学界の主流的見解と一致していたといえる。実際、1979年刑法典施行後の十数年以来、最高立法機関は、24個の単行刑事法律を作り、かつ、107の非刑事法律で刑事責任条項を設置し、刑法典について大幅な改正および補充を行った。追加された犯罪は130個あまりであり、1979年刑法典にもともとあった犯罪の総数を超えた。これらの犯罪には、社会生活、特に社会経済分野において発生する様々な社会侵害行為が含まれており、これによって刑事立法は相当に整備され、周密になったともいえよう。特に、重大な犯罪行為については、法律により処理することができないような余地はなくなった。したがって、類推制度を維持することは実際に必要がなく、かつ、このようなやり方は、小利にこだわって大利を失い、得より損の方が大きい。しかも、類推制度の適用率は、1979年刑法典施行後の十数年間で高くなかった。

310　公安部修改刑法領導小組弁公室「当前修改刑法工作中亟待研究解決的十大問題（匯報提綱）」高銘暄・趙秉志（編）『新中国刑法立法文献資料総覧』（1998年）2653頁（高・前掲（注303）173頁から引用した）。

このような状況に鑑み、全人代常委会法制委員会は、1995年8月8日付刑法総則改正稿では類推制度を廃止し、同時に第3条で初めて罪刑法定原則を規定した。すなわち、行為を実行したときに犯罪として明文で規定されていなかった場合、これを有罪として処罰してはならないとしたのである。同改正稿は、1997年刑法典が類推を廃止し、明文で罪刑法定原則を規定するための基礎を築いており、その以降の各改正稿は、例外なくいずれも罪刑法定原則を規定し、かつ、類推を廃止した。

（2）刑法における罪刑法定原則の位置[311]

1995年8月8日付刑法総則改正稿では、罪刑法定原則は、刑法総則第一章「刑法の任務、基本原則と適用範囲」の第3条に規定されており、その後の各総則改正稿および1996年8月31日付刑法改正草稿では、かかる位置は変更されなかった。しかし、1996年10月10日付改正草案（意見募集草案）では、立法機関は、総則第一章の章名を「刑法の任務および適用範囲」に修正し、かつ、「基本原則」の内容を削除した。「罪刑法定原則」の規定は、刑法総則第二章「犯罪」第11条に規定された。

その後、前記の意見募集草案を検討した過程においては、刑法の基本原則は、すべての刑法規範と刑法適用を貫く、刑法の基本的性質と基本精神を体現する準則であり、刑法では全体を貫く中心的な役割を果たしているため、それは刑法の第一章で規定すべきであることが決められており、他方、罪刑法定原則は、刑事立法と刑事司法の全ての活動を貫く基本原則であるがゆえに、それを罪責認定原則規定にすぎないとみなして第二章第一節「犯罪と刑事責任」に規定することは明らかに適切ではない、と主張された。かかる意見は、最終的に立法機関に採用され、1996年12月中旬ごろの改正草案およびその以降の各草稿では、罪刑法定原則は、第3条として改めて刑法総則第一章「刑法の任務、基本原則と適用範囲」の中に戻された。

（3）罪刑法定原則の具体的な表現[312]

刑法改正検討においては、罪刑法定原則の立法表現はいくらか変遷してきた。1995年8月8日付刑法総則改正稿第3条は初めて刑法改正草稿におい

---

311 高・前掲（注303）174頁。
312 高・前掲（注303）174〜175頁。

て明文で罪刑法定原則を規定し、立法工作機関は、「行為を実施した際に犯罪として明文で規定しなかった場合、罪を認定し処罰してはならない」という表現を採用した。このような表現は、罪刑法定の伝統的表現と経義的意味に完全に適合している。1996年6月24日付刑法総則改正稿第3条は、「明文」という言葉を削除したことがあり、その他の部分は、前記の規定の表現と同じであった。

　1996年8月8日付刑法総則改正稿では第3条の表現にまた変化が生じた。同条によると、「法律には犯罪として規定されなかった場合、罪を認定してはならない。罪の認定と処罰は、行為時の法律および本法第10条の規定を根拠としなければならない」と規定された。このような変化について、1996年8月12日から16日まで開催された全人代常委会工作委員会により招聘された専門家座談会では、参加した専門家の全員が、同改正稿大3条の最後「罪の認定処罰は、行為時の法律および本法第10条の規定を根拠としなければならない」は余計であると考え、これを削除することを提案した。このようにして、1996年8月31日付刑法改正草稿では、罪刑法定原則に関する表現は、再び1996年6月24日付刑法総則改正案の表現に戻った。

　ところが、1996年10月10日付刑法改正草案（意見募集案）では、罪刑法定原則の表現に、従前の表現と比べて大きな変化が生じた。同改正草案では初めて有罪と無罪という正反両面から表記し、かつ、「行為時」という規定が削除された。第11条は、罪刑法定原則を「法律が犯罪行為として明文で規定している場合には、法律により罪を認定し刑に処する。法律に犯罪行為とする旨の明文の定めのない場合は、罪を認定し刑に処してはならない」と規定している。その以降の改正草案および1997年刑法典は、かかる表現を踏襲して使用している。いわば、「法律あれば犯罪と刑罰あり」という「積極的罪刑法定原則」も明記されているのである。

（4）1997年刑法典における罪刑法定原則の意味するもの

　犯罪論体系との関係では、罪刑法定原則の採用と明文化の過程で注目されることが二つある。

　第1に、このような罪刑法定原則は、当時の刑法学界の主流的見解と一致しており、かつ、最高人民法院および最高人民検察院も、この点では一致し

ていたということである。これは、「伝統的」な犯罪論体系が、「法律なければ犯罪も刑罰もない」という意味での罪刑法定原則の採用を要請するものであったことを示唆するものである。その際、最高人民法院および最高人民検察院は、特別法を含む刑事立法の進展によって、犯罪処罰の遺漏がほとんどなくなってきていることを強調している点も、注目に値する。

第2に、同時に、最終的な立法において、「法律が犯罪行為として明文で規定している場合には、法律により罪を認定し刑に処する。」という文言、すなわち「法律があれば犯罪も刑罰もある」という意味での「積極的罪刑法定原則」が採用されたことも、注目に値する。

このような「積極的罪刑法定原則」の明記について、何秉松は、以下の二つの理由があるとしている。第一は、いかなる機関または個人であれ、刑法の規定に違反して恣意的に無罪とされたり、その罪が放任されたりしてはならないということである。そして第二は、犯罪者に対して定められた犯罪とその処罰については、厳格に刑法の規定を守らなければならず、何を犯罪と定めるかに関しても、どのような刑罰に処するかに関しても、刑法の規定に違反してはならず、重罪を軽罪と認定し、軽罪を重罪と認定することや、重罪を軽い刑に処し、軽罪を重い刑に処することは許されないということである[313]。その背景には、贈収賄などの汚職の氾濫によって、裁判所による恣意的な無罪がなされる可能性があるものと推測される。

実際、中国の刑法学界は、一般に、「被害者の同意」の場合を例外として、明文にない「超法規的違法性阻却事由」の承認には消極的である。その理由は別にして、この「積極的罪刑法定原則」は、現在の三段階体系では承認されていない。この点は、四要件体系と三段階体系の相違点の一つかもしれない。

2 故意と過失に関する規定

（1）1997年刑法典における故意と過失の定義[314]

1997年刑法典第14条第1項は、「自己の行為が社会に危害を及ぼす結果

---

313 長井圓＝梁涛＝藤井学訳「中国刑法の指導思想　何秉松・刑法教科書（総論編3章〜8章）」神奈川法学33巻2号（2000年）（620頁）99頁参照。

を発生させることを明らかに知り、かつ、かかる結果の発生を希望し、又は放任し、これにより犯罪を構成する場合には、故意による犯罪である。」とし、第2項は、「故意による犯罪については、刑事責任を負わなければならない」と規定している。

第15条第1項は、「自己の行為が社会に危害を及ぼす結果を発生させる可能性を予見すべきであるものの、不注意により予見できず、又は予見していたが避けられると軽信し、それにより当該結果を発生させる場合は、過失による犯罪である。」とし、第2項は、「過失による犯罪については、法律に定めのあるものに限り、責任を負う」と規定している。

故意犯罪と過失犯罪の概念に関するこの2つの条文は、1979年「刑法」第11条と第12条の規定を全面的踏襲した。

(2) 立法過程における議論[315]

実際には、刑法改正検討過程においては、この2つ条文の具体的な表現について、一定の議論もあった。かかる議論は、主として以下のようなものであった。

(1) 前記2つ条文の第2項を保持すべきであろうか。この点について、1つの見解として、中国刑法では罪刑法定原則がすでに規定されたので、故意犯罪、過失犯罪は当然刑事責任を負わなければならないことから、「故意による犯罪については、刑事責任を負わなければならない」という規定と、「過失による犯罪については、法律に定めのあるものに限り、責任を負う」という規定を削除することが提案された。1995年8月8日付、1996年6月24日付、1996年8月8日付刑法総則改正稿では、故意犯罪と過失犯罪が1つの条文で規定され、かつ、1979年刑法典における「過失による犯罪については、法律に定めのあるものに限り、責任を負う」という規定が削除された。具体的な表現は、「故意による犯罪と過失による犯罪は、刑事責任を負わなければならない。自己の行為が社会に危害を及ぼす結果を発生させることを明らかに知り、かつ、かかる結果の発生を希望し、又は放任し、これにより犯罪を構成する場合には、故意による犯罪である。自己の行為が社会に危害

---

314 高・前掲 (注303) 185頁。
315 高・前掲 (注303) 185〜186頁。

を及ぼす結果を発生させる可能性を予見すべきあるものの、不注意により予見できず、又は予見していたが避けられると軽信し、それにより当該結果を発生させる場合は、過失による犯罪である。」というものである。

これに対し、もう１つの見解として、中国刑法各則の多くの条文では、故意犯罪か過失犯罪かが明確に区別されていないため、法律執行の際、理解に齟齬が生じることを避けるために、前記の総則改正稿で削除された「過失による犯罪については、法律に定めのあるものに限り、責任を負う」という規定を保持する提案がなされた。また、新たに追記された罪刑法定原則に合致し、言い回しをさらに徹底させるために、「過失行為については、法律で犯罪とされるものに限って、刑事責任を負う」というものに改正する提案もなされた。立法機関は、ある程度前記の提案を受け入れた。ただし、その後の刑法草案では、再び、1979年刑法典にあった「過失による犯罪については、法律に定めのあるものに限り、責任を負う」という規定を復活させた。

（2）刑法改正検討過程においては、故意犯罪に関する刑法の規定は、犯罪構成の要素を「社会に危害を及ぼす結果を発生させること」の認識を要するものとされていた。これに対しては、これは客観主義刑法理論の体現であり、18世紀に主流であった刑法理論であると指摘された。現在、各国の刑事立法では、犯罪の行為と結果発生の事実を強調しつつ、「社会に危害を及ぼす」という言葉は、犯罪者の心理に適合しておらず、かつ、「挙動犯」では結果も要求されていないとして、その認識を要求していないというのである。したがって、故意犯罪の概念に関する1979年刑法典の規定は適切ではなく、「自己の行為が法律規定で犯罪とされる結果を発生させることを明らかに知り、若しくは、自己の行為が法律で犯罪として規定される行為であることを明らかに知り、かつ、かかる結果の発生若しくはこの種の行為の実施を希望し、又は放任し、これにより犯罪を構成する場合には、故意による犯罪である。」に改正するという提案がなされた[316]。しかし、「原則として問題がなければ、できる限り調整しない」という立法改正指導思想の影響および支配を受け、新刑法典は、引き続き1979年「刑法」第11条と第12条の規定

---

316 全国人大常委会法工委刑法室「法律専家＜刑法総則修正稿＞和＜刑法分則修改草稿＞的意見」高/趙・前掲（注310）2128〜2129頁（高・前掲（注303）186頁から引用した）。

を踏襲した。

（3）1997年刑法典における故意・過失規定の意味するもの

これらの規定では、他の多くの国での刑事立法と同じく、故意犯処罰の原則と過失犯処罰の例外が明記されている。しかし、注目されるのは、故意の内容として「社会に危害を及ぼす結果を発生させること」の認識の要否をめぐる議論がなされた上で、その認識を要するとする規定が残されたことである。

ソビエト刑法学においては、「挙動犯」を含めて、犯罪の実質的な定義に「社会侵害性」が要求されている。それは、「結果犯」にいう「結果」の認識ではなく、当該犯罪行為が実質的に「社会にとって有害なもの」であることの認識である。実質的にみた「違法性の認識」に近いものと評することも可能であろう[317]。今日の三段階体系は、構成要件と違法性とを分けることで、故意の認識対象としても、その多くはこれらを分離し、「違法性の認識」を故意の内容から追い出している。この点もまた、要素の体系と段階的体系との相違点であるかもしれない。

3 精神障害者の扱い

（1）1997年刑法典における精神障害者の扱い[318]

精神障害者に関わる規定については、新刑法典は、1979年「刑法」第15条の規定と比べると、以下の点で変化した。

第一に、政府による強制医療の規定が追記された。刑法改正検討過程において、一部の学者より、中国では当時の精神病医療機関が不足していたこと[319]およびその他様々な原因により、精神病患者の家族又は後見人に対し厳重な管理保護および医療を命じるという1979年刑法典の関連規定については、その執行は芳しくなく、その家族は財力、人力等の制限により往々にし

---

317 このような実質的な「違法性の認識」を要求する近年の見解としては、日本では前田雅英の「厳格故意説」が、ドイツではヤコブスの見解が連想される。Vgl. G. Jakobs, System der strafrechtlichen Zurechnung 2012, S. 54. ヤコブスは、「許されない行為」を含む構成要件の要素はすべて何らかの意味で規範的なのであり、ゆえに「構成要件的故意は不法の認識から分離され得ない」と主張する。

318 高・前掲（注303）192～193頁。

てこのような責任を完全に負担することが困難であり、よってこのような精神病者が二度と社会に害を及ぼさないよう有効にコントロールすることはできなかった、とされていた。したがって、このような精神病者に対して有効な治療を実施し、改めて社会を害することを予防するため、刑法では「必要のある場合には、政府が医療を強制する」という規定を追記すべきことが指摘された[320]。

1979年刑法典の制定の際、「必要のある場合には、政府が医療を強制する」という規定がなかった原因は、前述のように、主として当時中国の精神病医療機関が著しく不足しており、法律でこれを規定しても、実際上、実行することはできず、逆に刑法の権威を害することになってしまうというものであった。その後、社会経済の発展に伴い精神病医療機関が続々と設立されたため、医療機関の不足のために生じる困難もかなり少なくなった。したがって、現在の医療状況、および精神病者の危害行為を防止する必要性に鑑み、立法機関は、当該意見を採用し、1988年9月付け刑法改正稿第15条第1項の末尾に「必要な時には、政府が医療を強制することができる」という規定を追記した。1988年12月25日付刑法改正稿では、表現上の都合により、前記の表現を「必要のある場合には、政府が医療を強制する」に修正され、この文言が1997年刑法典に引き継がれた。

319　日本の現行刑法典が、1907（明治40）年の段階において「改善・保安処分」を導入しなかった背景にも、このような事情があったと思われる。なお、日本では、明治34年改正案・35年改正案において「精神障礙ニ因ル行為ハ之ヲ罰セス但情状ニ因リ監置ノ処分ヲ命スルコトヲ得」「精神耗弱者ノ行為ハ其刑ヲ減軽ス」とあったが、現行法で心神喪失者の「監置ノ処分」が削除されている。刑法改正政府提案理由書（刑法沿革綜覧）では「特別法ニ譲ルコトトセリ」とされている。この点につき、膳所祥之助『貴衆両院　刑法改正案審議集』（明40、広益書館発行）2～3頁における政府委員（倉富）の説明では、監置は危害予防の為の規定であって刑罰ではない、精神病者に対する監置処分が必要なのは罪を犯した場合のみでなく、犯罪行為が無くとも必要な場合があり、精神病者監護法により監置処分を行いつつある、精神病者が刑法上の罪を犯した場合に限り監置処分にするという事を刑法に掲げても不完全である、幼年者についても同様であることから、「他ノ法律ニ於テ完全ニ是等ノ事ヲ規定スルノカ宜カラウ」とされたとのことである。浅田和茂『刑事責任能力の研究　上巻―限定責任能力論を中心として』（成文堂、1983年）42頁以下（47頁注5）参照。ちなみに、処分を刑法に規定するべきか刑法以外の警察法分野の法律に規定するべきかは、19世紀末におけるドイツの新旧両派の具体的な論争点だったようである。Vgl. *A. Eser*, Zur Entwicklung von Maßregeln der Besserung und Sicherung als zweite Spur im Strafrecht, Guido Britz (Hrsg.)：Grundfragen staatlichen Strafens：Festschrift für Heinz Müller-Dietz zum 70. Geburtstag. 2001, S. 224f.

320　趙秉志『刑法改革問題研究』（1996年）412頁（高・前掲（注303）192頁から引用した）。

第一章　中華人民共和国「1997年刑法典」時代の犯罪論体系　153

　第二に、精神病者に対しては、法定手続により鑑定をして確認しなければならない旨の規定が追記された。刑法改正検討過程においては、司法実務上、一部の地方では精神病鑑定手続きが混乱し、精神病患者に対する鑑定機関の基準の理解が実際には一致していないという現状に鑑み、1996年10月10日付改正草稿(意見募集草稿)では、1項を第4号として追記したことがあった。また、「精神病の医学鑑定については、省レベルの人民政府指定の病院で行う」とされたが、同項はすでに「刑事訴訟法」第120条第2項で明確に規定されていたため、実体法としての刑法では手続上の内容について重複的規定を定める必要がないことから、1997年1月10日付刑法改正草案では同項を削除し、かつ、第18条第1項に「法定手続による鑑定確認」という規定が追記された。当時の条文は、以下のようにドラフトされた。すなわち、「法定手続による鑑定を受けて確認された精神病者が自己の行為を弁識することができず又は抑制することができない時に危害結果を引き起こしたときには、刑事責任を負わない。ただし、その家族又は後見人に対して厳重な監視管理および医療を命じなければならない。必要のある場合には、政府が医療を強制する」と。

　その後、修辞上の考慮により、刑法草案では再び、「法定手続による鑑定を受けて確認された」という文言の法条での表記位置が調整された。前記の改正および調整を経たうえで、最終的に1997年「刑法」第18条第1項の規定が形成された。

　第三に、限定責任能力の精神障害者の刑事責任の規定が追記された。1979年刑法典では、精神病者の責任能力について「無し」又は「あり」という二分化が採用されており、限定責任能力規定は存在しなかった。刑法改正検討過程においては、一部の学者より、精神障害者の限定責任能力規定の必要性が指摘された。すなわち、その責任能力は、精神障害により一般人より軽減されており、これは、現代各国司法精神病学界では争いのない客観的事実であるとされている、責任能力と刑事責任の内在的関係に基づき、現代の多くの国の刑事立法ではいずれも限定責任能力の精神障害者の条項が設立され、その犯罪行為につき寛大に取り扱うと規定されている、しかも、中国の司法精神医学鑑定の理論および実務は、昔から限定責任能力の精神障害者の存在

を認めており、中国の司法実務も、この司法精神病学の主張をそのまま受け入れ、かつ、中国刑法の基本原理に基づき、犯罪の制限責任能力を構成する精神障害者について、情状を酌量して異なる程度で寛大に処罰している、したがって、精神障害者の刑事責任問題に関する中国の刑法をさらに精密化し完備させ、中国の刑法と現代外国刑法の関連通例との間に調和が取れるよう、中国の刑法でも限定刑事責任能力の精障害者の刑事責任の規定を追記すべきである、というのである[321]。

（2）立法過程における論争[322]

立法工作機関は、検討および論証を経たうえ、最終的には当該意見を採用し、1996年6月24日付刑法総則改正稿およびその後の刑法改正稿では、限定責任能力の精神障害者の刑事責任の規定を追記した。

注目すべきは、この種の精神障害者をどのように処罰するかについて、異論があったことである。1つの意見は、精神障害者の自己の行為に対する弁識又は制御能力は精神障害により明らかに弱まっていることから、その処罰は当然一般人より軽くすべきであり、限定責任能力の精神障害者に対し必要的減軽を行うことが適切である、とするものであった。もう1つの意見は、限定責任能力の精神障害者の状況は非常に複雑であり、重度の障害者は責任無能力に近い一方、軽度の障害者は、正常者と相違ないことから、立法に弾力性がない規定は望ましくない、とするものであった。すなわち、これらの事案を処理するためには、精神障害者の責任能力の程度だけでなく、事件全体の情状のすべても検討する必要があり、処罰の際に、「軽」と「重」との間で釣り合いが取れるよう努力しなければならず、したがって、立法は、「任意的減軽主義」を採用しなければならない、というのである[323]。

多様な限定責任能力の精神病者の弁識および抑制能力の相違状況を考慮に入れて、中国での審判実務経験および外国の立法例を踏まえ、刑法改正原稿、改正草稿、ないし最終的に採択された新刑法典では、いずれにおいて

---

321 趙・前掲（注320）410頁（高・前掲（注303）193頁から引用した）。
322 高・前掲（注303）193頁。
323 最高人民法院刑法修改小組「関于刑法修改若干問題的研討与建議」高/趙・前掲（注310）2356頁（高・前掲（注303）193頁から引用した）。

も、限定責任能力の精神病者に対する処罰について「任意的減軽主義」が採用された。具体的な表現からみれば、1996年6月24日付刑法総則改正稿では、これらの精神障害者について、「軽きに従い処罰し、処罰を軽減し、又は処罰を免除することができる」と規定された。もっとも、このような表現ではこれらの精神障害者に対する寛大処理の幅が広すぎることに鑑み、1996年8月8日付総則改正稿では、「処罰を軽減することができる」へと改正された。しかし、このような表現は、明らかに、対極に偏りすぎてしまったため、1996年8月31日付刑法改正草稿およびその後の改正草稿では改めて「軽きに従い処罰し、処罰を軽減することができる」へと改正された。最終的に採択された1997年「刑法」第18条第3項は、この規定を踏襲した。

(3) 1997年刑法典における精神障害者の扱いの意味するもの

1997年刑法典においては、①1979年刑法典において見送られた「必要な時には、政府が医療を強制することができる」という規定が追記されたこと、および、②これが精神鑑定による確認を要するものであること、さらに、③限定責任能力による任意的減軽の規定が導入されたことが注目される。なぜなら、①は、責任能力をその前提とする「犯罪」でないものも刑法典が扱い、「強制医療」という効果を定めることが認められたということを意味するからであり、②は、そのために精神鑑定の制度が整ったことを意味するものであるからである。さらに、③は、現実には、精神障害により法に触れる行為をした者に対し、早期に刑罰から解放し医療に服させることを可能にする制度が採用されたことと、それが、古典的な責任応報の理論では説明し難い「任意的減軽」というものであることが重要である。

他方で、ベルナーからソビエト刑法教科書までは自然人に限られていた「主体」が組織体にまで拡大されたことも、見落としてはならない。

すなわち、これらは、「犯罪」を「自由意思を持った主体」のしわざとして捉える考え方よりも、「人間による危害行為の存在とその解説策としての刑法」という考え方、すなわちドイツのリストに代表される考え方に馴染むものなのである。

4 主犯処罰原則について重大な改正を行ったこと

(1) 立法の経緯[324]

1979年刑法典では、主犯は犯罪集団の首謀者と首謀者以外のその他の主犯に分けられていたが、単に漠然と「主犯について、本法各則に定めのある場合を除き、重きに従い処罰しなければならない」と規定されていただけで、主犯の種類によって異なる処罰という原則は採用されなかった。

最初に主犯の種類を区別しかつ異なる処罰原則を規定したのは、1996年8月8日付刑法総則改正案であり、同案第26条第2項によると、「犯罪集団の首謀者は、集団が犯した全ての犯罪行為により処罰する。その他の主犯については、本法各則に定めのある場合を除き、重きに従い処罰しなければならない」とされていた。1996年8月31日付刑法改正草案では、主犯の処罰原則は2つの項に分けられ、第26条第2項と第2項に規定された。第2項によると、「主犯については、その関与した全ての犯罪により重きに従い処罰しなければならない」とされ、第3項によると、「犯罪集団の首謀者については、集団が実施した全ての犯罪行為により処罰する」とされた。

1996年10月10日付刑法改正草案（意見募集案）第24条では、主犯処罰原則を2つの項に分けるという前記の刑法改正草案枠組みを基本的に維持したが、重要な改正も行い、主犯について重きに従い処罰するという規定は削除された。当該刑法改正草案の表現について、刑法改正検討過程では、ある部門は、改正草案では「犯罪集団を組織し指導する首謀者については、集団が犯した全ての犯罪行為により処罰する」、「主犯については、その関与した全ての犯罪により処罰しなければならない」と規定されただけで、「重きに従い処罰する」ことは規定されていない一方で、従犯の処罰については「軽きに従い処罰し、処罰を軽減し、又は免除しなければならない」と規定され、関与した犯罪により処罰することが規定されていないため、両者間で調和が取れていないことから、犯罪集団の首謀者およびその他の主犯については、いずれも重きに従って処罰しなければならないことが指摘された[325]。しかし、仮に主犯については重きに従って処罰し、従犯については寛大に処罰し

324　高・前掲（注303）206〜207頁。

なければならないとすると、主犯と従犯に対する処罰は判断基準を失ってしまうことに鑑みて、立法者は、最終的には当該意見を採用しなかった。

1996年10月10日付改正草案（意見募集案）の前記の表現について、ある部門は、改正草案では共犯における首謀者と主犯の責任範囲と処罰原則を混同して規定するのは妥当ではないと指摘した。その上で、共犯における共犯の責任範囲は独立して一条で規定し、かつ、共犯・共同責任という一般的原則を確定するよう提案し、共犯者の責任範囲問題を独立に規定することこそが、実務上の具体的な操作に有利である、と指摘した[326]。しかし、当該意見も立法機関により受容されず、前記の改正草案の規定を元にして、その他の主犯の責任範囲を明確にし、技術的調整を経たうえで、最終的に新刑法典の規定が形成された。

（2）経済犯罪における**各則規定**[327]

指摘すべきは、1979年刑法典施行以降、全人代常委会可決の一部の単行刑法では、経済的な共犯における首謀者およびその他の主犯の処罰について、一定の補充が行われたことである。例えば、全人代常委会可決の1988年1月21日付「密輸罪の懲罰に関する補充規定」第4条第2項によると、「二人以上共同で密輸した場合、個人密輸貨物、物品の価格およびその犯罪での役割により、それぞれ処罰する。密輸犯罪の首謀者については、集団密輸貨物、物品の総価格により処罰する」と規定されている。全人代常委会可決の1988年1月21日付「汚職罪賄賂罪の懲罰に関する補充規定」第2条第2項によると、「二人以上共同で汚職した場合、個人所得金額およびその犯罪での役割により、それぞれ処罰する。汚職集団の首謀者については、集団汚職の総金額により処罰する。共同汚職犯罪におけるその他の主犯については、情状が重い場合、共犯の被害総額により処罰する」と規定されている。

325　最高人民法院刑法修改小組「関于対＜中華人民共和国刑法（修訂草案）＞（徴求意見稿）的修改意見（1996年11月8日）」高／趙・前掲（注310）2429頁（高・前掲（注303）207頁から引用した）。
326　最高人民検察院刑法修改研究小組「関于対＜中華人民共和国刑法（修訂草案）＞（徴求意見稿）的修改意見（1996年11月15日）」高／趙・前掲（注310）2635頁（高・前掲（注303）207頁から引用した）。
327　高・前掲（注303）207～208頁。

このように、経済的、財産的犯罪では、犯罪の被害総額に応じて責任を負う者には、犯罪集団の首謀者だけではなく、その他の情状が重い主犯も含まれる。これらの各則的規範により確定された経済的共犯の主犯に対する処罰原則を新刑法典に入れる必要があるか否かについては、学者は、一般的に否定的観点を持っており、刑法総則では統一した共犯の処罰原則が定められた以上、各則で特定の犯罪の共犯処罰原則を規定する必要はないと主張した。したがって、これらの各則的規範は、1997年刑法典では受け入れられなかった。

（3） 1997年刑法典における主犯処罰原則規定の意味するもの

犯罪論体系からみて、主犯処罰規定に関しては、次のことが指摘できよう。すなわち、①1997年刑法典においても、共犯においては、依然として、主犯と従犯という区別が用いられていたこと、②その主犯も、改正の過程では、さらに「首謀者」とその他の主犯に分けて量刑する規定が提案されていたこと、③最終的には、主犯はその関与した犯罪全体について、とりわけ経済犯罪においてはその被害総額に応じて処罰されることが認められたが、それらはすべて総則において一般的に規定されたことである。

とりわけ、①の主犯と従犯との区別という二分法は、1851年プロイセン刑法典においてフランスより教唆犯の規定が導入されたドイツにおいても、長らく発起者（Urheber）と従犯との二分法に従ってきたドイツ19世紀の共犯論を彷彿させるものである。法文に明記はされなかったが、首謀者を重視するその体系は、「構成要件該当行為」を中心として正犯の範囲を画そうとするベーリングの体系には馴染まないかもしれない。ただし、この主犯概念は、19世紀的な体系への先祖がえりであるとも、また組織的経済犯罪を念頭に置いた現代的な体系であるとも評することができよう。

5　共同犯罪ないし共犯と身分

（1） 立法の経過[328]

1979年刑法典採択後、全人代常委会可決の個別単行刑法では、身分犯に

328　髙・前掲（注303）209～210頁。

おける身分者と非身分者による共犯の場合には、身分犯の犯罪の性質により罪を認定するとされた。例えば、全人代常委会可決の1988年1月21日付「汚職罪賄賂罪の懲罰に関する補充規定」第1条第2項は、「国の職員、集団経済組織の職員その他公共財物を取り扱い、管理する職員との間で結託し、共同で汚職した場合、共犯として論罪する」とした。また、第4条第2項は、「国の職員、集団経済組織の職員その他公務に従事している職員と結託し、共同で収賄した場合、共犯として罪を認定する。」と規定した。

　刑法改正検討の過程において、刑法典総則において共犯と身分問題を明確に規定するか否かについては異論が存在したが、多くの人は賛成の態度であった。その理由は、主として以下のとおりである。

　(1) 中国では過去長期にわたって司法解釈の方法により主犯の行為の性質をもって共犯の性質を確定すると規定されていることには、不合理又は看過し難い問題が存在する。また、汚職罪と収賄罪の共犯に関する「汚職罪賄賂罪の懲罰に関する補充規定」の定めは、比較的合理的なものであり、実務上、実行が容易である。

　(2)「汚職罪賄賂罪の懲罰に関する補充規定」の定めは、汚職および収賄の共犯に限ったものであるところ、その他の条文でもこの原理が適用されている。例えば、男性が強姦罪を犯すために婦人が幇助した場合、共犯として論罪する。したがって、各則において各条で逐一規定するのではなく、総則に一条を定めることが考えられる。

　(3) 多くの国の法律では、身分犯の共犯問題に関する特別な規定があり、中国の関連立法の改善のための参考資料を提供している。中国人民大学法学院刑法総則改訂グループが1994年にドラフトした1つの刑法総則大綱と4つの総則改正案では、身分犯の共犯問題について、中国の立法および司法実務を踏まえながら、国外の合理的な規定を参照したうえ、参考となる条文案として、「特定の身分のない者が、特定の身分のある者に法律により特定の身分が求められる罪を犯すよう組織し、教唆し、幇助する場合には、特定の身分のない者は、当該犯罪の共犯として処理すべきである。特定の身分により刑罰の軽重又は免除が生じる場合には、その効力は、当該身分のない者には影響しない。」とされていた[329]。

しかし、全人代常委会法制工作委員会が表に立ってドラフトした刑法改正稿および刑法改正草案の条文では、一部の刑法改正稿および改正草案が「汚職罪賄賂罪の懲罰に関する補充規定」の規定を受け入れたことを除き、刑法総則では身分犯の共犯について規定されなかった。その結果、1997年刑法典には、身分犯の共犯に関する総則規定は置かれなかった。

（2）収賄の共犯および賄賂仲介罪に関する特別規定[330]

もっとも、その代わりに、横領賄賂の罪に関しては、1997年刑法典第382条第3項に「前2項に掲げる者と通謀して共同で横領を行った者は、共犯として論ずる。」とする各則規定が置かれたほか、贈収賄に関し、以下のような特別規定が置かれている。

収賄共犯の規定については、前述のとおり、「汚職罪賄賂罪の補充規定」では、収賄の共犯について、明確に規定されていた。すなわち、国の職員等と結託し、共同で収賄した場合、収賄罪の共犯として罪を認定するとされていたのである。1996年8月8日付刑法各則改正草案は、基本的にこの規定を踏襲した。その後、刑法典総則で共犯についてすでに明確に規定されているため、各則で改めて具体的犯罪の共犯問題について重複的規定を定める必要がないことから、1996年8月31日付刑法改正草案をもって、この種の収賄共犯問題について規定を定めることはなくなった。

しかし、賄賂仲介罪については、以下のような経緯で、特別な共犯規定が設けられた。すなわち、1979年刑法典第185条第3項では贈賄罪と斡旋贈収賄罪とが1つの条文で規定され、斡旋贈収賄を行った者について、3年以下の有期懲役又は拘役に処するとされていた。刑法改正検討過程においては、本罪をドラフト中の刑法典に入れるか否かについて、異論があった。贈収賄斡旋者が賄賂を斡旋する過程においては、いずれにしても贈賄者又は収賄者のいずれかの一方を代表し、贈賄者又は収賄者に対し幇助、又は教唆かつ幇助の役割を果たすことになるからである。これについては、共犯に関する刑法総則の規定に基づき贈収賄斡旋者を贈賄又は収賄罪の共犯として処理

329　最高人民検察院刑法修改研究小組「修改刑法研究報告（1989年10月12日）」高/趙・前掲（注310）2527頁（高・前掲（注303）210頁から引用した）。
330　高・前掲（注303）609～614頁。

第一章　中華人民共和国「1997年刑法典」時代の犯罪論体系　*161*

することができ、別途斡旋贈収賄罪を単独で設立する必要がないことが指摘された。そこで、1988年9月付改正案および1996年8月8日付各則改正草案では、立法機関は、斡旋贈収賄罪を規定しなかった。

ところが、その後、贈収賄斡旋は贈賄又は収賄の共犯の特徴と異なっていることに鑑み、その廃止は望ましくないとして、1996年8月31日付改正草案では、立法機関は、改めて斡旋贈収賄罪の規定を復活させた。すなわち、「他人に対して賄賂犯罪を斡旋した者は、3年以下の有期懲役又は拘役に処する。情状が重い場合、3年以上7年以下の有期懲役に処する」としたのである。

1996年12月中旬ごろの改正草案では、立法機関は、前記の文言につき、再び比較的大きな改訂および調整を行った。1つは、本罪の罪状をさらに明確にし、本罪の法定刑を簡素化し、従前の2つレベルの法定刑を1つのレベルに統合したことである。もう1つは、贈収賄の犯罪者を離反させるために、自発的に贈収賄斡旋行為を自白する者は寛大に取り扱うことができるとしたことである。具体的には、「国の職員に対し賄賂を斡旋した者は、3年以下の有期懲役、拘役又は管制に処する。賄賂を斡旋した者は、訴追される前に自ら贈収賄斡旋行為を自白した場合には、処罰を軽減し、又は免除することができる」と規定された。1997年2月17日付改正草案（改正案）では、立法機関は、本罪について、従前の「国の職員」を「国家機関の職員」へと修正した。1997年3月1日の改正草案では、本罪の対象が改めて「国の職員」に戻され、かつ、本罪の成立範囲を制限するために「情状が重い」という規定が追記され、かつ、従前のバージョンで規定されていた本罪の管制刑が削除された。

これをもって、1997年刑法典第392条の規定、すなわち「国の職員に対して賄賂を斡旋し、情状が重い者は、3年以下の有期懲役又は拘役に処する。賄賂を斡旋した者は、訴追される前に自ら贈収賄斡旋行為を自白した場合には、処罰を軽減し、又は免除することができる」という条文が完成した。

（3）1997年刑法典における共犯と身分に関する規定の意味するもの

共犯と身分に関する規定から明らかになるのは、次のようなことである。すなわち、①共犯と身分に関しては、1810年フランス刑法および1851年プ

ロイセン刑法と同じく、一般的な総則規定は置かれなかったこと、②代わりに、実務的に必要性の高い横領賄賂の罪に関して、非身分者による共犯の処罰規定が各則に置かれたほか、③その罪質の特殊性や自白による刑の減免によって賄賂仲介者を収賄者から離反させる必要から、賄賂仲介罪に関する特別規定が置かれ、自白による刑の減免が導入されたことである。

これにより、加減的身分犯の共犯一般に関しては、ドイツの1871年刑法典や日本の旧刑法と異なり、身分のない共犯者も身分者の刑で処断される「誇張従属形式」が妥当したことになる。この点では、構成的身分犯でも加減的身分犯でも、身分は同じく連帯的に作用するのである。これは、犯罪論体系からみれば、「違法身分」と「責任身分」の区別という発想には馴染みにくい点で、三段階体系よりも四要素体系に親和的であろう。

第三節　現代中国の犯罪論（概観）
——四要件の犯罪構成要件論に対する絶え間ない挑戦——

すでに「中華民国時代の犯罪体系」と「中華人民共和国の犯罪体系の起源」において述べたように、1949年に中華人民共和国が成立して以降、共産党政権は国民党時代の法律および法学理論に対して全面的な粛清を徹底し、その後、ソビエトの法理論を輸入して、法律および法学理論の全面的なソビエト化を始めた。そこでは、現代中国刑法学にとって重要な意味を持つソビエト・ロシア刑法学の専門書『ソビエト刑法総論』[331]が1950年に中国語に翻訳されて輸入された。

1957年から中国は反右派階級闘争の時代に入り、ニヒリズム思想が盛んになったため、刑法学の研究はそれに続く「文化大革命」が終わるまで停滞したが、1979年に中国の最初の刑法典が施行されて以降、ピオントコフスキーが『ソビエト刑法総論』の中で主張した「犯罪の客体」、「犯罪の客観的側面」、「犯罪の主体」、「犯罪の主観的側面」という「四要件の犯罪構成要件論」は、再び中国の刑法学者によって注目され、1982年に、現代中国の刑法

331　ソビエト司法部全ソビエト法学研究所（主編）彭仲文（訳）『蘇聯刑法総論』（1950年）。

第一章　中華人民共和国「1997年刑法典」時代の犯罪論体系

学の基礎を築き上げたと評価される『刑法学』[332]という教科書の中に復活し、その後の数十年の間に中国の犯罪論体系に関する通説になった。

　しかし、この四要件の犯罪構成要件論という「要素の体系」が通説になって以降、それに対する絶え間ない挑戦が続いた。最初の挑戦は「要素の体系」の内部から生じた。1980年代の半ばから、同じ「要素の体系」でありながら、当時の通説である「四要件説」に対して、「三要件説」[333]や「五要件」[334]を主張する学者が現れてきた。1980年代の犯罪論体系に関する論争は、要件の数の増減にだけ注目しており、違法と責任の区別のような、体系の構造を根本的に変えるような、つまり「段階的体系」への発想はまだ存在しなかった。その中で、1991年に馬克昌が主編を担当して出版した『犯罪通論』[335]の中では、トライニンの『犯罪構成要件の一般理論』[336]の影響を受け、四要件の犯罪構成要件論が主張されていたが、「社会侵害性」と「犯罪性を阻却する行為」に関しては、『刑法学』[337]と異なる体系的な位置づけが取られていた。もっとも、ソビエト・ロシアの刑法学界では、ピオントコフスキーとトライニンと

---

[332] 高銘暄・馬克昌（主編）『刑法学』（1982年）。
[333] この時代の「三要件説」では、以下のようなものが存在する。第一は、主観的側面と客観的側面を合併して社会を侵害する行為としたうえで、「犯罪の主体、社会を侵害する行為、犯罪の客体」の犯罪構成要件論を主張するものである（顧永新「犯罪構成理論新探」政法論壇1985年第3期68頁以下）。第二は、犯罪の客体は犯罪構成要件ではないと考えて、「犯罪の主体、犯罪の客観的側面、犯罪の主観的側面」の犯罪構成要件論を主張するものである（張文「犯罪構成初探」北京大学学報1984年第5期11頁以下、張明楷「論犯罪構成要件」中南政法学院学報1987年第4期40頁以下、胡家貴「関于犯罪構成的客体与対象之我見」政法論壇1989年第5期75頁以下）。第三は、犯罪の主体は犯罪構成要件ではないと考えて、「犯罪の客体、犯罪の客観的側面、犯罪の主観的側面」の犯罪構成要件論を主張するものである（傅家緒「犯罪主体不応是犯罪構成的一個要件」法学評論1984年第2期66頁以下、陶積根「犯罪主体不是犯罪構成要件」政治与法律1986年第2期47頁以下）。第四は、「犯罪の主体、刑法に違反する行為、行為者の落ち度」の犯罪構成要件論を主張するものである（鄒涛「犯罪構成理論新探」法学1988年第2期11頁以下）。
[334] この時代の「五要件説」は、「社会を危害する行為、社会を危害する客体、社会を危害する結果と社会を危害する行為との因果関係、危害行為の主体の条件、危害行為の主観的罪過」の犯罪構成要件論を主張する（周密「試論"構成犯罪"」政法論壇1987年第6期41頁以下）。
[335] 馬克昌（主編）『犯罪通論』（1991年）。
[336] 拙稿「中華民国時代の犯罪体系」（本書第一部5頁）においてすでに述べたとおり、トライニンの『犯罪構成要件の一般理論』は1958年に中国語に翻訳されて出版されたが、1957年から中国すでに反右派階級闘争の時代に入っていたので、その時点では、トライニンの学説は中国の刑法学研究にあまり影響を与えることはなかったのである。中国でトライニンの犯罪構成要件論を体系的に採用したのは、1991年の『犯罪通論』からだと思われる。
[337] 高/馬・前掲（注332）。

の「社会侵害性」の体系的位置づけに関する論争が激しく展開されていたが[338]、当時の中国ではあまりこの方向へ展開していなかった。

四要件の犯罪構成要件論に対する真の挑戦は、外部から徐々にやって来た。中国の市場経済改革により、諸外国との法学交流が深く広くなり、その結果、1980年代の半ばからドイツや日本の刑法学が再び中国の刑法学に影響を与えはじめた。それ以来、独・日の「段階的体系」は徐々に中国の刑法学界で有力になり、今日ではもはや「四要件の犯罪構成要件論」と互角といえる状況となっている。

その際、中国の独日派の学者からは、概ね四要件の犯罪構成要件論には以下のような問題点が存在すると指摘された。第一は、4つの犯罪構成要素の間の論理的な関係が不明確であること[339]、第二は、4つの犯罪構成要素以外に、社会侵害性という実質的な犯罪の成否の基準が別に存在すること[340]、第三は、正当防衛や緊急避難などの「正当化事由」と犯罪構成との論理上の関係が不明確であること[341]、第四は、「違法」と「責任」の区別が存在しないので、期待可能性や違法性の意識の可能性などの理論の体系的地位を見つけることが困難であること[342]、第五は、共犯に関し、共犯の従属性、従属の対象、従属の範囲が判断し難く、共犯論の実務的な諸問題を解決できないこと[343]である。

このような状況の中で犯罪論体系に関する論争が激しく展開されていたので、それに関連する論文や専門書の数もかなり多くなっている[344]。紙幅の制

---

338 その経緯については、上田寛・上野達彦『未完の刑法：ソビエト刑法とは何であったのか』（2008年）87頁以下が詳しい。
339 陳興良『規範刑法学（第2版）』（2008年）99～100頁、付立慶『犯罪構成理論：比較研究与路径選択』（2010年）79頁以下、周光権『刑法総論（第2版）』（2011年）64～65頁、陳・前掲（注135）109頁、陳・前掲（注2）7～8頁、毛乃純「中国犯罪論体系に関する一考察」早稲田大学大学院法研論集第146号（2013年）198頁、張明楷『刑法学（第5版）』（2016年）年101～102頁。
340 陳・前掲（注339）99頁、付・前掲（注339）30頁以下、陳興良『刑法学（第2版）』（2010年）36～37頁、張明楷「中国における犯罪論体系をめぐる論争」法律時報2012年84巻1号45頁、陳・前掲（注2）8～9頁。
341 陳・前掲（注339）99頁、付・前掲（注339）60頁以下、陳・前掲（注340）37頁、陳・前掲（注2）249～256頁、張・前掲（注339）102頁、毛・前掲（注339）198頁。
342 付・前掲（注339）69頁以下、張・前掲（注340）45頁、張・前掲（注339）101頁、毛・前掲（注339）198頁。
343 張・前掲（注340）45頁、陳・前掲（注135）476頁、毛・前掲（注339）199頁。

第一章　中華人民共和国「1997年刑法典」時代の犯罪論体系　　*165*

限と筆者の能力の限界から、本書ではその中のごく一部の代表者の学説しか検討することはできない。

　ところで、中国刑法学の独日派の代表者である張明楷によれば、今日の中国の犯罪論体系に関する主張は、おおまかに、維持派、改良派、再構築派及び移植派に分けることができる[345]。維持派は、伝統的犯罪論体系を維持すべきであると主張する。すでに別稿で高銘暄と馬克昌によって代表される伝統的な犯罪論体系を検討したことがあるので[346]、本書では維持派として黎宏の修正四要件説を検討する。改良派は、伝統派的な犯罪構成要件論の欠陥を認めながらも、この体系がすでに実務に定着しており、ドイツや日本の段階的体系を導入すれば、却って実務の混乱を招くおそれがあるとし、ただ現行の四要件体系の欠陥を改良すれば十分であると主張する。以下では、その代表者の一人の周光権の「犯罪の客観的要件―犯罪の主観的要件―犯罪阻却要件」の体系を検討する。再構築派は、四要件体系を全面的に否定した上で、ドイツや日本の段階的体系の移植をするのではなく、中国独自の犯罪論体系の構築を主張する。本書では再構築論に関して、陳興良（『規範刑法学』）の「罪体―罪責―罪量」の体系を検討する。移植派は、ドイツや日本の段階的体系の導入を主張する。本書では移植論に関して、張明楷と陳興良（『刑法学』）の学説を検討する。

344　論文の数の具体的な状況は拙稿「中華民国時代の犯罪体系」（本書第一部6頁）を参照されたい。
345　学説の分類法については、他にも存在しているが、本書では張明楷教授の「中国における犯罪論体系をめぐる論争」と同じ立場を採用する。張・前掲（注340）44頁以下参照。
346　拙稿「中華民国時代の犯罪体系」本書第一部11頁以下参照。

第二章　現代中国の犯罪体系論

　以下では、現代の中国において四要件体系に対抗する代表的な犯罪論体系として、張明楷、陳興良および周光権の見解と、形式上は四要件体系を支持する黎宏の見解も紹介し、四要件体系との異同および中心的な論点を明らかにする。その際、共犯論は体系論の試金石であることから、各論者の体系論が—間接正犯を含む—共犯論においてどのような具体的な結論に繋がるかにも注目する。

第一節　張明楷の犯罪論（移植論）

1　「不法-責任」説[347]

　以下の理由に基づき、張明楷の教科書は、形式上の二段階、実質上三段階ともいえる体系を採用している。すなわち、犯罪は、不法と責任により構成される、不法とは、構成要件に該当しかつ違法であることを指しており、構成要件該当性は、犯罪の成立要件の総体ではなく、犯罪成立ための１つの要件に過ぎない、構成要件は違法類型であり、行為に法益侵害性（違法性）があることを示す要件であり、行為が構成要件に該当した後は、違法性阻却事由の有無を判断するだけで終わり、積極的に違法性を判断する必要はない、よって、構成要件と違法性は、不法という同一の段階に属する、ただし、この段階では、まず構成要件該当性を判断し、肯定的結論を出してからはじめて違法性阻却事由の有無を判断しなければならない、責任は、不法に対する非難可能性である、それは責任に必要とされる要素を備えていることを意味し、責任要素といってもよい、責任要素には、積極的に判断しなければならない要素（例えば、故意、過失、目的）と消極的に判断すれば足りる要素（例えば、

347　張・前掲（注339）103〜106頁。

違法性の認識可能性および期待可能性）が含まれている、と。

　この見解の特徴は、以下の点にある。第1は、前述のように、実質的にみて、犯罪の実体は不法と責任であり、それに応じて、犯罪の成立条件として不法を表す要件と責任を表す要素がなければならないとすることである（不法と責任の分離）。

　第2は、行為が法益を害するか否か、違法であるか否かについては、行為者の非難可能性の有無を前提としないことである（「責任なき不法」の承認、すなわち客観違法論）。13歳の者が殺人をした場合、正当な根拠なく他人の命を奪ったもので、他人の命は、行為者がただ13歳であるために法の保護を受けなくなるものではないことから、13歳の者が正当な根拠なく他人を殺した行為には違法性がある（法益侵害性）ことを肯定する。犯罪として処理しないのは、彼に責任が欠けているからであるとする。

　第3は、不法と責任との区別は、単純な客観と主観との区別に対応するものではなく、これらは評価的概念であるとして、不法と責任の実質に応じた区別がなされていることである。これに応じて、故意の成立には行為者が構成要件に該当する事実を認識することが求められているが、責任要素に該当する心理的事実につき認識することは求められていない（例えば、「自分はその行為が社会危害結果をもたらすことをすでに明らかに知っている」ことを行為者に求めることはできない）とされる[348]。さらに、行為主体の特別な身分は故意成立のために認識しなければならない要素とされる。例えば、自分が重大な病気の患者であることを認識していない場合、行為者は伝染病伝播罪を構成しえないし、合理的な根拠に基づき自分が医師免許を取得したと思っている人は、医師不法開業罪を構成しえない。その結果、主体の特別な身分は主観方面に入れてはならないとされる。加えて、身分は基本的に違法性を説明するものだとされる。例えば、国の職員が単独で又は他人と共同して犯罪を実行した場合に限って、職務行為の公正性と職務行為の不可買収性を侵害することができるのであり、国の職員がこの犯罪を実行したのでなければ、本罪は成立し得ない。これに対して、主体の年齢と責任能力は、単に非難可能性を説明す

348　ここにいう「社会危害結果」とは、行為の実質的な違法性のことと思われる。

るものに過ぎず、故意の認識対象とならない責任要素にとどまる。

　前記の2つの方面の考慮に基づき、伝統的四要件体系のうちの主観要件の内容を構成要件と責任の範囲に分解する。すなわち、主体自身と特別な身分は構成要件に入れるべきであり、他方、責任年齢と責任能力は責任要素に属するとされるのである。

　第4は、犯罪の認定は、客観から主観へ、不法から責任への順序で行わなければならず、これを逆さまにしてはならないとすることである。すなわち、客観的に行為の性質およびその結果と両者の因果関係を認定した後に、行為および結果を行為者に帰責することができるか否かにつき、故意、過失等の責任要素を検討するものとされる。このように、この体系は犯罪認定の順序に適している。

　第5は、裁判所が構成要件該当性の判断を行っているときには、常に同時に違法性阻却事由を考慮しており、すべての構成要件要素の判断を終えた後に初めて違法性阻却事由の有無を検討するというわけではないとしていることである。例えば、正当防衛の可能性がある事件では、故意傷害罪の構成要件該当性の判断と正当防衛の判断はほぼ同時に行っており、行為者に傷害罪の故意があると認定したあとに、改めて行為が正当防衛に該当するか否かを判断するものではないというのである。

　第6は、違法性阻却事由と責任阻却事由とを明確に区別することは、刑法および刑事政策上、これら2種類の犯罪阻却事由につき異なる処理を行ううえで有利だとしていることである。例えば、正当防衛は違法性阻却事由に該当するため、その適法性が認められる。他方、殺人の行為主体が13歳であることは責任阻却事由であり、その行為はなお人の命を侵害し、違法性を有するので、13歳の者が不正に人を殺さないよう阻止することができる。これに対し、正当防衛行為を阻止することはできないとする。

　また、保安処分の発展に伴い、構成要件に該当する違法行為を実行した人について、有責性が欠けているとしても、刑法第17条第4項、刑事訴訟法第284条以下により、保安処分を課すことができることを指摘する。他方、違法行為を実行していない人については、保安処分を課してはならない。したがって、違法性阻却事由と責任阻却事由とを区別することが必要だとする

のである。
　第7は、この体系は、「犯罪」概念の相対性を維持することで、多くの実際の問題を解決することができるとすることである。一方では、構成要件に該当しかつ違法である行為は、不法という意味での「犯罪」である。これに加えて責任要素を有する行為は、真の意味での犯罪である。これに基づき、刑法第20条第3項に定める特別な防衛対象としての「暴力犯罪」は、不法という意味での犯罪を指す。共犯は不法形態であり、満15歳の甲と14歳未満の乙が共同で女性を輪姦する場合には、「共犯」を構成し、特別な共犯である「輪姦」に該当する。財物を窃盗した精神病者については、刑法第64条に定める「犯罪者が違法に取得した全ての財物は、これを追徴し、又は弁償を命じなければならない」という規定を適用すべきであるとされる。つまり、正当防衛や共犯の対象としての、さらに追徴等の効果を発生させる「犯罪」は、不法という意味での犯罪だとするのである。
　第8は、この体系は裁判官の思考経済にとって有益だとすることである。それは、一方では、理論自体の繁雑と重複を避け、他方では、司法機関が犯罪論体系に従い犯罪を認定する時、司法資源の無駄を省くことができるという2点に現れるとする。これに対し、犯罪を故意の作為犯、故意の不作為犯、過失の作為犯、過失の不作為犯に分け、故意犯罪をさらに既遂と未遂に分け、共犯等を個別に検討するのは、論理には合致するかもしれないが、経済的ではないとする[349]。
　上記の理由に基づき、張は、以下のような体系を採用する。すなわち、犯罪概念、犯罪構成→不法（構成要件該当性—違法性阻却事由）→責任である。本書の体系は、三段階体系のうちの構成要件該当性と違法性を完全に一体化させるものではなく、構成要件は違法類型であることを強調し、違法性をもって構成要件の解釈を指導し、不法段階でもなお構成要件該当性と違法性阻却事由とをそれぞれ検討しなければならないと主張する。
　この見解については、以下の点に注意が必要である。すなわち、①この見解は、犯罪成立条件の意味で犯罪構成概念を使用するので、犯罪構成と構成

349　張・前掲（注339）104〜106頁。

要件とは同一の概念ではない。②この見解は、構成要件、違法構成要件、客観的構成要件という3つの概念を同じ意味で使用し（ただし、一般的には構成要件という概念を使用）、構成要件は違法類型であり、犯罪成立の1つの要件にすぎず、全ての要件ではない。③構成要件という技術的概念に特定の意味を維持させ、かつ、国外の研究成果を参照し国際学術交流を行うことに便宜を図るために、この見解では、責任要素という言葉を使用し、原則として責任要件、責任構成要件、主観構成要件という表現は使用していない。

2 共犯論
（1）間接正犯
①故意を欠いた行為・無意識の行為を利用する間接正犯

張は、結果無価値論を採用し、故意、目的を責任要素としたうえ、共犯においては制限従属形式を採用するので、直接行為者に故意が欠ける場合であっても（通常は間接正犯となるのだが）、必要な場合には、なお共犯の成立が可能であるとする。例えば、Aが国の職員Bを騙し、実際には麻薬を買うためであることを隠し、住宅を買うために公金を貸し付けてほしいと嘘をついて貸し付けを受けた場合、Aは公金横領罪（刑法第384条）に必要な身分を欠いているため、その行為は公金横領罪の間接正犯を構成しない[350]。しかし、同罪の教唆犯にはなり得るとされるのである[351]。

さらに、睡眠中の動作でも、行為を単なる身体運動と解し、行為主体の有意責を要求しないのであれば、これについても責任が欠けるだけで共犯の可能性はあるとする。ここでは、故意・過失を責任要素とする、ヴェルツェルより以前の体系が採用されている[352]。

②「身分なき故意ある道具」

注目されるのは、身分のない者を利用する身分犯の間接正犯に関する見解である。ここでは、収賄罪を例にとれば、非公務員である乙に「甲への賄賂」

---

[350] その際には、真正身分犯の場合、特別な身分は正犯に対するものであり、間接正犯も正犯であることから、当然に身分を要するとされる。仮に間接正犯には特別な身分の必要はないとしたら、罪刑法定原則に違反する恐れがあるとするのである。
[351] 張・前掲（注339）404〜405頁。
[352] 張・前掲（注339）402頁。

としての金銭を受け取らせた甲は、直接に賄賂を受け取っていないにも関わらず、当然に収賄罪の直接正犯であるとされていることである。その理由は、甲自身が、職務行為の不可買収性に対する侵害を直接に支配したことに求められる。その際、乙は、職務行為の不可買収性を侵害する国の職員の身分を乙が欠いているため、正犯にはなれず、幇助犯にとどまるとする[353]。

③被害者の行為を利用する場合

張は、被害者の自己侵害を利用する場合、利用された者には構成要件該当行為が欠けているともいえるとし、例えば、甲が乙を強迫して軽傷を生じさせた場合、乙の行為は、「他人」を傷害するという要件に該当しない一方で、甲は、なお故意傷害罪の間接正犯を構成するという。もっとも、かかる状況は、利用された者には違法性阻却事由があるともいえるとする[354]。

しかし、ここでは、単に自傷行為の構成要件不該当性のみが重視されているわけではなく、被害者が利用者に脅迫されているという事実も重視されていることに、注意が必要である。その点では、「自傷」と「他害」の区別が重要であるともいえよう。

④目的を欠いた行為の利用

目的犯における「目的なき者の利用」については、張は、「目的なき者の利用」を「他人の目的は認識しているが自己にその目的がない者」と「他人の目的すら知らない者」とを区別して検討している。営利目的猥褻物頒布罪（刑法第363条）を例に取れば、甲は、営利の目的で、営利の目的を有しない乙を利用して猥褻物を流布させた場合に、乙が甲に営利の目的があることを明らかに知っているときは、乙は、甲との間で同罪につき共犯を構成する。すなわち、甲が犯罪事実を支配した場合には、営利目的猥褻物頒布罪の間接正犯を構成し、そうではない場合には、教唆犯又は幇助犯を構成する。他方、刑法理論では、一般的には乙が固有の営利の目的を有しないだけではなく、甲に営利の目的があることすら知らない場合には、甲は、犯罪事実を支配し、

---

[353] 張・前掲（注339）402〜403頁。同じく直接正犯とするのは、日本では松宮（松宮孝明『刑法総論講義［第5版補訂版］』（成文堂、2018年）258頁以下）、ドイツでは義務犯構成に基づくヤコブス（*Jakobs*, Strafrecht AT, 2. Aufl., 1991, 21/116）である。

[354] 張・前掲（注339）403頁。

営利目的猥褻物頒布罪の間接正犯を構成すると解されている[355]。

注目されるのは、営利目的猥褻物頒布罪における営利の目的は、構成要件要素ではなくて責任要素だと解されていることと、それは行為者の固有の行為目的だと解されていることである[356]。そうすることによって、張は、「他人の目的は認識しているが自己にその目的がない者」につき、共犯の可能性を認めるのである[357]。

⑤責任無能力者の行為の利用

この場合、責任無能力者は弁識制御能力を欠いているため、非難可能性を有しないことから、原則として背後の利用者に間接正犯が認められる。もっとも、直接行為者が弁識制御能力を有しており、背後者が利用された者を支配していないときは、間接正犯と認定してはならず、後者が犯罪事実を支配した場合に限って、それを間接正犯と認定することができるとされる。例えば、満18歳の甲が15歳の乙を教唆して他人の財物を窃盗させた場合[358]、間接正犯ではなく教唆犯となる[359]。

また、限定責任能力者を教唆して犯罪を実行させた場合にも、背後者を間接正犯とすることは適切でないとされる。限定責任能力者は、なお一定の弁識支配能力を有することから、教唆者が犯罪事実を支配したと認定することが困難だというのである[360]。

ここでは、日本の多くの「制限従属性説」と同じく、共犯成立のハードルは、責任能力よりも低い是非の弁識能力とそれに基づく制御能力にまで下げられていることが注目される。

⑥違法性の認識可能性に欠ける他人の行為の利用

違法性の認識可能性は責任要素であるが、故意のない者を利用する場合と同じく、この場合でも通常は間接正犯が成立するとされる。例えば、司法職

355　張・前掲（注339）405頁。
356　このような理解は、ドイツで論争問題となった「目的なき故意ある道具」の問題状況における理解と同じである。なお、この問題に関しては、市川啓「間接正犯の淵源に関する一考察（1）」立命館法学361号（2015年）724頁以下参照。
357　張・前掲（注339）405頁。
358　中国刑法では、窃盗罪の場合、16歳未満の者は刑事責任を負わない。
359　張・前掲（注339）405頁。
360　張・前掲（注339）405頁。

員甲が乙を騙して「雀を捕殺することは完全に適法な行為であり、お前は大量に捕殺してもいいよ」とアドバイスし、乙がこれを信じて捕殺行為を実行した場合、甲は間接正犯とされる。他人の期待可能性に欠ける行為を利用する場合でも、同様である[361]。

⑦間接正犯と共犯の競合

もっとも、張によれば、間接正犯の成立は共犯の否定を意味しない。ロクシンの見解と同じく、「背後の黒幕による間接正犯の成立と実行者による直接正犯の成立とは、両者間で必ずしも相互排斥関係にあるわけではない。逆に、強制的支配の情況では、黒幕の意思支配は、実行者の行為支配を前提とする」としている。例えば、営利目的を有する甲が営利目的のない乙を支配して猥褻物を流布させた場合、甲乙はなお共犯を構成するが、各自の責任が異なっているため、罪名も異なる。また、甲は乙を騙して「丙は私に100万元を返済しないので、彼を監禁しよう。」と言った。乙はこれを信じて、丙を監禁した。その後、甲は丙の親戚から財物をゆすり取った。甲は、拉致罪の間接正犯であると同時に乙と甲とはなお共犯関係にあり、ただ乙は不法監禁罪の責任を負うだけである（刑法第238条参照）。例えば、甲は、殺害をもって乙を脅迫して乙が丙を傷害するよう強制し、乙は、丙に傷害行為を実施した。甲は故意傷害罪の間接正犯であり、乙は直接正犯であり、両者は共犯関係を構成する[362]。

ここでは、ロクシンの見解と同じく、直接行為者に「犯罪」が成立する場合でも、背後者に間接正犯が認められると同時に、罪名の異なる者の間での共犯が認められている。もっとも、具体例は、軽い罪の故意を有する者の利用や強制による期待不可能状態の利用による間接正犯の事例である。

（2）教唆犯・幇助犯と間接正犯との関係

張は、故意を構成要件の要素ではなく責任要素とすることから一貫して、教唆・幇助についても正犯の故意は不要とする。いわゆる「故意への従属性」を否定するのである。そこでは、正犯の故意は、単に教唆・幇助と間接正犯との限界を明確にするための限界要素にすぎず、いわゆる表面的要素ないし

---

361 張・前掲（注339）405頁。
362 張・前掲（注339）406頁。

虚偽の要素であって、教唆犯、幇助犯の真の成立要件ではないとする[363]。

そこでは、正犯に要求される「構成要件に該当する違法行為を実行するという意思」は、結果的に「構成要件に該当する違法行為になるものを実行する意思」で足り、犯罪の故意と同じものではないというのである。ただ、教唆対象者又は利用された者に故意がない場合に、利用者が犯罪事実の支配者であれば、主観的に間接正犯の故意があるときには間接正犯となる[364]。

このように、正犯故意に対する共犯の従属性を否定し、正犯故意を限界要素とすることは、間接正犯の一部を教唆犯にするという意味ではない。間接正犯の成立要件が充たされているときには、これが優先的に成立するとするのである。例えば、乙と一緒に猟をしていた甲が前方に人がいることを知りながら、乙に「前方に熊がいる」と言ったところ、乙は、これを信じて確認せずに発砲し、被害者を死亡させたという場合には、甲は、情況を知らない乙の行為を利用して被害者の死亡結果を生じさせ、かつ間接正犯の故意を有することから、間接正犯となる[365]。

要するに、正犯故意に対する教唆犯の従属性を否定することにより、一方で、教唆の故意しかないのに客観的に間接正犯の事態を発生させた人物を無理なく教唆犯とすることができるようになり[366]、他方で、真正身分犯では、間接正犯の故意があり、「間接正犯」の事態も生じさせたが、特別な身分を欠いた人物を教唆犯とすることができるようになるという[367]。幇助犯と間接正犯との関係についても、正犯に犯罪の故意がなく、幇助犯が客観的には間接正犯の結果を生じさせたが間接正犯の故意がないときには、幇助犯として

---

363 張・前掲（注339）427頁。
364 張・前掲（注339）427頁。
365 張・前掲（注339）427頁。
366 張・前掲（注339）416頁には、「教唆犯の成立は、被教唆者が構成要件に該当する違法な行為を実行することを前提とするが（制限従属形式）、被教唆者の犯罪の故意を引き起こすことを前提としない。言い換えれば、被教唆者に構成要件に該当する違法行為を実行するという意思を引き起こすことが必要とされるが、必ずしも被教唆者に犯罪の故意を引き起こすことが必要とされるわけではない。例えば、甲は乙に対して『丙は悪人であるから、この毒薬を彼に飲ませろ』と唆したが、乙は甲の話を『丙は病人であるから、この土薬を彼に飲ませろ』と聞き違えて、丙に甲からもらった毒薬を渡した。その後丙が毒薬を飲んで死んだが、乙が丙を殺す故意を持っていなかった。」と記されている。ちなみに、中国語の発音では、「悪人」と「病人」、「毒薬」と「土薬」は似ている。
367 例えば、公金横領罪の故意のない身分者を利用した非身分者による公金の領得の場合。

認定することができるとする[368]。

　この見解では、教唆犯・幇助犯と間接正犯とは、対立関係ではなく、包摂関係にある。非身分犯では、客観的に他人に構成要件に該当する行為を実行させたという要件については、教唆犯と間接正犯は同じである。つまり、(1) 正犯に故意があるとき、惹起者は、教唆犯となり、(2) 正犯に故意がなく、惹起者に間接正犯の故意があるときには、間接正犯となる。その上で、(3) 正犯に故意がなく、惹起者に間接正犯の故意がないときには、教唆犯のみが成立する。要するに、正犯に故意がない場合、惹起者は、教唆犯でもあれば、間接正犯でもあり得るというのである。幇助犯と間接正犯との関係も、このような原理に基づいて解決される[369]。

　身分犯についても、直接行為者の故意の有無は、教唆犯と間接正犯とを区別する唯一の基準ではなく、この場合には、直接行為者および惹起者の身分と故意を同時に考慮しなければならないとされる。すなわち、①直接行為者が特別な身分を有し、構成要件に該当する違法行為を実行し、かつ犯罪の故意を有した場合、惹起者は教唆犯のみを構成する、②直接行為者が特別な身分を有し、構成要件に該当する違法行為を実行したが、故意を有しない場合、身分のない惹起者は、教唆犯のみを構成し、間接正犯を構成しない、③直接行為者が特別な身分を有し、かつ構成要件に該当する違法行為を実行したが、故意がない場合、身分のある惹起者は、間接正犯を構成する、④直接行為者は特別な身分を有しないが、その他の構成要件要素に該当する違法行為を実行した場合、故意の有無を問わず、身分のある惹起者は、間接正犯を構成する、と[370]。

(3) 身分犯の共犯

　身分犯の共犯については、張は次のように主張する。すなわち、中国の刑

368　張・前掲（注339）427頁。
369　張・前掲（注339）427〜428頁。日本で、同じく正犯の故意への従属性を否定し同じ解決策を提案するのは、松宮孝明『刑事立法と犯罪体系』（成文堂、2003年）241〜246頁。
370　張・前掲（注339）428頁。もっとも、収賄罪の場合、背後者が身分者であっても、自らが利益を「収受」したわけでないなら、必ずしも間接正犯となるものではないと思われる。また、この場合、そもそも身分のない者には、職務との対価関係を必要とする「賄賂」を収受することは、そもそもできないのではなかという問題もある。

法総則では共犯と身分に関する直接的な規定は存在しないが、刑法各則では一部の規定（刑法第382条第3項を参照）が存在しており、総則と各則の規定を総合すれば、共犯と身分の問題をほぼ解決することもできるというのである[371]。

①真正(ないし構成的)身分犯において実行者が身分者、背後者が非身分者の場合

例えば、拘禁されていない人は単独で逃走罪を犯すことはできないが、法により拘禁された犯罪者、被告人、犯罪被疑者に逃走するよう教唆し、幇助することはでき、よって、本罪の共犯となり得るとする。そこでは、第一に、刑法各則に定める特別な身分は正犯について言うものであり、教唆犯と幇助犯には非身分者でもなり得るとされる。これについては中国刑法に明文規定はないが、第29条第1項の前段は、「他人を教唆して罪を犯させた場合には、その共犯において果たした役割に照らして処罰しなければならない。」と規定しており、これは真正身分犯も当然対象にした規定であることと、刑法第27条第1項の規定による従犯でも事情は異ならないこと、さらに、第28条の規定によると、脅迫されて犯罪に参加した者も共犯とされることから、非身分者も真正身分犯の共犯として、その法定刑を基準として処断されることが明らかとなる[372]。

②真正身分犯において実行者が身分者―但し加減的身分の関係にない一般犯罪に当たり得る―、背後者が非身分者の場合

他方、非身分者が身分者に真正身分犯に当たるような行為をさせた場合には、各則に特別な規定がない限り共犯は成立し得ないという。例えば、国の職員に身分のない者が謀反を教唆した場合や司法職員に非身分者が拷問による供述の強要を教唆・幇助した場合、非身分者が拘禁中の者の逃走を援助した場合、国の職員に非身分者が公金を横領するよう教唆した場合には、いずれも、共犯とはならず非身分者を無罪とするしかないとされる。しかし、これは、国民の支持を得られない結論なので、このような場合にどのようにして共犯の成立を認めるかが、継続して議論されているという[373]。

371　張・前掲（注339）439〜440頁。
372　張・前掲（注339）440頁。
373　張・前掲（注339）440頁。

そこで、主犯が身分者であれば関与者全員に身分犯の共犯を認め、主犯が非身分者であれば非身分犯の共犯として処理するという提案もあったが[374]、①主犯と従犯の区別はどの罪の共犯で処理するかが確定されてから各関与者が果たした役割の大きさに応じて決定すべきものなのに、これでは役割の大きさによって主犯と従犯を区別した後に初めて罪名が決まることになるほか、②これでは身分者と非身分者の果たした役割が同じ場合には罪名を確定できず、また、③共犯者が重い刑を避けて軽い刑を選ぶようにする余地を残すといった問題があるとされる。加えて、実行犯（正犯）がどちらであるかによってどの罪の共犯が成立するかを決定せよという見解にも、実行行為は犯罪によって相対的であることや[375]、法定刑の重い身分犯の適切な量刑評価を保証できなくなる[376]という弱点があるとされる[377]。

そこで張は、正犯行為が相対性を有することから、罪の認定の際には観念的競合の原理の運用に留意しなければならないとして、①身分のある者が正犯であり、身分のない者が正犯に対し教唆、幇助行為を実施し、また、その他の犯罪にも触れない場合、身分犯が犯した罪により論罪し量刑するしかなく、②身分のある者と身分のない者が共犯を実行した場合に、身分のある者は身分犯であるA罪の正犯（B罪の従犯である可能性を含む）、身分のない者は非身分犯であるB罪の正犯（A罪の従犯である可能性を含む）であるときには、身分のない者と身分のある者は同時にAB2つの罪を共犯関係において犯し、観念的競合を構成すると認定しなければならないという。この場合、そのうちの一人を重い罪の従犯として処罰することにより、軽い罪の正犯よりその

---

374 最高人民法院と最高人民検察院公布の1985年7月18日付「現在経済犯罪事件の処理における具体的法律適用の若干問題に関する回答（試行）」（すでに廃止）は、「内外結託により汚職又は窃盗活動を行う犯罪について、共犯の基本的特徴に基づき論罪しなければならない。共犯の基本的特徴は一般的に主犯犯罪の基本的特徴により決定する」と規定していた。これによれば、例えば一般的公民と国の職員が共同で財物を詐取する場合、主犯が国の職員であれば汚職罪（刑法第382条を参照）の共犯を認定し、主犯が一般的公民であれば詐欺罪の共犯を認定することになる（張・前掲（注339）440頁から引用した）。
375 例えば、保険事件の幇助行為である保険事故の評価人による虚偽の証明文書提供は、虚偽証明文書提供罪の実行行為である。
376 非身分者が真正身分犯の幇助として減軽されることで非身分犯の正犯の刑を下回る場合がありうる。
377 張・前掲（注339）440～441頁。

処罰が軽くなる場合、つまり軽い罪の正犯として処理するほうが罪刑均衡原則に適合する場合には、軽い罪の正犯として処理すべきことになる[378]。

③真正身分の競合

例えば、非国有会社の従業員甲と国有会社から当該非国有会社に派遣されて公務に従事している国の職員乙が共同で当該非国有会社の財産を横領する場合、前者には職務横領罪が、後者には汚職罪が成立し得る[379]。

この場合にも、主犯がどちらかによって成立する罪名を決定すべきだとする見解がある[380]。他方、それが困難な場合には、重い汚職罪の共犯として処理すべきだとする見解もある[381]。しかし、後者の見解は、「疑わしいときには被告に有利に」という原則に反する。そこで、結局は、上記の設例であれば、甲と乙のいずれも同時に汚職罪と職務横領罪に違反しており、汚職罪の共犯として処理すべきであるとされる。なぜなら、一般国民が汚職罪に関与したときは同罪の共犯となるのであるから、企業の従業員はましてや汚職罪の共犯となるべきなのであり、ただ、甲を汚職罪の従犯とした場合、その刑が職務横領罪の正犯（主犯）より軽くなる場合があり得るので、甲を職務横領罪の正犯として認定するというのである。一般化すれば、重い罪の従犯としての処断刑が軽い罪の正犯の刑を下回ることがあるので軽い罪の正犯の競合を認めるのである（かかる場合、甲と乙は共犯であるが、罪名が異なる）。もっとも、甲と乙が甲の職務の利便のみを利用する場合には、乙の国の職員という身分は意味がなくなり、職務横領罪の共犯のみが成立するとされる[382]。

---

378 張・前掲（注339）441頁。
379 張・前掲（注339）441～442頁。
380 最高人民法院公布の2000年6月30日付「汚職、職務横領罪事件の審理における共同犯罪の認定の幾つかの問題に関する解釈」は、「会社、企業又はその他の組織体は、国の職員という身分のない者と国の職員と結託し、それぞれ各自の職務便利を利用し、共同で本組織体の財物を不法に自分のものとして横領した場合、主犯の犯罪性質により論罪する」と規定している（張・前掲（注339）441～442頁から引用した）。
381 最高人民法院公布の2003年11月13日付「全国法院による経済犯罪事件の審理業務の座談会紀要」は、「会社、企業又はその他の組織体において、国の職員でない者と国の職員が結託し、それぞれ各自の職務権限を利用し、共同で本組織体の財物を不法に横領した場合、可能な限り主犯と従犯を区別し、主犯の犯罪性質により罪を認定する。司法実務上、事件の実際の情況、共犯における各共犯者の地位、役割の大きさに基づき主犯と従犯とを区別することが困難である場合、汚職罪により論罪し処罰することができる。」としている（張・前掲（注339）442頁から引用した）。

もっとも、法歪曲仲裁罪（刑法第399条）と職権濫用罪（刑法第397条）との関係においては、法歪曲仲裁罪は、職権濫用罪の特別法であるため、甲がその職権を乱用して裁判官である乙に有罪の者を無罪とする判決を出させた場合、乙は法歪曲仲裁罪の正犯としてしか処断できないが、甲は、職権濫用罪の正犯として処理される可能性もあれば、法歪曲仲裁罪の共犯（教唆犯）として処罰される可能性もあり、法定刑の軽重を比較して、重い罪に従い処罰するものとされる[383]。

④不真正（ないし加減的）身分犯の共犯

加減的身分のない者と加減的身分のある者が共同で不真正身分犯を実行した場合には、共犯関係にはなるが、身分犯の規定は加減的身分のある者のみに適用され、加減的身分のない者には適用されないとされる。例えば、刑法第243条第2項によると、国の職員が誣告陥害罪を犯した場合、重い罰に従い処理するとされている。国の職員でない者と国の職員が共同で誣告陥害行為を実施した場合には本罪の共犯を構成するが、国の職員については重く処罰し、非身分者には当該規定を適用して重く処罰してはならないとされる[384]。

⑤目的犯の場合

目的などのその他の特定の主観要素と共犯との関係についても、前記の結論により処理すべきであるとされる。例えば、犯罪の成立に特定の目的が必要とされる場合、この目的を持たない甲は、乙が当該特定目的を持っていることを確定的に知って故意に乙とこの罪を行うときには、当該目的犯の共犯となるという。同様に、特定の目的が刑罰の軽重に影響を与える場合には、この目的のない共犯者には通常の刑を適用するとされる。つまり、特定の個人的要素を構成要件要素とする犯罪（構成的目的犯）に関与した者は、かかる要素を有しないとしても、なお共犯であり、特定の個人的要素が刑罰の軽重に影響を及ぼす場合（加減的目的犯）、かかる要素がない共犯者には通常の刑

382　張・前掲（注339）441～442頁。以上の処理は、汚職罪と保険詐欺罪との競合の場合にも用いられている。
383　張・前掲（注339）442頁。
384　張・前掲（注339）442～443頁。

罰を科すというのである[385]。

3 張明楷の犯罪体系の特徴

この見解の特徴は、以下のようにまとめることができる。①犯罪体系は、不法と責任の二分を基礎に、さらに不法を構成要件と違法性阻却に分ける三段階体系である。②ヴェルツェル以前の体系と同じく、故意・過失は構成要件ではなく責任の要素とされている。

張明楷は、共犯論では、限縮的正犯概念[386]、正犯基準についてはロクシンの犯罪事実支配理論[387]、行為共同犯説[388]、共犯従属性説[389]、制限従属形式[390]をそれぞれ採用し、不法共犯説を認めながら不法が連帯しない場合があると認める[391]。そこで、③間接正犯と共犯との関係においては、共犯の制限従属形式を前提として、故意のない正犯に対する共犯の成立可能性を認める。もっとも、共犯は間接正犯に対して補充的であり、間接正犯の成立要件が備わっている場合には、それが優先的に成立する。④主犯と従犯との区別は、正犯を基準に成立する罪名が確定した後、その役割の軽重によって決められるものであって、成立する罪名の基準となるものではないとされる。

もっとも、⑤身分犯の共犯においては、構成的身分と加減的身分の区別は違法身分・責任身分に対応するものではない。また、⑥身分犯と一般犯罪、重い身分犯と軽い身分犯の競合を認めることにより、構成的身分と加減的身分との関係の区別が複雑になっているような印象を受ける。

---

385 張・前掲（注339）443頁。
386 張・前掲（注339）390頁。
387 張・前掲（注339）392頁。
388 張・前掲（注339）393頁。
389 張・前掲（注339）411頁。
390 張・前掲（注339）414頁。
391 張・前掲（注339）407頁。

第二節　黎宏の犯罪論（維持論）

1　「修正四要件」説
（1）その概要

　日本に長く留学し博士号を獲得した中国の刑法学者黎宏は帰国後、中国の主要な法学雑誌に論文を掲載して、中国の犯罪論体系を再構築する必要性を否定し、中国伝統派の四要件の構成要件論に有力な支持を与えていた。2006年に「法学研究」に掲載された論文で彼は、「既存の犯罪構成の体系を基礎としつつ、客観が優先する、段階的な理念を徹底すべき」であり、現在の「ものと異なる意味の犯罪概念を作り出すべき」であると主張した。

　具体的には、次のように述べる。すなわち、①客観的な行為が犯罪の客体と犯罪の客観的側面の要件に該当するかどうかを判断し、次いで、犯罪の主体と犯罪の主観的側面の要件を判断する、②犯罪の客体と犯罪の客観的側面の要件に該当する行為は、本質的に刑法により保護される法益に対して実害または現実的な危険を作り出しているので、社会侵害性を有していることから、刑法典における「犯罪」である、③四要件のすべてに該当する行為が実質的な意味での「犯罪」である、④正当防衛などの犯罪性阻却事由は、行為の客観面において犯罪と類似しているにすぎず、「理論的に言えば、行為が具体的な犯罪の構成要件に該当するというのは、実際には、もはや当該行為が正当防衛や緊急避難などの犯罪性阻却事由に該当しないことを意味するのである。言い換えれば、このような結論が導き出される前に、当該行為が正当防衛や緊急避難などの犯罪性阻却事由に該当しないという判断がすでに済まされているのであ」る、⑤「客体とは、刑法により保護される社会関係または合法的利益であり」、「『犯罪により侵害される』という限定は全く必要ではない」と[392]。

（2）「修正四要件」説の検討

　しかし、黎宏が主張していた「四要件の犯罪構成」は、なるほど伝統派の

392　黎宏「我国犯罪構成体系不必重構」法学研究 2006 年第 1 期 32〜51 頁。

犯罪構成に使われている「客体」や「客観的側面」などの専門用語を使用し、形式的に伝統派の犯罪構成を維持している。しかし、「客観が優先する、段階的な理念」を指導思想とした以上、もはや伝統派の「有機的統一」の関係にある「四要件の犯罪構成」とは別物であると言わざるをえない。

また、黎宏の上述の論文に書かれた犯罪性阻却事由と犯罪構成の関係に関する論述からは、両者の関係は決して明確となるわけではない。ただ、行為が犯罪構成に該当するという結論が導き出される前に、当該行為が犯罪性阻却事由に該当しないという判断がすでに済まされているという彼の主張から考えれば、少なくとも彼は犯罪構成の中で犯罪性阻却事由も検討しているという趣旨であるともいえる。

（3）「二段階説」

おそらく黎宏も上述のような問題を自覚したのか、2012年に出版された彼の教科書―『刑法学』においては、四要件の犯罪構成を基礎としつつ、更なる修正を加え、次のような二段階の犯罪構成体系を提示した。

①伝統的な犯罪構成体系の4つの要件を客観的要件と主観的要件に分ける。客観的要件は犯罪の成立に必要とされる外部的な条件であり、行為にある客観的社会侵害性の有無およびその程度を表す事実である。それに対して、主観的要件は犯罪の成立に必要とされる内部的な条件であり、行為時に行為者に存する主観的責任の有無および程度を表す事実である。

②伝統的な犯罪構成体系にある犯罪の主体の内容を、行為の主体と責任能力に分ける。行為の主体に関する内容―特に行為者の身分―は、行為の社会侵害性の有無および程度に関連する要素であるので、犯罪構成の客観的要件に位置づけられる。それに対して、行為者の年齢、精神状態などは行為者の主観的責任の有無および程度に関連するので、故意、過失と並ぶ、犯罪構成の主観的要件に位置づけられる。

③なお、正当防衛、緊急避難、正当行為などの、伝統的な犯罪構成体系において外見上は違法であるが、実質的に社会侵害性を有しない社会侵害性阻却事由は、具体的な行為の社会侵害性の有無に直接に影響を与える要素であるので、犯罪構成の客観的要件に位置づけられる。それに対して、刑法典の条文には書かれていないが、実際には適用されている期待可能性に関する要

素は行為者の主観的責任の有無および程度に影響する要素なので、犯罪構成の主観的要件に位置づけられる。

したがって、犯罪構成の客観的要件には、客体、実行行為、侵害結果、行為者の身分、因果関係、時間、場所などが、犯罪構成の主観的要件には、責任能力、故意、過失、錯誤、期待可能性などが含まれる[393]。

ここで、社会侵害性の内容に関して、彼は伝統派の社会関係侵害説を否定し、法益侵害説を主張する。すなわち、彼によれば、社会侵害性とは、法益侵害性（ないし侵害の危険性）である[394]。そして、伝統派が前提とする、主観と客観の統一である社会侵害性を批判し、純粋に客観的な社会侵害性（結果無価値論）を主張する[395]。

(4)「二段階説」の評価

前述の2006年の論文で主張された修正四要件説が、まだ「有機的統一」から「段階」という体系的側面において伝統派の四要件の犯罪構成を修正しただけと評価できるならば、2012年の教科書に主張された「客観的要件・主観的要件」の修正四要件説は、もはや伝統派の、犯罪構成の中心的概念としての「客観」と「主観」から、日本やドイツのように「違法」と「責任」に変える形で、犯罪論の構造的側面において伝統派の四要件の犯罪構成を再構築したと評価せざるをえないであろう。その際、主観と客観の統一と解されてきた社会侵害性を「純粋に客観的な社会侵害性」に置き換えることによって、実質的には「法益侵害説」を採用したように見えるが、これは、現代のドイツにおいて逆に「法益侵害説」の形式性が「社会侵害性説」から批判されている[396]ことを無視したものといえよう。

393　黎宏『刑法学』(2012年) 65〜66頁、黎宏『刑法学（第2版）』(2016年) 66〜68頁。
394　黎・前掲（注393）『刑法学』45頁。
395　黎・前掲（注393）『刑法学』47頁、黎・前掲（注393）『刑法学（第2版）』46頁。
396　その代表は、アーメルンクの見解である。Vgl. K. Amelung, Rechtsgüterschutz und Schutz der Gesellschaft, 1972.

2 共犯論

(1) 間接正犯

①犯罪の故意を欠いた他人の行為を利用した場合

まず、他人の過失ないし無過失の行為を利用した場合には、利用者は生じた結果について間接正犯の罪責を負うとされる[397]。

②故意のある道具を利用した場合

「目的なき故意ある道具」利用の事例として、集金詐欺罪（刑法192条）のような不法領得の目的を要する目的犯の場合、そのような目的のない者を利用して集金をさせた者は、同罪の間接正犯になるとされる。次に、「身分なき故意ある道具」利用の事例として、国の職員という身分のある夫が、国の職員という身分がない妻に事実を説明した後に、わいろを受け取らせた場合も、背後の夫が収賄の間接正犯になるとされる。さらに、軽い罪の故意がある者を利用して重い罪を犯す場合、例えば、甲が障子の後ろに隠している被害者を殺害するために、事情を知らない乙に命じて障子に向けて銃を撃たせ、被害者を死亡させた場合や、傷害結果しか生じないと嘘をついて被害者を死亡させる毒薬を被害者に与えるように乙に指示した場合にも、甲は殺人罪の間接正犯になるとされる[398]。

他方、被害者の客体の錯誤を利用する「正犯の背後の正犯」は否定され、直接行為者が正犯、背後の利用者はその幇助とされる。例えば、乙が週末の夕方に甲がいつも散歩する森で待ち伏せして甲を殺害する予定であることを甲が知り、甲は自分の敵である丙を誘い出して森に行かせたところ、丙は乙に甲と間違えられて殺害されたという場合、乙は殺人の正犯、甲はその幇助犯であるというのである[399]。

(2) 間接正犯と教唆犯の錯誤

間接正犯と教唆犯とにまたがる錯誤については、以下のような見解が述べられる。例えば甲が、事情を知らない看護師乙をして患者丙に毒薬を注射させ、丙を殺そうとしたところ、看護師乙は甲の意図を見抜き、しかもちょう

---

397 黎・前掲（注393）『刑法学（第2版）』270頁。
398 黎・前掲（注393）『刑法学（第2版）』271頁。
399 黎・前掲（注393）『刑法学（第2版）』272頁。

ど丙に対しても不満をもっており、この機会に丙に毒物を注射し、丙を死亡させてしまった場合、黎宏の見解では、最終的に殺人を決めたのは、乙自身であり、甲に利用されたという事実が存在しないことから、甲の行為について、他人を道具として利用するものであるとは評価し難く、他方、間接正犯の故意は特定犯罪の意思を実現するために他人を道具として利用するものであり、広い意味では他人の犯罪意思を引き起こした教唆故意が含まれているとして、間接正犯と教唆犯との間には実質的な重なり合いがあると考え、正犯という評価より軽い教唆犯が成立するという。反対に、教唆の意図で間接正犯の事態、すなわち直接行為者が故意なく結果を引き起こした場合には、教唆犯が成立するとされる[400]。

しかし、正犯に故意を惹起して犯罪を実行させるはずの教唆犯が、なぜ、直接行為者に故意がない場合でも認められるのか、反対に、なぜ、直接行為者に事情を隠して結果を惹起させようとする間接正犯の故意が、正犯に故意を惹起して犯罪を実行させるという教唆犯の故意を含むのかといった根本問題に対する説明はない。

（3）身分犯と共犯

身分者と非身分者が身分犯において共犯関係に立つ場合には、以下の三つの場合がある。第1は、非身分者が身分者の実行する真正身分犯に関与した場合である。第2は、異なる身分のある者が競合する真正身分犯を共犯関係において実行した場合である。第3は、身分者と非身分者が不真正身分犯を共犯関係において実行した場合である[401]。

このような場合、中国刑法の総則には、共犯と身分に関する直接的な規定は存在せず、各則に部分的な規定が存在するのみである。しかし、黎は、そのような規定がないとしても、学理によって同様の結論が得られるとする[402]。

①真正身分犯への非身分者の関与

黎は、その理解する行為共同説および因果的共犯論の立場から、真正身分

400　黎・前掲（注393）『刑法学（第2版）』308〜309頁。
401　黎・前掲（注393）『刑法学（第2版）』300頁。
402　黎・前掲（注393）『刑法学（第2版）』300頁。

犯については、非身分者はその教唆犯・幇助犯になり得るばかりでなく、その共同正犯にもなり得るとされる。つまり、真正身分犯は非身分者にとって単独犯になれないだけのものであり、かつ、共同正犯も教唆犯・従犯と同じく、他人の行為を介して自己の行為の因果的影響を拡大する「刑罰拡張事由」であって、身分者が—少なくとも実行正犯として—関与することにより、身分者しか侵害できなかった法益の侵害に向かう因果的経路が開かれるからである[403]。

かくして、国の職員でない甲と国の職員である乙が共謀し、乙の公共財産を管理する権限を利用して、共同で乙管理の公共財産を窃取する場合、甲と乙は汚職罪の共同正犯を構成し、身分のない保険契約者と身分のある保険会社の従業員が共謀し、共同で保険金を詐取する場合には、両者が重要なプロセスにおいて保険会社の従業員の職務権限を利用すれば、一律に職務横領罪又は汚職罪の共同正犯として処理される。もっとも、両者が国の職員の職務権限を利用しない場合には、かかる事件は、窃盗罪として処理すべきだとされる[404]。

反対に、国の職員の身分のある夫が国の職員の身分のない妻に事実の真相を説明したうえ賄賂を受け取らせた場合、すなわち、身分者が非身分者に真正身分犯をするよう教唆・幇助する場合には、妻は、その果たした役割によって、収賄罪の共同正犯か、収賄罪の幇助犯を構成するとされ、これは因果的共犯論によって得られる必然的結論だとされる[405]。

②真正身分犯の競合

張明楷の見解でも検討した非国有会社の従業員による職務横領罪と国の職員による汚職罪が共同の行為によって競合するような、異なる真正身分犯が競合する場合については、次のように述べられる。すなわち、黎の理解による行為共同説および因果的共犯論の立場からは、それぞれ異なる身分のある

---

403 黎・前掲（注393）『刑法学（第2版）』300〜301頁。
404 黎・前掲（注393）『刑法学（第2版）』301頁。
405 黎・前掲（注393）『刑法学（第2版）』301頁。しかし、ここでは、妻が受け取ったものは妻への贈り物であって夫への贈り物ではないため、夫は何も利益を得られていない場合にも収賄罪が成立するのかという、根本的な問題が看過されている。表面的な利益の物理的移転に目を奪われ、これが誰の物となったのかという規範的な観点を忘れることの落とし穴であろう。

者は、それぞれの犯罪の正犯であり、同時に、相手方の犯罪については身分のない者として、当該身分犯の共犯（教唆犯、幇助犯および共同正犯を含む）となるのである[406]。

　もっとも、その場合には、処断刑では法定刑の重い汚職罪の共同正犯が優先するはずである。しかし、黎は、職務横領罪の身分を有する甲と汚職罪の身分を有する乙とで非国有会社の財産を侵害するという点において「共同」行為が存在し、行為共同説によって共同正犯が成立するが、「したがって、最終的には、甲は職務横領罪を構成し、乙は、汚職罪を構成する」と述べる[407]。ここでは、汚職罪の身分のない甲にも汚職罪の共同正犯が成立するはずの自説の見解が忘れ去られている。

③非身分者と身分者が不真正身分犯を共犯関係において実行する場合

　不真正ないし加減的身分犯の場合、当該身分（目的犯の目的を含む）のない者も当該法益侵害結果を生じさせることが可能であり、ただ、当該身分のある者は、当該身分のない者と比べれば、刑罰には相違が存在するという理解の下で、黎は、不真正身分犯の場合、身分は、構成要件の要素ではなく「罪責要素」であるに過ぎないと考える[408]。

　そこで、刑法第363条の営利目的猥褻物頒布罪と刑法第364条の猥褻物頒布罪との関係では、例えば営利の目的によって猥褻書籍を販売する本屋を設立するオーナーと営利の目的を有しない従業員が共謀で猥褻書籍を販売する場合、従業員には、客観的には営利目的猥褻物頒布罪の共犯が成立し、これは「共犯違法の連帯性」の体現でもあるとされる[409]。しかし、「営利目的」は、一身専属、他人の罪責要素に影響を与えない要素、すなわち、責任身分であるため、従業員は法定刑の軽い猥褻物頒布罪によってしか罪を認定し処罰することはできないとされる[410]。

　職務横領罪に関与した非身分者は、同罪が「他人の財物を代理保管する」という横領罪に必要な身分に「職務として」という身分が追加された「二重

406　黎・前掲（注393）『刑法学（第2版）』301～303頁。
407　黎・前掲（注393）『刑法学（第2版）』303頁。
408　黎・前掲（注393）『刑法学（第2版）』303～304頁。
409　その際、営利目的猥褻物頒布罪は真正身分犯だとされている。
410　黎・前掲（注393）『刑法学（第2版）』303～304頁。

の身分犯」であることから、いずれの身分もない共犯者は横領罪の共犯となると解されている[411]。

3 黎説の検討

黎説は、共犯に関し、統一的正犯体系ではなく独日流の共犯体系を前提とし、共同正犯を含む共犯の処罰根拠として、東大学派や大谷實のいう「因果的共犯論」に依拠し[412]「修正惹起説」を支持[413]に制限従属形式[414]、行為共同説[415]を採用している。

その見解は、すでに指摘したように、「修正四要件説」といいつつ、それを換骨奪胎したものであって、実際には日本の三段階体系に極めて近い。とりわけ、国の職員が身分のない妻に指示して、自己のために賄賂たる金銭を受け取らせる例において妻に真正身分犯の共同正犯を認めるところでは、「身分者が身分犯を実行した」ことが確認されないままに身分犯の成立を前提とするもので、「身分」という行為者要素を恣意的に行為要素に変えてしまうという弱点をもった日本の学説が直輸入されている[416]。

また、不真正身分犯における身分は構成要件要素ではなく「罪責要素」であるとする点では、おそらく、身分者と非身分者との間に異なる罪名での共犯が成立することから、この場合の背後の共犯にとって身分が構成要件要素であれば、そもそも背後者に共犯が成立するための前提としての「正犯の構成要件該当行為」が認められなくなってしまうという理解[417]に由来するものと思われる。

しかし、具体例として挙げられた営利目的猥褻物頒布罪や職務横領罪で

---

411 黎・前掲（注393）『刑法学（第2版）』304頁。この点は、日本における業務上横領罪の共犯に関する議論と共通するものである。
412 黎・前掲（注393）『刑法学（第2版）』257頁。しかし、この「因果的共犯論」なるものは、ドイツで提唱された「惹起説」とは似て非なるものであることが、すでに指摘されている。松宮・前掲（注353）『刑法総論講義〔第5版〕』325頁以下参照。
413 黎・前掲（注393）『刑法学（第2版）』259頁。
414 黎・前掲（注393）『刑法学（第2版）』261頁。
415 黎・前掲（注393）『刑法学（第2版）』264頁。
416 これに対して厳しい批判を展開するものとして、市川啓「間接正犯論の歴史的考察（1）」立命館法学2016年2号（366号）531頁以下。
417 同様の理解をするものとして、日本では十河太朗『身分犯の共犯』（成文堂。2009年）がある。

は、その構成要件の中に、軽い罪である猥褻物頒布罪や横領罪の構成要件は含まれているのであり、この場合に、背後者にとって「必要条件としての従属要素」が欠落しているわけではない。おそらく、ここには、要素従属性が主として「共犯成立の必要条件としての正犯要素」であることが看過され、「罪責の連帯性」という意味と混同されているのであろう[418]。直接行為者の故意の有無に関する間接正犯と教唆犯との錯誤についても、張説と異なり、そもそも問題の所在すら意識されているとは思われない。

第三節 陳興良の犯罪論（移植論と再構築論の併用）

1 『規範刑法学』による「罪体-罪責-罪量」の犯罪論体系（再構築論）

陳興良の『規範刑法学』は、「罪体-罪責-罪量」という体系によって、中国刑法の体系論を再建しようとするものである。

これによれば、「我が国の刑法での犯罪成立要件は、行為が法益を侵害すると表されている質的構成要件である。これは、犯罪構成の本体要件であり、罪体と罪責を含む。罪体は、犯罪構成の客観的要件であり、罪責は、犯罪構成の主観的要件であり、両者は、客観と主観の統一体である。犯罪に関する我が国の刑法の規定では数量要素が存在するため、犯罪成立要件には、罪体、罪責のほか、罪量も含まれるべきである。罪量は、犯罪構成の本体要件が揃ったことを前提に、法益に対する行為の侵害程度を表す数量要件である。したがって、私は、罪体-罪責-罪量という三位一体の犯罪構成体系を確立した。かかる犯罪構成体系においては、犯罪成立の数量要素には独立の構成要件の地位が与えられることによって、我が国の刑法規定にとってよりふさわしいものになる」と解した[419]。罪量要素の体系的地位について、陳は、「一般犯罪では、罪体と罪責という2つの主観的、客観的要件が存在すれば、犯罪は成立する。但し、刑法において情状が重い又は金額が比較的大きいこ

---

418 要素従属性の従属形式のうちでは、唯一、誇張従属形式のみが、身分のある正犯の刑が身分のない共犯の刑に影響するものである点で、「罪責の連帯性」を意味する。
419 陳興良「作為犯罪構成要件的罪量因素―立足于中国刑法的探討」環球法律評論2003年秋季号275頁。

とが犯罪成立要件とされる場合には、罪体と罪責が備わったうえ、罪量の判断を行わなければならない。罪量は、犯罪構成の選択的要件である」と指摘していた[420]。

（１）罪体の内容

罪体は、犯罪成立の客観的要件であり、罪体構成要素と罪体阻却事由の統一体であるとされる[421]。

①罪体構成要素

罪体構成要素は罪体の積極的要件であり、罪の認定過程において正面から認定されるべき客観事実要件である。罪体構成要素には次に掲げる内容が含まれる。

1．主体：主体とは、行為者を指す。罪体において主体は基本的構成要素である。
2．行為：行為は刑法の基礎であり、犯罪成立の前提である。「行為なければ犯罪なし」であり、したがって、行為は、あらゆる犯罪の成立に必要な構成要素である。
3．客体：客体は行為が目指す人と物である。一部の行為による法益への侵害は、客体の存在を前提としないことが可能であるが、殆どの行為は全て客体を通じて法益への侵害を実現するのである。したがって、客体も罪体の構成要素の１つである。
4．結果：結果は、行為による法益への現実の損害を反映しているので、罪体の重要な構成要素である。もちろん、結果は、全ての犯罪の成立の必須要件ではない。結果犯にとってのみ、結果は不可欠なものである。挙動犯の場合、法益を侵害する危険があれば、犯罪が成立し、結果という構成要素は求められない。
5．客観的付随情況：罪体には時間と場所等客観的付随情況も含まれている。殆どの犯罪にとって時間と場所は、犯罪成立の構成要素ではないが、少数の犯罪では欠かせない構成要素である[422]。

420　陳・前掲（注339）107頁。
421　陳・前掲（注339）114頁。
422　陳・前掲（注339）114〜115頁。

②罪体阻却事由

罪体阻却事由は、罪体構成要素を備えたうえで、行為事実に対し行った実質的審査であり、審査根拠は、法益侵害性である。行為は、罪体の構成要素を備えていても、罪体阻却事由が存在する場合には、なお罪体を構成しない[423]。

（2）罪体の意味

①規制機能

罪体は、刑法により明文に定められるものであり、犯罪の範囲を限定していることから、司法機関に対して規制機能を有する。罪刑法定原則に基づき、法律に明文規定がなければ犯罪ではない。有罪と無罪との区別は、法の明文の規定により決められる。また、罪体は犯罪存在の客観的要件として、刑法条文に定める基本的内容である。よって、罪体は、司法機関の罪責認定範囲を限定している[424]。

②統合機能

犯罪は類型的概念であり、犯罪類型では、罪体はその基本的枠組みであり、各種犯罪構成要素を統合している。例えば、恐喝という行為は、強盗罪と異なっているし、詐欺罪とも異なった犯罪類型である。恐喝の故意と不法利得の目的が恐喝行為に際して必要である。したがって、罪体は、犯罪の類型性の形成につき中心的な役割を果たしている[425]。

③個別化機能

各種犯罪はいずれもその特定の罪体を有する。したがって、罪体によりこの罪とその罪との限界を区別し、罪の混同を防止することができる[426]。

（3）罪責の内容

罪責は犯罪成立の主観的要件であり、罪責構成要素と罪責阻却要素の統一であるとされる[427]。

423　陳・前掲（注339）115頁。
424　陳・前掲（注339）115〜116頁。
425　陳・前掲（注339）116頁。
426　陳・前掲（注339）116頁。
427　陳・前掲（注339）158頁。

①罪責構成要素

罪責構成要素は、罪責の積極的要件であり、罪の認定の過程において確認すべき主観事実要件である。罪責構成要素には次に掲げる内容が含まれている。

1．故意又は過失：故意又は過失は、2つの基本的罪責形式である。

2．主観的付随情況：罪責における主観付随情況とは、動機および目的等の心理的事実を指す。殆どの犯罪にとっては、動機と目的は犯罪成立の必須要素ではないが、一部の犯罪では必須要件である。例えば、目的犯の場合、一定の目的の有無は、犯罪成立について決定的意味を有する[428]。

②罪責阻却事由

罪責阻却事由は、罪責の規範的要素であり、罪責の阻却事由でもある。通常の場合、故意又は過失があれば、主観的な帰責可能性があると推定することができる。ただし、責任無能力、違法性の錯誤と期待不可能な場合、主観的帰責を行ってはならない。したがって、責任無能力、違法性の錯誤と期待不可能性は、罪責阻却事由である[429]。

（4）罪責の意味
①制限機能

罪責の制限機能とは、責任主義による刑罰権の制限を意味する。責任主義は結果責任主義を克服することを目指して形成されたものであるが、それは、古典的な責任主義から現代的な責任主義への転換という過程にある。古典的責任主義は、応報の観点に関する責任主義であり、現代的責任主義は、予防的観点に関する責任主義である。このような転換の背景にあるのは、応報主義と功利主義の融合であり、よって刑罰に複合性をもたらした。それにも関わらず、罪責要件の元に形成された責任主義により示された制限機能はなお存在しており、人権保障について重要な意味を持っている[430]。

②統合機能

外界に表示されている一連の身体運動は、行為者の故意と過失によって初

---

428 陳・前掲（注339）158～159頁。
429 陳・前掲（注339）159頁。
430 陳・前掲（注339）159頁。

めて一定の構成要件の行為として統合されることができる。例えば、銃で人を射殺する場合、客観的には装弾、拳銃、照準、射撃という一連の行動として体現されており、これらの行動は、殺人故意による統合によって初めて殺人行為を形成する。したがって、故意と過失といった心理的事実は、構成要件行為の認定について、重要な役割を果たしている[431]。

③個別化機能

故意と過失は、それぞれ2つの異なる罪責形式であり、これに基づき、犯罪を故意犯と過失犯に分けることができる。例えば、外見的には同じような他人の身体に重傷をもたらした行為について、主観的な罪責形式によって、故意傷害罪と過失重傷罪に分けることができる[432]。

（5）罪量の内容

罪量の内容とは、罪量要素の表現形式を指す。中国刑法では、次に掲げる各種の罪量要素が定められている[433]。

①金　額

金額は、中国刑法に定められる最もよく見られる罪量要素である。金額が比較的大きいことを罪量要素とする場合、金額が比較的大きいという基準に達していないなら、犯罪は成立しない[434]。

②情　状

情状も、中国刑法に定められる最もよく見られる罪量要素である。情状が重い又は情状が劣悪であることを罪量要素とする場合、かかる情状がなければ、犯罪は成立しない[435]。

2　『刑法学』による「三段階」移植論

陳の『刑法学』は、独日流の「三段階」の体系を中国に適した形で移植しようとするものである。そこでは、構成要件該当性、違法性、責任という三段階が漸進的な構造に立っており、その中で構成要件該当性は事実評価、違

431　陳・前掲（注339）159〜160頁。
432　陳・前掲（注339）160頁。
433　陳・前掲（注339）192頁。
434　陳・前掲（注339）192頁。
435　陳・前掲（注339）192頁。

法性は法的評価、責任は主観的評価であるとされる。そこにいう構成要件は犯罪類型であり、価値中立的で観念的、抽象的な存在であるとされる[436]。

その構成要件には、故意や不法領得の意思などの主観的要素や「不法に」ないし「猥褻な」といった規範的要素も含まれる。また、行為が構成要件に該当すれば、原則としてその違法性を推定することができるとされる[437]。

違法性は、行為の構成要件該当性を前提に、法的規範の全体価値観から評価、判断を行い、法律精神が容認かつ許容できる行為を阻却する事由、すなわち、違法性阻却事由（正当防衛、緊急避難、職務執行、義務衝突、被害者の承認等）が存在することにより行為の違法性を否定するものとされる。その違法性判断は「実質的」なものであるとされており、ゆえに、ここでは、法秩序の統一性が前提とされているようである。これに加えて、行為無価値論と結果無価値論の議論があるとされる[438]。

責任は、構成要件に該当する違法行為を実施する人に対して行った非難を意味するとされる。責任論では、主として責任能力、責任故意と責任過失、期待可能性等問題が検討される。あわせて、団体責任、結果責任を否定する責任主義に言及され、これは近代個人主義、自由主義思想の産物であるとされる[439]。

3　共犯論

陳は、『規範刑法学』と『刑法学』においてそれぞれ違う犯罪論体系を主張していたが、共犯の問題に関しては、ほぼ同じ内容を書いていた。即ち、共犯について限縮的正犯概念を認めたうえで、正犯基準については、「客観説」、「主観説」、「目的行為支配説」のいずれも否定し、正犯と共犯の区別基準は「主観と客観の統一である犯罪構成要件である」と主張する[440]。また、共犯の独立性説と従属性説については、実行従属性と要素従属性を区別せずに、共犯従属性説を検討する際には、4つの従属形式をすべて否定したう

---

[436] 陳・前掲（注340）39頁。
[437] 陳・前掲（注340）40～41頁。
[438] 陳・前掲（注340）41頁。
[439] 陳・前掲（注340）41頁。
[440] 陳・前掲（注340）181頁。

で、共犯は独立性と従属性の統一であるという「二重性説」を主張する[441]。

しかし、ここでは、体系の試金石となるような①間接正犯の成立範囲と共犯の要素従属性との関係、②間接正犯と共犯との関係ないし両者にまたがる錯誤の処理、③身分犯の共犯の処理等について、彼の『規範刑法学』と『刑法学』のいずれにもあまり具体的な記述は見られない[442]。

ただ、教唆犯の故意について、教唆者は、自分の教唆行為が教唆対象者に犯罪の意図を生じさせて犯罪行為を実行させることだけではなく、教唆対象者の犯罪行為が社会に危害を及ぼす結果を発生させることも認識し、希望ないし放任しなければならないと述べられている。また、幇助の故意については、実行犯が犯罪行為をすることを認識し、希望ないし放任しなければならないと述べられている[443]。

これらの要求は、正犯の故意がその構成要件要素とされていることを併せて考えれば、背後者が、共犯のつもりで関与した相手方が実は行為の際に故意を持っていなかったのに、それがあると誤想した場合には、背後者に共犯も間接正犯も成立しないという結論をもたらしそうである。しかし、陳が実際にそのような結論を採用しているかどうかは、不明である。

4　陳興良の犯罪論の評価

『規範刑法学』では、陳は「罪体構成要素」という言葉に、ベーリングの「構成要件」(Tatbestand) によく似た意味を込めているようである。なぜなら、その内容は、犯罪を構成する積極的で客観的な要素によって占められているからである。もっとも、「罪量」も、犯罪成立を画する積極的で客観的な要素であれば、ベーリングのいう「構成要件」の要素に含まれると思われる。

これに対し『刑法学』では、「構成要件」の要素に故意や特殊な主観的要素も含まれており、ヴェルツェル以降のドイツの「構成要件」ないし「行為無

441　陳・前掲（注339）225頁、陳・前掲（注340）183頁。
442　陳興良の間接正犯および身分犯の共犯を検討する論文として、「間接正犯：以中国的立法与司法為視角」法制与社会発展2002年第5期3～11頁、「身分犯之共犯：以比較法為視角的考察」法律科学（西北政法大学学報）2013年第4期79～87頁などが存在しているが、これらの論文では、彼の犯罪論体系と共犯論の関係はあまり見られないので、本書の検討対象からは除外する。
443　陳・前掲（注339）236～237頁、陳・前掲（注340）191～192頁。

価値論」と言われる日本の論者の「構成要件」に類似したものになっている。しかし、体系の試金石と思われる共犯論ないし間接正犯論への言及はわずかである。

もっとも、いずれにおいても、行為者の責任能力は「主体」ではなく「罪責」ないし「責任」の段階で扱われる。それは、この体系が、ベルナーではなくリスト以降の考え方に従っていることの証である。

第四節　周光権の犯罪論（改良論）

1　犯罪論の概要
（1）段階的理論

周光権は、「犯罪の客観的要件、犯罪の主観的要件、犯罪性阻却要件」という段階的体系を採用する。それは、次のような理由から、日本の三段階体系に類似している。すなわち、犯罪の成否の判断においては、必ず客観的構成要件と違法性阻却事由を先に考慮したうえ、主観的構成要件と責任阻却事由を考慮しなければならず、したがって、「犯罪の客観的要件、犯罪の主観的要件、犯罪性阻却要件」という段階的理論体系は、構成要件の該当性、違法性、責任という構造とは形式上は異なっているが、犯罪の成否の判断について客観から主観へ、原則から例外へという「段階的」論理方法をなお満たしているからだとされる。加えて、それは刑事司法実務の要求にも積極的に応じていると考えている[444]。

そこでは、まず客観的要素を判断し、それから主観的要素（構成要件故意）を考慮することになり、これは、現在の日本の多数が採用する構成要件該当性の判断に対応する。次いで、犯罪性阻却要件の検討において、違法性阻却事由に関する判断と責任阻却事由に関する判断が行われる[445]。

もっとも、周の体系では、故意・過失等の主観的要素は、同時に違法要素（構成要素）および責任要素として取り扱われる。その根拠としては、違法の本質は、法益侵害および規範違反の意思にあり、よって、故意、過失は当然

---

[444] 周・前掲（注339）67～68頁。
[445] 周・前掲（注339）68頁。

に違法要素としての構成要素に該当するとする日本の行為無価値論が挙げられる。これにより、故意がなければ、違法性阻却事由を論じるまでもなく、犯罪の成立が否定される[446]。

その見解を図示すれば、以下のようになる[447]。

図 3　周光権による段階的思考

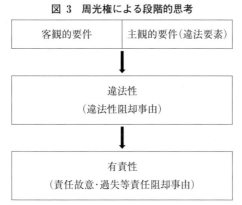

出典：周光権『刑法総論（第 2 版）』（2011 年）68 頁。

（2）原則/例外思考

もっとも、犯罪の客観的要件、犯罪の主観的要件、犯罪性阻却要件という体系を前提にしても、前記の図に掲げる「三段階」判断を実際に行う必要はないという。個別事件を処理する場合、犯罪の客観的要件、犯罪の主観的要件、犯罪性阻却要件という体系の運用は、実際には原則/例外論理方法に基づいて展開されるものだというのである[448]。

なぜなら、構成要件該当性、違法性、有責性という論理方法により構成される犯罪論体系は、刑法学を相当に精巧なものにし、「体系的論理」という要求を十分に満たすことができるが、「問題的思考」への寄与については、逆に限界があるからだという。ここでは、平野龍一が「問題的思考」の重要

---

[446] 周・前掲（注339）68頁。もっとも、誤想防衛のような違法性阻却事由の誤想の事例をどのように処理するかについては、不明確である。
[447] 周・前掲（注339）68頁。
[448] 周・前掲（注339）69頁。

性を指摘したことに触れ、平野の体系は犯罪成立の一般要件、犯罪成立の阻却事由―違法性阻却事由と責任阻却事由―という二段階で構成されているとする。これは原則/例外思考を徹底したものだというのである[449]。

その際、周は違法性阻却事由と責任阻却事由を「犯罪性阻却事由」と総称しているが、そのために理論上および実務上、違法性阻却事由が犯罪の主観的要件と相応し、責任阻却事由が犯罪の客観的要件と相応するという誤解は生じないという。ゆえに、犯罪論体系を犯罪の客観的要件、犯罪の主観的要件、犯罪性阻却要件という順序で構成することは、実質的には原則（構成要件）と例外（阻却事由）という「二分法」の論理を貫徹することであるとする[450]。

(3) 犯罪の客観的要件の機能

周は、犯罪の客観的要件の機能として、1) 自由保障機能、2) 犯罪個別化機能、3) 違法性推定機能の3つを挙げる。しかも、犯罪個別化機能においては、故意殺人、傷害致死、過失致死の区別も客観的構成要件の規定に基づくものだとする[451]。

2 共犯論

(1) 共犯論の概要

周は、共犯論では部分的犯罪共同説を支持して福田平の『刑法総論』を引用している[452]。加えて、限縮的正犯概念[453]、正犯基準についての行為支配説[454]、共犯の処罰根拠についての混合惹起説[455]、共犯従属性説[456]、制限従属形式[457]を採用する。

(2) 間接正犯

間接正犯においては、「故意のない者の利用」、「適法行為の利用」、「過失

---

449 周・前掲（注339）69頁。
450 周・前掲（注339）69頁。
451 周・前掲（注339）75頁。ここには、ベーリングが重視した「故意規制機能」は挙げられていない。
452 周・前掲（注339）209頁。
453 周・前掲（注339）210頁。
454 周・前掲（注339）211頁。
455 周・前掲（注339）227頁。
456 周・前掲（注339）228頁。
457 周・前掲（注339）229頁。

行為の利用」、「身分・目的なき故意ある道具の利用」、「軽い罪の故意の利用」
が挙げられている。特徴的なことは、加減的関係にある営利目的猥褻物頒布
罪と猥褻物頒布罪との関係において、背後者が自己の「営利目的」を直接行
為者に知らせずに猥褻物伝播を教唆した場合、背後者は同罪の教唆犯である
と同時に営利目的猥褻物頒布罪の間接正犯となるとされていることである。
もっとも、猥褻物頒布という同質の行為を法条競合とするのか、それとも観
念的競合とするのかは、不明である。また、故意はあるが身分のない者を利
用した場合には、背後者には一律に間接正犯の成立が認められている[458]。

（3）身分犯の共犯

　身分犯の共犯においては、まず、真正身分犯では身分のない者は共同正犯
にも間接正犯にもなれないとされる。それは、刑法が予め条文によって厳格
に犯罪主体の範囲を限定しており、身分のある者しか直接には法益を侵害で
きないことを理由とする[459]。

　不真正身分犯では、身分のある者と身分のない者とが共犯関係になった場
合、身分のある者には特別の刑を適用し、身分のない者には通常の刑を適用
することとなるとされ、これについては、あまり異論がないと評価されてい
る[460]。その上で、共犯と身分の関係について比較的複雑な問題は、真正身分
犯と共犯との関係であるとされる[461]。

　そこで、非身分者が身分者の真正身分犯に関与する場合については、身分
のある者の犯罪により罪を認定すべきであるとされる[462]。問題は、真正身分

458　周・前掲（注339）216〜217頁。
459　周・前掲（注339）242頁。ここにいう「直接」とは、単に身分者が介在すれば非身分者でも身
　　分犯が実現できるという意味ではない。「職務の対価」であることを知らせずに国の職員に金銭
　　を受け取らせても、収賄罪それ自体は成立しないので、背後者が同罪の間接正犯になることは
　　ない。非身分者が身分犯に関与したことを理由に処罰されるためには、常に、身分者による犯
　　罪の実現が必要なのである。なお、強姦罪（ないし強制性交等罪）については、ドイツや日本で
　　は、行為主体を明文で男性に限っているわけではなかったので、「疑似身分犯」（偽の身分犯）で
　　あるとする見解が有力であるが、周は、女性は正犯になれないとするのみである。
460　しかし、問題は、不真正身分とは何かにある。これは、裏を返せば、真正身分犯がどのよう
　　に定義されるのかという問題でもある。
461　周・前掲（注339）242〜243頁。
462　その際、犯罪実現に果たした役割の大きさを重視する「主犯」基準説では、身分のない教唆者
　　が「主犯」となる可能性があり、そうなると身分者も含めて、非身分者に成立する罪の共犯でし
　　か処理できなくなるという不都合があるとされる。

者が身分のない者を教唆して罪を犯させた場合である。ここでは、日本と異なり、真正身分犯の場合でも、非身分者が一般犯罪で処罰される余地があることを前提に[463]、この余地がある場合には、教唆した身分者はまず非身分犯の教唆犯となり、次いで、身分犯の間接正犯にもなった上で、両者は観念的競合として処理される。同様に、非身分者は真正身分犯の共犯となると同時に一般犯罪の正犯ともなり、観念的競合で処理されることになるとされる[464]。

　他方、その余地がない場合には、身分者には間接正犯が成立し、非身分者にはその幇助犯が成立するとされる。例えば、国の職員甲が無職の妻乙を教唆して他人に財物を要求させた場合、刑法では乙の行為を単独で犯罪とできないため、甲は、特定身分のない者を利用して国の職員のみが構成できる犯罪を実施したものであることから、甲は、収賄罪の間接正犯を構成し、乙は、間接正犯の幇助犯を構成するとされる。この場合、「自分に賄賂をくれ」と要求したのは甲であって、乙はその伝言者にすぎないことを理由に、張明楷のように直接正犯とする余地があるにもかかわらず、そのような構成は検討されていない[465]。

3　周光権の犯罪論の評価

　周の犯罪論は、犯罪の客観的要件と犯罪の主観的要件とを犯罪の構成的要素とし、犯罪性阻却要件を消極的要素とする、訴訟法的機能を重視した「二段階体系」である。その点で、先に「不法」と「責任」ないし「客観的要件」と「主観的要件」を分ける張明楷や黎宏のような「二段階説」とは、重点の置き方が異なる。

　この考え方は、日本の平野龍一の「問題的思考」による「二段階体系」にヒントを得たもののようであり、実質的には、英米法のactus reusとmens

---

463　この点は、中国刑法での真正身分犯の定義が、日本刑法におけるそれとは異なっていることの表れである。もっとも、日本でも、公務員たる医師に患者が公務所に提出する虚偽の診断書作成を教唆した場合に当該医師に成立する虚偽公文書作成罪（日本刑法156条）について、虚偽診断書作成罪（日本刑法160条）との関係はどうなるのかという問題はある。
464　周・前掲（注339）243頁。
465　周・前掲（注339）243頁。

rea および抗弁（defense）から成る体系に近い。

　もっとも、この体系を採る場合、問題は誤想防衛などの違法性阻却事由の錯誤にある。というのも、誤想防衛の場合に故意を否定しようとしても、すでに犯罪の主観的要素を先に検討してその存在を確認してしまっているので、後戻りができないという問題が生じるからである。事実、平野は教科書の中で誤想防衛を扱う位置について苦慮した様子がうかがえる。構成要件要素としての故意を否定してしまうと正当防衛などの違法性阻却事由に当たる行為はすべて、故意犯の構成要件該当性が否定される結果になるし、何より正当防衛の説明の前にこれをしなければならなくなる。他方で、「責任故意」のみが否定されるという体系は、平野自身が団藤重光に対して手厳しく批判したものである。なぜなら、その体系は、結局のところ、故意の本質を責任に置くものだからである。

　平野自身は、故意をすべて責任要素とすることで、一見、この苦境を脱したかのように見えるのだが、それは、構成的要素と消極的要素とからなる「二段階体系」を自ら壊す結果にもなったのである。周の見解で誤想防衛を扱う体系的な位置が「責任要素としての故意」であるなら、同じ問題が再燃する。それは、結局のところ、実体法としての「犯罪」の体系でありながら、手続法的な「犯罪の検討順序」という機能まで背負いこんだことに由来する矛盾である。

第五節　小　括

　以上、張明楷、黎宏、陳興良、周光権という、伝統的体系に挑戦する４人の代表的な論者の犯罪論ないし犯罪論体系を概観してみた。それぞれの見解を、その教科書・体系書の目次を示すことで、再度振り返ってみれば、次の表のようになる。

　張明楷の体系は、「不法」と「責任」の二段階の区別の上に、「不法」を「構成要件該当性」と「違法性阻却」に分ける三段階の体系であり、しかも、故意・過失を責任要素とするベーリングからメッガーまでの体系に近い。その主体ないし行為概念は責任能力を含まず、行為は単なる身体運動でよい。身

表 4　現代中国の犯罪論体系の比較

張明楷 『刑法学』 (第5版) 2016年	黎宏 『刑法学総論』 (第2版) 2016年	陳興良 『規範刑法学』 (第2版) 2008年	陳興良 『刑法学』 (第2版) 2010年	周光権 『刑法総論』 (第2版) 2011年
第四章　犯罪概説 第五章　不法 　第二節　構成要件該当性 　第三節　違法阻却事由 第六章　責任 　第二節　積極的責任要素（故意、過失） 　第三節　消極的責任要素（責任能力、違法性認識の可能性、期待可能性） 第七章　犯罪の特殊形態 第八章　共同犯罪 第九章　罪数	第四章　犯罪概念と犯罪構成 第五章　犯罪構成の客観的要件 　第二節　犯罪構成の客観的要件の内容 　第三節　社会侵害性を阻却する事由 第六章　犯罪構成の主観的要件 　第一節　責任原則 　第二節　責任能力 　第三節　犯罪の故意 　第四節　犯罪の過失 　第五節　認識の錯誤 　第六節　犯罪の目的と犯罪の動機 　第七節　期待可能性 第七章　故意犯罪の未完成形態 第八章　共同犯罪 第九章　罪数	第六章　犯罪構成Ⅰ：概説 第七章　犯罪構成Ⅱ：罪体 　第二節　罪体の構成要素 　第三節　罪体阻却事由 第八章　犯罪構成Ⅲ：罪責 　第二節　罪責の構成要素 　第三節　罪責阻却事由 第九章　犯罪構成Ⅳ：罪量 　第二節　数額 　第三節　情状 第十章　未完成犯罪 第十一章　共同犯罪 第十三章　競合論	第二章　犯罪論体系 第三章　該当性 　第二節　行為理論 　第三節　実行行為 　第四節　危害結果 　第五節　因果関係 　第六節　主観的構成要件要素 第四章　違法性 　第二節　正当防衛 　第三節　緊急避難 　第四節　その他の違法性阻却事由 第五章　有責性 　第二節　責任能力 　第三節　故意と過失 　第四節　期待可能性 第六章　未完成犯罪 第七章　共同犯罪 第九章　罪数形態	第五章　犯罪論体系 第六章　犯罪の客観的要件 　第二節　主体 　第三節　実行行為 　第四節　不作為 　第五節　結果 　第六節　因果関係 第七章　犯罪の主観的要件 　第二節　犯罪の故意 　第三節　犯罪の過失 　第四節　事実の錯誤 　第五節　犯罪の主観的要件のその他の問題（動機、目的など） 第八章　犯罪性を阻却する要件 　第二節　違法性阻却要件（正当防衛、緊急避難、被害者の同意など） 　第三節　責任阻却要件（責任能力、違法性の認識、期待可能性） 第九章　犯罪の特殊形態Ⅰ：未完成形態 第十章　犯罪の特殊形態Ⅱ：正犯と共犯 第十一章　犯罪の特殊形態Ⅲ：犯罪の競合

分犯の分類において「不法」と「責任」の区別がどのような意味を持つかについては不明確なところはあるが、全体としては、四要素体系とは最も対極にある優れた体系であると思われる。問題があるとすれば、いわゆる特別な主観的要素のうち、偽証罪や不親告罪などの「表現犯」において、このような客観・主観の区別に基づく「不法」と「責任」の区別が徹底できるか否かにある。

　黎宏の体系は、実際には日本の三段階体系に極めて近い。例えば責任能力は、構成要件要素である「主体」には含まれず、犯罪成立の主観的要件のところで扱われる。しかし、体系論の試金石である共犯論と間接正犯論ないし両者にまたがる錯誤、さらに身分犯の共犯では、この見解は矛盾を露呈する。

　陳興良の体系は、「罪体-罪責-罪量」から成るものと「構成要件該当性-違法性-有責性」から成るものとの二種類が認められる。いずれも、責任能力を「罪体」ないし「構成要件該当性」における「主体」のところで扱わない点で、伝統的四要件体系とは異なる。もっとも、体系論の試金石となる共犯論と間接正犯論ないし両者にまたがる錯誤、さらに身分犯の共犯では、詳しい叙述が見られない。

　周光権の体系は、日本の平野龍一の「二段階体系」に触発された、犯罪の構成的要素と消極的要素とから成る「二段階体系」を基礎にしたものである。これもまた、責任能力を構成的要素のところで扱わず阻却事由とする点で、伝統的四要件体系とは異なる。もっとも、このタイプの「二段階体系」に特有の、誤想防衛などの違法性阻却事由を誤想した者の処理に関する困難を抱えるものでもある。その困難は、実体法としての「犯罪」の体系でありながら、手続法的な「犯罪の検討順序」という機能まで背負いこんだことに由来する。

第三章　結　論

1　刑法学において体系的な犯罪論が何のためにあるのかを明らかにすること

　我々は、ここまで、四要件体系の一つの結実ともいえる1997年刑法典の成立経緯およびその際の中心的な論争点を明らかにし、さらに、伝統的体系に挑戦する三段階体系ないしこれに類似した体系の支持者の見解を検討してきた。

　また、筆者は、本書第一部の「中華民国時代の犯罪体系」において、中華民国時代にはドイツおよび日本から継受した三段階の犯罪論体系が存在していたことを明らかにし、これに続く本書第二部の「中華人民共和国の犯罪体系の起源」においては、四要件の犯罪体系論の起源が、最終的にはドイツのベルナーの犯罪論に辿り着くことを明らかにした。そして、そこでは、ドイツにおける「要素の体系」から「段階の体系」への進化の要因を明らかにすることが、中国における「伝統的」体系と独日派の体系との争いに決着をつけるひとつの方法となり得ることも明らかにした。

　この点に関しては、この「段階の体系」が、ドイツではリストらによって刑法を社会問題解決の道具として捉える立場から推進されたことを思い起こさなければならない。それは、刑罰の本質を「応報」に見るのではなく、現に増加しつつあった犯罪の「予防」の手段として見る立場であった。そこから、以下のような見方が、一つの仮説として浮上する。

　すなわち、一方において「犯罪」の本質を捉えようとする立場からは、「犯罪」は当然、刑罰を受けることのできる「責任能力者」を「主体」とするものであり、その意味での「自由な主体」を基礎とした体系論が構築されることになる。つまり、ベルナーらのように、「責任能力」を備えた「主体」から始まる体系論である。

　これに対して、人間の行動による害悪を除去する道具として刑法を用いよ

うとする立場からは、「犯罪」は人間の行動に由来する「悪しき結果」を基礎とするものになる。また、その過程で、刑法は、責任能力のない者の問題行動にも対応することが要請される。これは、改善・保安処分などの処分をも、警察法分野の法ではなく刑法に取り込む傾向に対応した体系論である。つまり、「責任なき違法」にも法効果を認める刑法である。

この点では、1997年刑法典が「必要のある場合には、政府が医療を強制することができる」という規定を持ち、そのための鑑定手続が整備されたこと、および組織体の刑事責任が認められたことは重要である。ここには、責任能力を含む「主体」を前提とする伝統的な体系に不利な状況が生まれている。共犯における制限従属形式が一般化すれば、これもまた、伝統的な体系に不利な状況となる。

他方、訴訟手続を意識した犯罪の構成的要素とその消極的要素という「二段階体系」は、違法性阻却事由の誤想と故意との関係で困難に陥る。手続的な機能を重視する体系論は、それはそれで矛盾を抱えるのである。

したがって、体系論における論争を行うためには、まず、体系論が何のためにあるのかを明らかにする必要があるということができる。つまり、それは純粋に刑罰の対象となる「犯罪」の本質を明らかにするためなのか、それとも、刑法を社会問題解決の道具として活性化するためなのか、はたまた訴訟追行に役立つ機能を重視するのかということである。

2　四要件と三段階の会話の可能性を確保すること

中国では、四要件体系と三段階体系は次元を異にする体系なので、両者は会話したくても、お互いの言葉は外国語のようなものなので会話できないという見解がある。それもまた、犯罪体系を論じる目的が共有されていなかったことに起因するもののように思われる。

筆者は、四要件の犯罪構成要件論はドイツのベルナーの理論から、いくつかの変遷を経つつ、ロシア帝政末期の犯罪論、さらにはソビエト時代の犯罪論を経て中国に辿り着いたことを明らかにした。そこで、可能であればさらに、ドイツにおけるベルナー体系からリスト体系への変遷の理由を明らかにしたい。

おそらく、それは、先に述べたように、両者の体系論の目的が異なっていたことにあるのだと思われる。しかし、これについては、拙速に結論を出すのではなく、更に研究を深めたいと思う。それが次第に明らかになることによって、二つの犯罪体系の間での会話の可能性が開かれてくるであろう。

3 「問題的思考」と「体系的思考」の有機的結合

ところで、その際には、抽象的な体系構造だけを議論するのではなく、共犯論などの具体的な解釈問題における論理的な結論の比較によって検証すべきことにも、注意が必要である。ドイツでは、ベーリングの構成要件論、M・E・マイヤーの制限従属形式、エバハルト・シュミットの拡張的正犯概念、ヴェルツェルの目的的行為論、ロクシンの客観的帰属論も、その結論の当否は別にして、いずれも具体的な解釈問題を説得的に解決するために提案されたものであった[466]。

しかし、これらの理論がその母国から他国に輸入される場合には、中国のような輸入国では国情も時代も法典の内容も異なるので、理論の母国のような問題が存在しないまたは全く別の問題が存在する可能性が高い。ゆえに、これらの理論に関して「体系的思考」と「問題的思考」が分離しないように注意することが必要である。例えば、第三部の第二章で検討した各学説では、共犯に関して、「正犯、幇助、教唆」の概念を用いて、彼らなりに体系的に矛盾がないと思われる犯罪論を構築していた。しかしながら、中国の法典では「正犯」という概念はない。そして、これらの学説のいずれも、法典にある「主犯、幇助、被脅迫犯、教唆犯」に応じた共犯論を展開することができなかった。

立法論としてはともかく、教科書の刑法講義学あるいは解釈論の立場から考えれば、これは実務と乖離した解釈としかと言いようがない。したがって、いかなる方法で「体系的思考」と「問題的思考」を結び付けて、中国の実情および実務にふさわしい犯罪論を提案すべきかが、これからの課題の1つだと考えられる。もっとも、それは別稿に譲るしかない。ここで、再度、

---

466 松宮・前掲（注353）『刑法総論講義［第5版補訂版］』369頁以下参照。

現在の中国の各体系論の共犯論などにおける問題点を指摘することにより、中国の国情[467]に適した犯罪論体系の試案を提案できれば、これに勝る喜びはない。それが筆者に課せられた今後の課題である。

---

467 この点について一つ忘れてならないことは、これまでの中国において、広大な国土と多様な住民の中で発生する事件につき、その需要に応じるだけの「解釈」の技術に長けた専門家が、各地の裁判官として、十分な数だけ存在したかどうかという点である。ソビエト刑法において「厳格な構成要件」に基づく四要素体系が推奨された背景には、「人民裁判所」における裁判の―単に政治的な理由だけにはとどまらない―ばらつきと不安定があったように思われるからである。この点では、専門家の養成が進みつつある現在、中国では、状況の変化の可能性が見込まれる。

著者紹介

孫　　　文（SUN Wen）
1988年　中国湖北省荊州市に生まれる
2013年　立命館大学法学部卒業
2018年　立命館大学大学院博士課程後期課程修了
2018年　華東政法大学法律学院助理研究員
現　在　華東政法大学法律学院特聘副研究員
　　　　博士（法学）（立命館大学）

中国の犯罪体系―沿革と課題―

2019年9月20日　初版第1刷発行

著　者　孫　　　　　文
発行者　阿　部　成　一

162-0041　東京都新宿区早稲田鶴巻町514
発行所　株式会社　成　文　堂
電話 03(3203)9201(代)　FAX 03(3203)9206
http://www.seibundoh.co.jp

製版・印刷　三報社印刷　　　　　製本　弘伸製本
Ⓒ 2019 W. SUN　Printed in Japan
☆乱丁本・落丁本はお取り替えいたします☆
ISBN978-4-7923-5287-5　C3032　　検印省略

定価（本体5000円＋税）